Die Hypothekenbuchsbereinigung

im rechtsrheinischen Bayern und das künftige Grundbuch

gegenüber dem jetzigen Hypothekenbuch.

Erläutert von

Carl Gebhard,
k. Amtsrichter.

München.
J. Schweitzer Verlag (Jos. Eichbichler).
1897.

Vorwort.

Mit der Hypothekenbereinigung läßt sich theoretisch wenig anfangen. Die Arbeit bezweckt daher, vom Standpunkt der Praxis aus den angehenden Juristen mit dem Hypothekenwesen und der vielfach gefürchteten Hypothekenbuchsbereinigung zu befreunden. Der junge Justizbeamte wird allerdings mit der eigentlich richterlichen Thätigkeit des Streitrichters nicht befaßt. Sein Wirken schließt mit dem Sühneversuch oder der Verweisung auf den Rechtsweg ab. Immerhin löst auch der Bereinigungsbeamte auf dem Gebiete der Rechtspolizei Zweckmäßigkeitsfragen, während ihm in materieller Beziehung die Grundsätze des Hypothekenrechts wie der freiwilligen Rechtspflege überhaupt entgegen treten. So gewährt auch die scheinbar trockene Arbeit Befriedigung durch systematische Durchführung des Plans, Beseitigung und Entgegenwirken gegen mangelhafte Einträge, Hebung der Rechtssicherheit des Grundbesitzes und Ermöglichung eines raschen und geordneten Urkundenvollzugs, so daß zuletzt die viel Schreibwerk mit sich führende, aber keineswegs in diesem aufgehende Arbeit durch das Bewußtsein entschädigt wird, dem Grundbesitzer genützt zu haben.

Dem jungen Hypothekenbeamten wie auch dem Justizpraktikanten wird die Zusammenstellung der häufig wiederkehrenden kasuistisch behandelten Einträge das Auge schärfen und ihn veranlassen, gelegentlich Revision zu üben und Bereinigung eintreten zu lassen.

Es wird ihm dabei die Zusammenstellung der hauptsächlichsten Litteratur (Entscheidungen des k. obersten Landesgerichts in Civilsachen; Bl. f. R.A.; Not.Ztg.) ein rascheres Orientiren ermöglichen. Daneben soll durch Anführung der seitens des k. Staatsministeriums der Justiz in Bezug auf das Hypothekenwesen ergangenen höchsten Entschließungen das sofortige Auffinden derselben in den J.M.Bl. und Generalakten, soweit sie als ältere autographirte Entschließungen im Zusammenhalte mit den späterhin erlassenen noch gelten und willkommene Fingerzeige für die Praxis bieten, erleichtert werden. Da die Beibehaltung der Hypothekenbücher als Grundbücher auch nach der Grundbuchordnung zugelassen ist, die älteren Einträge Jahrzehnte lang noch in Kraft bleiben werden und der Grundsatz, die Einträge mit dem Kataster im Einklang zu erhalten, auch für das Grundbuch gelten wird, wird sich vor Einführung des Grundbuchs ein Revisions- und Bereinigungsbedürfnis allenthalben in ähnlich gelagerten Fällen ergeben, eine vorher geübte gelegentliche Revision und Bereinigung dem Grundbuche vorarbeiten und späterhin die Entstehung der derzeitigen Einträge und die seitherige Praxis interessiren.

Der Bucheigentümer wird Gelegenheit finden, die Schwierigkeiten zu beurteilen, mit denen durch die Saumsal seiner Besitzvorfahren die Bereinigung durchwegs zu kämpfen hat, und den Vorteil schätzen lernen, wenn sein Folium durch sein eigenes Entgegenkommen bereinigt und dadurch in der Lage ist, nicht nur notariell-civilrechtlich giltige sondern auch hypothekenamtlich vollziehbare Verfügungen zu treffen.

Lediglich ein thatkräftiges Interesse der Beteiligten ermöglicht es, den Grundbesitzer die Früchte nützen zu lassen, welche mit Hilfe großer finanzieller Opfer der k. Staatsregierung und eines Aufwandes von Mühe und Zeit für die Erhöhung der Rechtssicherheit des Grundbesitzes aus der Hypothekenbereinigung gezogen werden. Während der in der I. Abteilung zur Geltung gebrachte hypothekenamtliche Standpunkt nicht nur für den Justizpraktikanten und jungen Hypothekenbeamten sondern auch für das k. Rentamt als Katasterbehörde und den jungen Notar, der meist mit gleichen Schwierigkeiten zu kämpfen hat, hauptsächlich von Interesse ist, gibt die II. und insbesondere III. Abteilung auch dem Verwaltunngsbeamten, der das seitherige Hypothekenrecht kennen gelernt hat, Gelegenheit, sich über die Hauptgrundzüge des neuen Rechts an der Hand des B.Gb. und der Gb.O. zu orientiren.

Der Zweck des Buches ist erreicht, wenn durch dasselbe der Praxis des Hypothekenamts, wie des späteren auf die jetzige Praxis zurückgreifenden Grundbuchamtes und dem Bucheigentümer ein Dienst geleistet wird. Dabei erheben die aufgeführten Beispiele keinen Anspruch auf Vollständigkeit, sondern wollen nur die am häufigsten wiederkehrenden Fälle treffen.

Neumarkt i./O., April 1897.

Uebersicht.

Einleitung.

I. Abteilung.

Die Hypothekenbuchsbereinigung im engeren Sinne.

II. Abteilung.

Abkürzungen.

Hyp.Ges. = B. Hypothekengesetz vom 1. Juni 1822.
Instr. = Instruktion zum Hypothekengesetz.
J.M.Bl. = Justizministerialblatt.
J.M.E. = Justizministerialentschließungen.
J.M.Bk. = „ „ bekanntmachung.
C.S. = Sammlung der Entscheidungen des obersten Landesgerichts in Bayern in Gegenständen des Civilrechts und Civilprozesses.
Bl. f. R.A. = Blätter für Rechtsanwendung in Bayern, herausgegeben z. Zt. von Dr. Julius von Staudinger.
Bl. f. adm. Prx. = Blätter für administrative Praxis.
Seydel St.R. = Bayerisches Staatsrecht von Max von Seydel.
C.P.O. = Reichscivilprozeßordnung.
St.P.O. = „ strafprozeßordnung.
Böhm A.G. zur C.P.O. u. K.O. = Ausführungsgesetz der Reichscivilprozeß und K.ordnung von F. Böhm, Oberstlandesgerichtsrat.
Böhm St.C. = Statutenkollision.
W. = Handbuch des amtsger. Verfahrens in der freiwilligen Rechtspflege für das Königreich Bayern von J. Wagner. II. Auflage.
Rdf. = Freiwillige Gerichtsbarkeit und Notariat in Bayern und Baden von Rudorf.
Rgb. = Bayerisches Hypothekenrecht von Professor F. Regelsberger. II. Aufl.
B. = Das rechtsrheinisch-bayerische Landescivilrecht und Landescivilprozeßrecht unter Berücksichtigung der freiwilligen Gerichtsbarkeit von Amtsrichter Becher.
Henle = Commentar zum Zwangsenteignungsgesetz.
„ Commentar zur Hypothekengesetznovelle vom 29. Mai 1886.
„ (Fischer) = Handausgabe des bürg. Gesetzbuchs.
Enderlein = Materialien zum Notariatsgesetze.
Not.Ztg. = Notariatszeitung (bayerische, bis 1871 und seit 1887; dazwischen deutsche).
S.O. = Subhastationsordnung.
G.V.G. = Reichs-Gerichtsverfassungsgesetz.
Zeitschft. f. G. u. R. = Zeitschrift für Gesetzgebung und Rechtspflege.
Keidel = Hypothekenbucheinträge und Vollzugsbestätigungen.
Holzschuher = Theorie und Casuistik des Civilrechts (III. Aufl.).

Einleitung.

1. Begriff und Anlaß.

Die Hypothekenbuchsbereinigung zerfällt in eine solche im weiteren und im engeren Sinn. Erstere umfaßt alle diejenigen in dem Hypothekenbuche vorzunehmenden Maßnahmen, welche sich für den laufenden ordentlichen Hypothekendienst durch den Vollzug der Gesetze auf Parteibetrieb oder von Amtswegen ergeben.

Die Hypothekenbereinigung im engern Sinn ist die vom Staate im Bedürfnisfalle angeordnete außerordentliche Bereinigung der Hypothekenbücher. Anlaß zu einer solchen Anordnung gibt insbesondere das Vorhandensein häufiger Fortsetzungen im gleichen oder einem späteren Bande (§ 127 Hyp.Ges.; J.M.E. vom 9. August 1869 (J.M.Bl. S. 179. Rgb. S. 53 IV); Flächendifferenzen zwischen Hypothekenbuch und Grundsteuerkataster (12. November 1863 J.M.Bl. S. 199, 17. Oktober 1868 S. 243, 19. November 1863 J.M.Bl. S. 198, 9. Juli 1888 J.M.Bl. S. 161, Rgb. S. 58 Anm. 5), Beseitigung formeller Mängel und veralteter, mit dem jetzigen Rechtszustande nicht mehr übereinstimmender Einträge, die Ausscheidung der zu willkürlich kombinierten Hypothekendistrikten verbundenen Folien nach Steuergemeinden. (Rgb. S. 47). Je nachdem sich die Hypothekenbereinigung nur auf eine einzelne, insbesondere die I. Rubrik bezw. auf einige Steuergemeinden erstreckt oder die sämtlichen Bände eines Hypothekenamts umfaßt, ist sie eine partielle oder totale.

2. Die Bereinigung des Hypothekenbuchs durch den laufenden Dienst.

Im laufenden Geschäfte erfolgt die Bereinigung des Hypothekenbuches entweder von Amtswegen oder auf Antrag der Parteien in einer Notariatsurkunde bezw. zu Hypothekenprotokoll oder auf Requisition eines Gerichts oder anderer Behörden.

Während der Hypothekenbeamte der Regel nach nur auf Antrag hin thätig wird und das Hypothekenwesen von der Offizialmaxime nicht beherrscht wird, (§ 96 Hyp.Ges. § 3 Instr. zum

Hyp.Ges.) finden sich doch Fälle, in denen der Hypothekenbeamte auch von Amtswegen thätig zu werden hat, soferne nicht der k. Notar bereits bei Instruktion der Urkunde die Hebung der Mängel herbeiführen konnte.

Fälle dieser Art sind:

Die Vornahme von Offizialberichtigungen, namentlich in I. Rubrik des Hypothekenbuchs (J.M.E. vom 11. April 1872 S. 126 und 8. August 1866, J.M.Bl. S. 254; Instr. zum Not.-Ges. § 71.)

Die Vorladung von Parteien und Requisition um Vernehmungen außerhalb des Gerichtssitzes wohnender Beteiligter bei Einträgen, insbesonders in II. und III. Rubrik, die nicht mehr bestehen oder doch dem Vollzug von Urkunden entgegenstehen (§ 97, 100 Hyp.Ges., J.M.E. vom 26. Juli 1864 S. 210, 217; 11. April 1872 Ziff. VII S. 126 vom 6. April 1869 J.M.Bl. 80, Art. 12 Absatz 2 Not.Ges., § 73 Instr. zum Not.Ges., Rgb. S. 104 unten).

Der Eintrag der Güterrechtsverhältnisse, des Eigentumsvorbehalts oder einer Hypothek, welche zur Sicherstellung des Kaufschillings oder von Alimenten, oder anderer statt des Kaufschillings bestimmter Leistungen bedungen wurden, (§ 99 Hyp.Ges. § 5, 15 Abs. II; 137 Hyp.Ges. § 24 Instr. hiezu, J.M.E. vom 26. Juli 1864 S. 214 II a Ziff. 3 und 4 lit. b, vom 26. Juli 1864 S. 219; vom 20. November 1863 S. 202). Dem Pflegschafts- und Verlassenschaftsreferenten des gleichen Gerichts kommt die Pflicht zur Herbeiführung der Einträge von Besitzveränderungen zu (§ 139 Hyp.Ges.), in welchen Fällen das Hypothekenamt auf Grund der Pflegschafts- oder Verlassenschaftsakten zu Besitztitelsberichtigungen der zum Nachlaß gehörigen Liegenschaften, Erbumschreibungen, Cessionen von Elterngütern, Löschungen veranlaßt wird (Wagner § 58 J.M.E. vom 2. Juni 1855. Zeitschrift für Ges.Gebung und Rechtspflege Bd. II S. 131, Bl. f. R.A. Bd. 58 S. 377.) Weiter wird der Hypothekenbeamte thätig auf Requisition des Vollstreckungsgerichts bei Subhastationen und Concursen bezüglich der Eintragungen der Beschlagnahmen, Veräußerungs- und Belastungsverbote, der Löschung wegen Zurücknahme, Aufhebung oder Durchführung der Hypotheklöschungen, Besitztitelsberichtigungen (Art. 7, 30, 130, 94 S. O., Rgb. S. 392 ff., § 106 K.O. Art. 33 Ausf.Ges. zur C.P.O. und K.O. Böhm S. 55) ferner bei Hypothekpfändungen (Art. 125 des Ausf.Ges. zur C.P.O. und K.O. Böhm S. 202, § 729 ff. C.P.O.) bis zum Belauf der Forderungen auf Grund der Vollstreckungsakten; bei Eintragungen von Veräußerungsverboten (Art. 32 des Ausf.Ges. zur C.P.O. § 817² C.P.O., Böhm S. 54). In allen diesen Fällen errichtet das Hypothekenamt eine Hypothekenprotokollregistratur auf Grund der Pflegschafts-Verlassenschafts-Konkurs-

Vollstreckungsakten (J.M.E. vom 5. April 1893), ebenso bei kurzhändigen Requisitionen anderer Gerichte. In anderen Fällen wird das Hypothekenamt auf Parteiantrag nach Erwirkung eines Vollstreckungstitels beim Gerichte thätig. So beim Eintrage von Arrest- und Zwangshypotheken (Art. 44 Nov. zur S. O. vom 29. Mai 1886; Art. 27 Ausf.Ges. zur C.P.O. und K.O., Böhm S. 47 J.M.E. vom 13. Juli 1891 J.M.Bl. S. 161.)

Auf Betreiben anderer Behörden wird das Hypothekenamt insonderheit thätig: bei Anträgen der Flurbereinigungskommission gemäß Art. 49 und 37 des Gesetzes vom 29. Mai 1886; § 69 Vollzugs-Vorschriften zum Flurbereinigungsgesetz; Windstoßer S. 78, 143 bezüglich der als Erwerbstitel geltenden Operate bei den bei Durchführung der Flurbereinigung und den im Wege des Tausches von Grundstücken hervortretenden Besitzveränderungen (Rgb. S. 315); dann bei Anträgen der Distriktspolizeibehörden im Zwangsenteignungsverfahren (Rgb. S. 315, 105, Henle S. 96, Expropr.) bei Einträgen von Verfügungsbeschränkungen und Löschung dieser Einträge (Art. 16 Expropriationsgesetz, Henle S. 111, Seydel III S. 635 Art. 45 ff. Ausf.Ges. zur C.P.O. und K.O. Böhm S. 57), dann bei Beschlüssen der Distriktsverwaltungsbehörden über Teilung von Gemeindegründen (Art. 27, 159^2 Gemeindeordnung, J.M.E. vom 30. Oktober 1864); bei Anträgen der Staatsanwaltschaft nach Herbeiführung eines Gerichtsbeschlusses der landgerichtlichen Strafkammer und Einleitung einer Absentencuratel unter den Voraussetzungen der §§ 332—335 Str.P.O. (C. S. XIII S. 221); auf Betreiben der k. Rentämter, bezw. Hauptzollämter wegen rückständiger ordentlicher und außerordentlicher Staatsabgaben (§ 12 Ziff. 1 Hyp.Ges., § 32 Fin.Ges. vom 28. Dezember 1831 G.V.Bl. S. 149. F.M.Bl. 2. Oktober 1879 G.V.Bl. S. 1381, Art. 29 des Ausf.Ges. zur Str.P.O.).

I. Abteilung.

Die Hypothekenbuchsbereinigung im engeren Sinne.

1. Einleitung der außerordentlichen Bereinigungsarbeiten.

a) im laufenden Dienst des Hypothekenamts.

Findet der Hypothekenbeamte, daß die Bereinigungsarbeiten im laufenden Dienste nicht durchgeführt werden können, so hat derselbe unter Darlegung der, eine außerordentliche Bereinigung rechtfertigenden Gründe und Herstellung einer tabellarischen Uebersicht, welche die derzeitigen, eventuell kombinierten

Steuergemeinden, die Anzahl der Hypothekenbücher, Protokollbände, Personal- und Sachregister und Beilagenbände und den Raum, welchen dieselben noch bieten und den zu bestreitenden außerordentlichen Aufwand angibt, an den vorgesetzten Landgerichtspräsidenten Bericht zu erstatten, worauf im Schoße des Präsidiums Beschluß gefaßt und die Entscheidung des k. Staatsministeriums der Justiz über die Notwendigkeit und Dauer der außerordentlichen Geschäftsaushilfe und über die durch den außerordentlichen Aufwand nötig werdende Krediteröffnung erholt wird.

Die Mittel zur Deckung des Aufwandes des außerordentlichen Bedarfs für Hypothekenbücher und für besondere Geschäftsaushilfe im Hypothekenwesen werden in den Spezialetats nur in summarischen Beträgen vorgesehen und ist die Verfügung hierüber besonderer Genehmigung des k. St.M. der Justiz vorbehalten. Die Regierungsfinanzkammern erhalten von der erfolgten Crediteröffnung Kenntnis, siehe J.M.Bl. 1863 Ergzhft. S. 89, J.M.E. vom 31. Dezember 1868 J.M.Bl. S. 3 ff., J.M.E. vom 4. Juni 1868 J.M.Bl. S. 150 Ziffer 14 mit J.M.E. vom 13. Juni 1862 Nr. 12028 bei Gereth V.S. Bd. 33 S. 415.

Anl. I u. II. Die Aufstellung des Bedarfs hat unter Darlegung der Kostenvoranschläge und Einsendung der Belege hiefür zu erfolgen und soll zufolge h. Entschl. des k. St.M. d. Justiz vom 11. Februar 1869 (1869 S. 21) namentlich enthalten den Bedarf für

a) Papier und Einbände neuer Hypothekenbücher,[1])
b) Formularpapiere zu neuen Sach- und Personenregistern und für den Einband der Register,[2])
c) vorbereitende Ausfüllung der drei ersten Spalten der Sachregister durch das Hilfspersonal des betreffenden Rentamts[3]) oder der k. Steuerkatasterkommission,

---

[1]) Bezüglich der Lieferung des Papiers ist sich an die seitens der k. Oberstaatsanwälte mit Schreibmaterialienhandlungen getroffenen, in den J.M.Bl. veröffentlichten Uebereinkommen zu halten. J.M.Bl. 1869 S. 187, J.M.Bl. 1872 S. 222. Die Bestellung des Papiers erfolgt nach der Crediteröffnung seitens des Vereinigungskommissärs bei der betreffenden Buchhandlung, die durch Vermittlung des k. Oberstaatsanwalts am k. Oberlandesgerichte die Uebersendung bethätigt. Nach Eintreffen ist die Lieferung zu prüfen insbesondere auch bezüglich der Beschaffenheit des Papiers, ob die Bogen durchaus ohne Fehler, gut geleimt, glatt, jedoch nicht so glatt sind, daß das Papier bricht, fließt oder die Schrift durchscheinen läßt, da es sich um Urkundenpapier handelt (autogr. M.E. vom 8. Juli 1823 Nr. 5152). Ueber rechtzeitige Lieferung und Verrechnung s. J.M.Bl. 1867 S. 42.

[2]) J.M.Bl. 1863 S. 85; S. 199; J.M.Bl. 1866 S. 167; 1868 S. 242.

[3]) J.M.Bl. 1866 S. 167, 168.

d) außerordentliche Geschäftsaushilfe [1])
e) Behälter zur Aufbewahrung von Hypothekenbüchern. [2])

b) Vorarbeiten nach Aufstellung des Vereinigungskommissärs.

Ist seitens des k. St.M. der Justiz auf Grund der begutachtenden Beschlüsse des Präsidiums des k. Landgerichts die Vereinigung genehmigt, so ergeht höchste Entschließung, welche die Art der Durchführung, die Aufstellung eines Vereinigungscommissärs, dessen Beauftragung mit der Herstellung eines Arbeitsplans und die Einleitung der Krediteröffnung einstweilen für die Personalexigenz zum Inhalte hat. Seitens des Vereinigungsbeamten wird sodann der Arbeitsplan aufgestellt, mit Bericht dem k. Landgerichtspräsidium vorgelegt, welches den Plan mit den veranlaßten Beschlüssen dem k. St.M. der Justiz unterbreitet, woraufhin höchste Entschließung über die Art der Genehmigung und Krediteröffnung bezüglich der Realexigenz erfolgt.

Arbeitsplan [3])

zur außerordentlichen Vereinigung der Hypothekenbücher nebst Sach- und Personen-Register bei dem k. Amtsgerichte N.

I.

Zahl der Hypothekendistrikte, Steuergemeinden, Forst- und Bergwerksdistrikte.

Hiebei fragt sich, welche politischen Gemeinden mit Steuergemeinden zusammenfallen, und welche ausmärkisch sind; ferner inwieweit Privatbesitzungen zu den Forstbezirken gehören (Bl. f. adm. Prxs. Bd. 27 S. 249 G.O. Art. 3 Seydel Staatsr. Bd. III S. 84.).

---

[1]) Früher wurden rechtskundige Funktionäre, Rechtspraktikanten oder Accessisten bei den Staatsanwaltschaften abgeordnet, nunmehr werden Amtsrichter extr. stat., bei totalen Vereinigungen mit einem Sekretariatsgehilfen extr. stat. (J.M.Bl. 1864 S. 13 Ziff. 1) aufgestellt. Nachdem auch früher in diesen Fällen die Haftung den Hypothekenbeamten traf und der Funktionär lediglich die Concepte gegenzeichnen konnte, war die Erleichterung für den laufenden Dienst eine geringe und die Durchführung der Vereinigung meist nicht durchgreifend, (autogr. E. vom 15. Oktober 1857).

[2]) Zur Aufnahme der neuen, bezw. alten kassierten Bände und Register.

[3]) J.M.Bl. 1869 S. 22. Bei größeren Vereinigungen wird vom k. St.M. d. J. ein Arbeitsplan von früheren Vereinigungen her als Muster zur Verfügung gestellt; darnach ergeben sich obige meist wiederkehrende Gesichtspunkte.

II.

Zahl der Hypothekenbücher, der laufenden Bücher und der bestehenden Folien, dann der Register und Protokolle.

Von Bedeutung für die Dauer der Vereinigung ist die Angabe der Zahl der sämtlichen bestehenden, d. h. nicht abgeschlossenen Folien des Hypothekenamts. Hiebei kommt in Frage, ob für Forstbezirke eigene Hypothekenbücher bestehen oder zweckmäßig neuangelegt werden und ob die Personenregister mit den Sachregistern vereinigt sind oder getrennt geführt werden.

III.

Bände, welche sich voraussichtlich noch längere Zeit zum Gebrauche eignen. Neuanzuschaffende Bände.

Werden nicht sämtliche Bände eines Distrikts außer Gebrauch gesetzt, sondern etwa bei Ausscheidung eines Distrikts nach Steuergemeinden der seitherige letzte Band für die gleichnamige Steuergemeinde belassen, so fragt sich, wie viel verfügbaren Raum diese Bände für die Neuanlage von Folien bezw. Transferierung solcher aus älteren Bänden enthalten und inwieweit auch für diese Steuergemeinden neue Bände benötigt werden.

Bei der Anschaffung einer größeren Anzahl von Bänden kommt auch in Frage, ob die seitherigen Schränke hinlänglichen Raum für die Unterbringung der Bücher bieten.

IV.

Sach- und Personenregister.

Hier wird die Unzureichendheit des Raums meist zur Neuanlage führen und hinsichtlich letzterer zu erwägen sein, ob für jede Steuergemeinde ein eigenes Register zu eröffnen und ob die ersten 3 Rubriken vom Rentamtshilfspersonal an der Hand der Originalkataster herzustellen sind.

V.

Ursachen. Umfang und Dauer der Vereinigungsarbeiten.

A. Ursache.

Hier ist der neue Vereinigungsbeamte auf die Wahrnehmungen des Hypothekenbeamten über die formellen und materiellen Mängel der Hypothekenbuchsführung und die Vorberichte zunächst angewiesen.

Formell werden häufige Fortsetzungen im nämlichen Bande oder in mehreren Bänden des gleichen Distrikts, ferner die Ausscheidung eines Distrikts nach Steuergemeinden vielfach Veranlassung zur Hypothekenbuchsbereinigung geben (J.M.Bl. 1869 S. 181 C. S. XIV 508). Andere Mängel formeller Art sind: Der Vortrag der I. und II. Rubrik auf einer Seite (nach früherer Praxis, J.M. Reskript vom 10. Februar 1824 § 27, 34 Instr. zum Hyp.Ges.); Beschreibung der Anmerkungen mit Einträgen, die in die I. oder II. Rubrik gehören; Unrichtigkeiten in der Weiterzählung des numerus (von 350 auf 531), im Paginieren; Korrekturen, Bleistiftnotizen; Fehlen der 2 Querlinien bei einer Totallöschung; fehlen der Querlinie nach einem Vortrage; Anführung der Tagebuchnummer statt der Geschäftsregisternummer der Notariatsurkunde intra lineas und umgekehrt in den Anmerkungen; Fehlen des Abschlusses des alten Foliums bei der Uebertragung auf ein neues; ziehen zweier Querlinien zum Abschluß, obwohl noch eine Hypothek eingetragen ist; Fehlen der römischen Ziffer bei Hypothekeintragung; unrichtiger Hinweis auf Tagebuch und Protokoll in den Anmerkungen;

Fälle dieser Art beeinträchtigen bei Auskunftserteilung und Einsicht des Hypothekenbuches die Uebersicht und können, wenn übersehen, zu Haftungen bei Neueinträgen führen.

Mängel materieller Art ergeben sich teilweise durch die Ungenauigkeit und Unrichtigkeit der bei Einführung des definitiven Grundsteuerkatasters veranlaßten Einträge, durch ungenauen Vollzug von Messungsoperaten, sei es daß mit Rücksicht auf die fehlende Verbriefung das Hypothekenbuch bereits weiter geht als der Kataster oder umgekehrt, oder Operate bezüglich der einen Pl.No. im Hypothekenbuche vollzogen sind, bezüglich der anderen der Vollzug im Sachregister unterlassen wurde; durch Unterlassung der periodischen Uebersendung der Ummessungsoperate durch das k. Rentamt, verfrühten Urkundenvollzug, Aufnahme unvollziehbarer Urkunden, Schreibversehen bei Bethätigung der Einträge, mangelhafte Kontrole über unvollständigen Vollzug von Einträgen, Saumsal der Parteien in Besorgung ihrer Hypothekenangelegenheiten. Kommt dazu eine immer mehr zunehmende Zersplitterung des Grundbesitzes, sei es infolge des Güterrechts oder von Güterschlächterei, ohne daß die Rechtsverhältnisse sofort evident gestellt werden, oder Neumessungen infolge eines auf eine ganze Stadt ausgedehnten Brandes, oder sind seit Jahren nicht geregelte Gemeinschaftsverhältnisse in Frage, so ergibt sich hieraus die Notwendigkeit einer Bereinigungsthätigkeit.

Eine erschöpfende Aufzählung aller Fälle ist nicht möglich; die hauptsächlichsten Fälle werden unten erörtert werden.

B. Umfang.

Für die Beurteilung des Umfangs der Bereinigungsarbeiten, insbesondere Transferierung von Folien wird eine Zusammenstellung der sämtlichen Plannummern der einzelnen Steuergemeinden (bezw. Distrikte) und der Folien von Bedeutung sein.

Fortlaufende Ziffer.	Name der Hypotheken-distrikte.	Gesamtzahl der Folien.	Abgeschlossene Folien.	Noch bestehende Folien.	Anzahl der Plannummern.	Bemerkungen
1	Geroldsgrün	500	120	380	1410	

Die Hauptaufgabe der außerordentlichen Bereinigung wird bestehen:

a) in der gründlichen Revision aller bestehenden Folien und der folienfreien Plannummern,

b) in der Berichtigung der aufgefundenen Mängel im Hypothekenbuch und Sach- bezw. Personal-Register,

c) in der Uebertragung der Folien in die neuen Hypothekenbücher aus den zu kassierenden Bänden. Dazu werden alle diejenigen Geschäftsaufgaben kommen, welche die Neuanlage von Hypothekenbüchern mit sich bringt.

C. Dauer.

Bei einer vollständigen Umlegung eines Hypothekenamts werden einschließlich sämmtlicher durch die Bereinigung veranlaßter Arbeiten durch den Bereinigungskommissär und den Aktuar 5800 Folien verschiedenen Umfangs bei Zugrundelegung von 48 jährlichen Arbeitswochen zu 6 Tagen in $2^1/_2$ Jahren umgelegt sein, sohin 8 Folien durchschnittlich pro Tag erledigt werden können.

Die Uebertragung selbst nimmt durchschnittlich die Hälfte der für die Durchführung der ganzen Bereinigung nötigen Zeit in Anspruch.

VI.

Notwendige Anschaffungen und Verbesserungen äußerer Einrichtungen.

Hieher gehört der Aufwand für Anschaffung (II und III oben) von liniiertem Papier für Hypothekenbücher, solchem für Personal- und Sachregister, für Kanzlei- und Konceptpapiere, Buchbinderlöhne, Hypothekenschränke, Kosten zum Transport der Originalkataster vom Rentamte, für Herstellung der Spalten I—III der Sachregister durch das rentamtliche Hilfspersonal, ferner für Personalaufwand. Ist mit Rücksicht auf das Fortschreiten der Bereinigungsthätigkeit und zur Ermöglichung ungestörter Arbeit und Vermeidung von Haftungen die Einräumung eines eigenen Lokals nötig, so werden weitere Kosten für Anschaffung von

Heizungsmaterial, Entschädigung für Vornahme der Beheizung und Reinigung des verwendeten Lokals, für Beleuchtung, Lampe, Holzkasten, Papierkorb, Lineal mit Metalleinsatz, Glockenzug, Spucknapf, Rouleaux, Schreibtische, Stühle, Stehpult, Tintengefäße erwachsen, soweit das Inventar nicht ausreicht. Ist ein eigener Raum zur Unterbringung des Heizungsmaterials nicht vorhanden, so wird die Erhöhung des Aversums des Gerichtsvorstandes gegen Uebernahme der Verpflichtung der Beheizung sowie auch der Beleuchtung zu erwirken sein. Für die Inanspruchnahme eines eigenen Kredits für Anschaffung der genannten Gegenstände kommt in Betracht, ob dieselben nicht als außerordentliche Fälle von dem k. Oberstaatsanwalt aus den ordentlichen Regiemitteln bestritten werden. (J.M.E. vom 13. Juni 1862 J.M.Bl. 1863 Ergzhft. S. 86 No. 9. u. 10). Daselbst S. 89 Nr. 3 bezüglich der Anschaffungskosten sind Kostenvoranschläge, soweit dies nicht vom laufenden Dienst schon geschehen, beizulegen. Die neuen Gegenstände werden mit der Inventarnummer versehen, in das Verzeichnis über Inventargegenstände aufgenommen, die Rechnungen vom Bereinigungsbeamten zur Bezahlung durch die Gerichtsschreiberei angewiesen und der Letzteren als Belege für die Rechnungsstellung übermittelt.

Außer im Berichte wird der Aufwand auch in einer tabellarischen Uebersicht zusammengestellt. (cf. Anlage II.). Die Beschaffung von Federn, Federmessern, Bleistiften 2c. hat von dem hiefür bestimmten Schreibmaterialienaversum zu erfolgen; bezüglich Oblaten, Bindfaden, Siegellack, Tinte und Streusand obliegt den Amtsvorständen die Naturalabgabe. (J.M.Bl. vom 21. Juni 1868 (S. 145) 4. Dezember 1875 S. 313.)

2. Methode.

Die Behandlung der Anträge, insbesondere der Notariatsurkunden ist dieselbe wie im laufenden Dienste. In den übrigen Fällen folgt aus der Offizialthätigkeit des Bereinigungsverfahrens die Registrierungsmethode, die bei Offizialberichtigungen und Umlegung von Folien unerläßlich ist, um auch die Veranlassung, die zum Vollzuge führte, aus den Anmerkungen der Eintragsstelle ersehen zu können. Häufig werden die Erklärungen freiwillig erscheinender oder auf Vorladung erschienener Parteien zu Hypothekenprotokoll des betreffenden Bandes zu nehmen und wie im laufenden Dienste zu vollziehen sein. Die Behandlung der Ummessungsoperate ist im allgemeinen dieselbe wie im laufenden Dienste, führt jedoch häufiger zu Protokollregistraturen unter Zugrundelegung und Erwähnung von einschlägigen Notariatsurkunden im Protokollbande. Der Ausweis über Vollzug geht aus den Tagebüchern bezw. dem Protokollbande und den Hypothekenprotokollbeilagen hervor.

3. Verfahren im Allgemeinen.

a) Gemeinsame Bestimmungen mit dem laufenden Dienst.

Für den Vereinigungsbeamten kommen die bezüglich der allgemeinen wie der inneren Geschäftsbehandlung für das Hypothekenwesen insbesondere durch die Instruktion zum Hypothekengesetz und Ministerial-Entschließungen erlassenen Bestimmungen in Anwendung.

aa) Allgemeine Geschäftsbehandlung.

Der Vereinigungsbeamte hat bezüglich der neu angelegten Hypothekenbücher für die richtige Paginierung mit Bestätigung der Seitenzahl am Ende (nicht mehr durch den Landgerichtsvorstand, sondern zufolge G.V.G.Gesetz durch den Hypotheken-, d. h. Vereinigungsbeamten), Beschreibung des Titelblattes, Bestätigung daselbst bei Ausscheidung von Steuergemeinden aus einem für eine Steuergemeinde stehengebliebenen letzten Band, Freilassung von mindestens 4 Seiten für ein Folium, reinliche Führung mit dauerhafter Tinte und deutlicher Handschrift, Anlage der Hypothekenprotokolle für die neuen Steuergemeinden, Sorge zu tragen zufolge § 119 Hyp.Ges. §§ 4, 6, 35 Abs. 1—2, §§ 6, 7 Instrukt. z. Hyp.Ges. J.M.E. vom 27. Sept. 1865 S. 148.

Es obliegt ihm die Führung des laufenden Hypotheken-Tagebuches für die im Vereinigungsdienste angefallenen Geschäfte — Notariatsurkunden, Protokolle, Anträge, Gerichtsrequisitionen, Registraturen, — die Urkunden auf Original- und Begleitnoten zu präsentieren, wie auch die Offizialregistraturen im Protokollbande, die Einträge im Tagebuch bei Nichtabfassung von Protokollen oder Registraturen mit seinem Handzuge zu unterzeichnen und das Tagebuch am Ende des Jahres mit abzuschließen. § 5 und 6 Registraturordnung vom Jahr 1863 (J.M.Bl. S. 107, 108, 127) § 29 Abs. 2. J.M.E. vom 11. April 1872 J.M.Bl. S. 126—131, insbes. Ziff. V, vom 23. Juli 1869 S. 170 § 23 Hyp.Ges.

Für die Abfassung der Hypothekenprotokolle und Beschlüsse sind § 8, 9 Instr. J.M.E. v. 26. Juli 1864 S. 216, J.M.E. v. 11. April 1872 Ziff. IV, J.M.Bl. S. 127, für die Anlage der Protokollbeilagenbände § 10 der J.M.E. v. 11. April 1872 S. 126 zu beachten. Bei stehengebliebenen Steuergemeinden sind neue Beilagenbände zu schaffen, sobald der seitherige Beilagenband zu stark anwächst ohne Rücksicht auf die Ziffer des Protokollbandes. § 10 Abs. 4 Instr. z. Hyp.Ges. § 36 Abs. 3 Geschäfts- und Registraturordnung J.M.Bl. 1863 S. 122, J.M.Bl. 1872 S. 126.

Nach Fertigstellung einer Steuergemeinde sind die Verzeichnisse (Repertorium) über die Außergebrauchsetzung der alten Hypothekenbücher und Register über die Anlage der neuen Hypothekenbücher, Register, Protokollbände, Protokollbeilagen evident zu stellen und die angelegten Bereinigungsakten und aus besonderen Anlässen, wie bei Beseitigung eines Doppelfoliums erwachsene Spezialakten, wie der zur Sammlung von Entschließungen des k. St.M. der Justiz oder des Landgerichtspräsidiums, der erstatteten Berichte anläßlich der Bereinigung gebildete Generalakt über das Bereinigungswesen in das genannte Repertorium aufzunehmen und für Vollständigkeit und Ordnung der Sammlung der Erlasse durch Anlage eines Aktenrenners im Generalakt Sorge zu tragen. J.M.Bl. 1867 S. 194 § 39 Abs. 2, § 19, 21 Registraturordnung (J.M.Bl. 1863 S. 115, 116, 124) Zeitschrift für Gesetzgebung und Rechtspflege Bd. IV S. 309, Instr. § 11 Ziff. 3. Wie dem laufenden Dienste die Pflicht der geordneten Aufstellung der Hypothekenbücher obliegt, so kommt dem Bereinigungsbeamten nach Durchführung der Bereinigung die Pflicht zu, die Bände nach den neuen Steuergemeinden alphabetisch geordnet in Schränke unterzubringen, so daß auch bei eintretender Gefahr die Sicherstellung der ordnungsmäßig aufbewahrten Bände ermöglicht ist. Instr. § 2 Ziff. 4.

bb) Innere Geschäftsbehandlung.

Soweit der laufende Dienst allein in Betracht kommt, sind die Fälle, in denen derselbe von Amtswegen thätig zu werden hat, in der Einleitung erwähnt. Gemeinsam mit dem Bereinigungsdienste sind folgende Fälle:

1) Prüfung der Richtigkeit und Giltigkeit eines einzutragenden Rechtsgeschäftes, insoweit sich im Hypothekenbuch selbst Daten und Notizen eingetragen finden, nach Maßgabe der an dem Orte geltenden Statutarrechte, Gewohnheiten (§ 96, 97, 99 Ziff. 1 Hyp.Ges.)
2) Prüfung der Identität, Legitimation (Vollmachtspunkt, Erblegitimation) der Beteiligten. J.M.E. v. 17. Februar 1865.
3) Vormerkung von Gesuchen, die sich nicht zum sofortigen Eintrag eignen. § 106 Hyp.Ges. J.M.E. vom 26. Juli 1864 Ziff. II A 5 und B 5. J.M.Bl. S. 210, 215, 217.
4) Benachrichtigung des Schuldners von Veränderungen in der Person des Gläubigers. § 157 Hyp.Ges. J.M.Bl. v. 26. Juli 1864 II B Ziff. 7 J.M.Bl. S. 218. J.M.E. v. 22. November 1871. J.M.Bl. 1871 S. 319; des Gläubigers bei Offizialminderungen von Brandversicherungseinträgen. Art. 15, 32 des Brandversicherungsgesetzes vom 3. April 1875.
5) Beseitigung bei Entdeckung von Doppelfolien und Vor-

merkung im Sachregister bis zur Beseitigung. (cf. Entschließungen bei Regelsberger S. 49 Note 8.)

6) Verfahren bei Eröffnung von Folien und Umlegung bei Fortsetzungen J.M.Bl. 1869 S. 179 u. h. Anweisung vom 6. Juni 1895.

7) Die anläßlich des Urkundenvollzugs im laufenden Dienste sich ergebenden Offizialberichtigungen in den 3 Rubriken und insbesondere der Vollzug der Ummessungsoperate.

In letzter Hinsicht führt die autogr. J.M.E. vom 7. November 1868 Nr. 1366 aus, daß hinsichtlich der Bereinigung der I. Rubrik die Thätigkeit des Hypothekenamts vornehmlich auf § 22 Ziff. 4, § 133 im Zusammenhalte mit § 126 Abs. 2 und § 130 des Hyp.Ges., dann auf § 19 Ziff. 4 der Vollzugsinstruktion und auf die Normativentschließung über die Liquidationsverhandlungen zur Einführung des definitiven Grundsteuerkatasters vom 14. April 1830 Nr. 2942 beruhe und die Verpflichtung des Hypothekenamts darin bestehe, die vom Rentamt bekannt gegebenen Flächenänderungen im Hypothekenbuche bezw. Sachregister einzutragen oder, wo die katastermäßige Bezeichnung nicht gleich anfänglich möglich ist, diese zu erholen und einzutragen.

Es bezweckt die Anordnung der Uebersendung der Flächenänderungen durch das Rentamt die Evidentstellung der I. Rubrik, der Hypothekenfolien mit dem Kataster und die Einleitung der erforderlichen Maßnahmen (s. auch J.M.Bl. 1863 S. 198, S. 86 Ziff. 1 lit c.)

8) Wie für den laufenden Dienst, so ist auch für den Bereinigungsdienst, soferne derselbe der Neuanlage eines Hypothekenamts faktisch gleichkommt, gemäß aut. J.M.E. vom 4. November 1865 die Verpflichtung herzuleiten, daß auch über die den Liegenschaften gleich geachteten Rechte Sachregister zu führen seien, um die Auffindung der betreffenden Einträge im Hypothekenbuche zu ermöglichen und Doppelfolien ferne zu halten (§ 128 Hyp.Ges.).

b) Abgrenzung vom laufenden Hypothekengeschäfte.

Während der Beamte des laufenden Dienstes in den voraufgeführten Fällen über den Antrag der Parteien hinaus selbständig nur ausnahmsweise (§ 96 Hyp.Ges.) thätig wird, stellt sich das Bereinigungsverfahren als Offizialverfahren dar, das in der unaufgeforderten Revision der 3 Rubriken und Beseitigung der entdeckten Mängel gipfelt. Es entspringt daraus die Notwendigkeit, Erhebungen zu pflegen, die Parteien zu Hypothekenprotokoll vorzuladen, für dieselben die Korrespondenzen zur Beschaffung von Urkunden (Erbschafts-, Familienstandzeugnisse,

Löschungserklärungen, protokollarische Vernehmung auswärtiger Beteiligter im Wege der Requisition) zu pflegen, Protokollarregistraturen mit Offizialberichtigungsbeschlüssen aufzunehmen und den Gläubigern von Amtswegen über die vorgenommene Uebertragung Kenntnis zu geben. Für den hiebei notwendig werdenden Verkehr mit dem Notare am Gerichtssitz und auswärtigen Notaren, auswärtigen Gerichten, dem Rentamte, Forstamte, Gemeinden des Bezirks und Verwaltungsbehörden überhaupt gelten dieselben Vorschriften wie im laufenden Dienst. Soweit die Bereinigung vom Beamten des laufenden Dienstes selbst vorgenommen wird, wird die systematische — die Reihenfolge der Steuergemeinden und Folien einhaltende — Bereinigung mit der gelegentlichen zu verbinden sein, d. h. sobald eine unvollziehbare Urkunde einläuft oder sonst ein Eintrag dem Vollzuge des Einlaufs entgegensteht, wird das Folium auch dann sofort zu bereinigen sein, wenn die Steuergemeinde für die Bereinigung noch nicht an der Reihe ist. Ist für die Bereinigung ein eigener Beamter aufgestellt, so wird die systematische Bereinigung die Regel bilden. Der Bereinigungsbeamte trägt, auch soferne die Führung eines eigenen Hypothekentagebuches neben seinem Bereinigungstagebuch angeordnet ist, die Einträge in das Tagebuch des laufenden Dienstes in gleichen Fällen wie dieser ein. Es obliegt ihm der Vollzug derjenigen Urkunden, die er anläßlich der Bereinigung angeregt hat, sei es, daß die Urkunde während der Zeit der Bereinigung dieser Gemeinde oder nach Fertigstellung derselben einlief (z. B. auswärtige Teillöschung, wenn die ganze Hypothek nicht zur Löschung gebracht werden kann und übertragen werden mußte.)

Das Nebeneinanderamtieren beider Sparten des Hypothekenamts fordert zu erhöhter Vorsicht in Bezug auf sofortige Kontrolle der Einträge in den Büchern, Evidentstellung der Register und Kollationieren auf.

Nach Fertigstellung einer Steuergemeinde, bezw. eines Distrikts wird dem laufenden Dienste zweckmäßig hievon Kenntnis gegeben. Um dem laufenden Dienst auch während der Bereinigung jeder Zeit den Stand derselben ersichtlich zu machen, wird zweckmäßig bei Uebertragung von Pl.Nr. letztere selbst im alten Sachregister schräg durchstrichen. Dieses Folium gilt dann als übertragen in den neuen Band, während die Ausstreichung des Foliums bedeuten würde, daß die Pl.Nr. überhaupt kein Folium mehr hat; es ist somit jederzeit, auch für späteres Nachschlagen möglich, zu ersehen, welches das frühere Folium war und ob noch ein Folium besteht. Bezüglich der folienfreien Pl.Nr. erweist sich die gleichartige Maßnahme zweckmäßig nach Fertigstellung der Steuergemeinde und nach Vergleichung beider Sachregister, ob jede Pl.Nr., die ein Folium im alten Register hat, auch ein solches im neuen enthält, insoferne der laufende Dienst verhindert wird, bei Verpfändung seither folienfrei gewesener Pl.Nr. das Folium im alten statt im neuen Sachregister einzutragen und so durch Schaffung eines Doppelfoliums Regreßansprüchen ausgesetzt zu werden. Diese Maßregel wird auch zur Kenntnis des betreffenden Notars für Hypothekenbuchseinsicht zu bringen sein, der regelmäßig die beiden Register bezw. zuerst das alte nachsieht. Es ergiebt sich daraus die Notwendigkeit, nach Fertigstellung aller Steuergemeinden nochmals jedes Hypothekenbuchsfolium darauf zu prüfen, ob den eingetragenen Pl.Nrn. auch in den neuen Sachregistern ein Folium beigefügt ist (da der laufende Dienst nach Fertigstellung und Kollationieren der Sachregister, selbst wenn sie gegen weitere Einträge abgeschlossen sind, verwechseln kann, solange überhaupt noch bereinigt wird, oder auch übersehen kann, ein neuentstandenes Folium über eine seither folienfreie Pl.Nr. überhaupt in eines der beiden Register einzutragen) und die beiden Register nochmals zu prüfen, ob etwa bei Zugehörungen der Zusatz im Folium bezüglich der anderen Steuergemeinde aus Versehen im alten eingetragen wurde. Die Haftung, welche die Umarbeitung eines ganzen Hypothekenamts mit sich bringt, ist allerdings eine sehr große; man vermag ihrer nur durch peinliche Genauigkeit und Uebung des Beamten und Aktuars gerecht zu werden und wird sich insbesondere ein Aktuar, der in Hypothekensachen noch wenig gearbeitet und trotz Bemühung ein Auge für die Einzelheiten nicht hat, als Hilfskraft nicht eignen.

4. Verfahren der Hypothekenbuchsbereinigung im Besonderen.

Die Bereinigungsthätigkeit beginnt mit der Revision der Folien in den drei Rubriken; an diese schließt sich die Bereinigung auf Grund der Erhebungen der protokollarischen oder schriftlichen Anmeldungen an. Das in dem älteren Band bereinigte Folium gelangt sodann zur Uebertragung in den neuen Band, dessen Einträge kollationiert werden. Die Art der Bereinigungsthätigkeit wird bezüglich eines jeden Foliums in einer Statistik dargestellt, die nach Fertigstellung eines seitherigen Distrikts mit dem Vierteljahrsberichte über den Fortgang der Arbeiten in duplo (für das k. Staatsministerium der Justiz und für den k. Landgerichtspräsidenten) in Vorlage gebracht wird.

Die Revision wird systematisch nach Steuergemeinden vorgenommen, soferne nicht eine spezielle Anmeldung die sofortige Inangriffnahme außer der Reihe im Wege der Kombinationsmethode erheischt, um eine Verzögerung des Urkundenvollzugs im laufenden Dienste und eine Rechtsbeeinträchtigung der Beteiligten zu verhüten (cf. Ziff. 3 oben).

Revidiert wird jedes bestehende Folium in den drei Rubriken, sohin zunächst unter Zugrundelegung des Hypothekenbuchs; dann durch Vergleichung des alten und des an der Hand des Originalkatasters vom Rentamte hergestellten neuen Sachregisters bezüglich der eingetragenen und folienfreien Pl.Nr. Die Flächenrevision wird an der Hand des Originalkatasters bezw. der neuen Sachregister vorgenommen, wenn diese Einträge die Erholung des Originalkatasters in verschließbarem Kasten ersetzen. Die sich ergebenden Differenzen von Flächen und Beschrieb werden aufgezeichnet, soweit das k. Rentamt nicht am Gerichtssitze ist, dem k. Rentamte zur Aufklärung bezw. Uebersendung der Operate mitgeteilt und darnach in Protokollregistraturen, Vollzug der Operate oder durch Erholung von Katasterauszügen von den Beteiligten zur Beifügung des Metermaßes auf den Folien, durch Erholung von Urkunden über in Mitte liegender, noch nicht eingetragener Rechtsgeschäfte, Erholung von Nachtragsurkunden die Vereinigung bethätigt. In gleicher Weise werden die folienfreien Pl.Nrn. nach Fläche und Beschrieb revidiert. In zweiter und dritter Rubrik wird durch Erhebungen bei den Gemeindebehörden festzustellen sein, ob der Eintrag im Hypothekenbuch dem jetzigen Rechtszustande entspricht und inwieweit die eingetretene Aenderung die Herbeiführung von Vereinigungseinträgen erheischt.

Die erwachsenen Schriftstücke selbst werden, soweit sie nicht, wie im laufenden Dienst als notarielle Löschungen, Pfandentlassungen, Erbschaftszeugnisse, Mitteilung der Brandversicherungskammer über die Brandversicherungssumme, des Rentamts über Belastungen zu den Protokollbeilagen zu nehmen sind, zu einem Vereinigungsakte vereinigt, deren je für einen Distrikt ein eigener Sammelakt angelegt wird. Zu jedem Vereinigungsakt wird, um den Stand der Recherchen zu ersehen und die Uebersicht der Vereinigungsthätigkeit bezüglich dieser Folien zu erleichtern, ein besonderes Tagebuch nach Art der Anlage angelegt, das mit der Bestätigung darüber, daß das Folium collationiert wurde, abgeschlossen wird. Anlage III. Der Statistik gegenüber erleichtert das Tagebuch die Auffindung des seitherigen Numerus nach der Seitenzahl, im übrigen die Auffindung der Erhebungen. In die Vereinigungsakten werden auch die Verzeichnisse über die bestehenden Fisch-Keller-Forstrechte und die des Eintrags in das Hypothekenbuch bedürfenden Grundgefälle aufgenommen, nachdem bezüglich der Fisch- und Kellerrechte und Grundgefälle das neue Sachregister und soweit Folien vorhanden, auch das Hypothekenbuch richtig gestellt ist.

Die Mitteilungen der k. Brandversicherungskammer über Brandversicherungssummen dagegen, sowie die Zustellungsnachweise über die an die Gläubiger bethätigten Mitteilungen werden den Beilagenbänden der Hypothekenprotokolle einverleibt.

An die Revision schließt sich die Vereinigung an, die in

den Fällen, in denen widersprechende oder alte vorausgehende Einträge mitübertragen werden müssen, auf dem neuen Folium, der Regel nach aber auf dem alten Folium erfolgt. Die Uebertragung bildet den Mittelpunkt der Thätigkeit. Das hierauf folgende Kollationieren der Folien geschieht durch Vergleichung des alten mit dem neuen Folium, des neuen Personen- und Sachregisters. Der Nachweis über diese Thätigkeit geht aus dem Bereinigungstagebuch; der Vollzug der Revision, Bereinigung und Uebertragung aus der Statistik hervor.

Da die Bereinigungsthätigkeit nicht nur die Beseitigung bestehender Mängel bezweckt, sondern auch künftigen mangelhaften Einträgen vorbeugen will, so wird auch auf die Rechtsverhältnisse folienfreier Pl.Nr. soweit möglich Rücksicht zu nehmen sein. Die Differenzen ergeben sich durch Vergleichung der beiden Sachregister, durch Anstellung von Erhebungen beim Rentamte oder den Beteiligten (cf. unvollziehbare Urkunden am Schluß).

I. Rubrik.

Die Bereinigungsthätigkeit in I. Rubrik hat als Hauptaufgabe, die Uebereinstimmung von Hypothekenbuch und Kataster herbeizuführen. Darauf wirkten bereits die aut. M.E. vom 14. April 1830 Nr. 2942 die „Liquidationsverhandlungen zur Einführung der defin. Grundsteuerkataster", dann vom 3. Februar 1854 Nr. 4044, betreffd. die Berichtigung und Fortführung der Hypothekenbücher nach dem Steuerdefinitivum hin. In ersterer finden sich Anordnungen zur Hebung von Flächen- und Beschriebdifferenzen, die dadurch hervorgerufen wurden, daß die Hypothekenbücher sich auf die provisorischen Steuerkataster, die Liquidationsverhandlungen auf die Parcellarvermessung gründeten. Die Liquidationsverhandlungen bezw. die darauf gebauten Kataster sollten, als unter den gesetzlichen Voraussetzungen der §§ 59—97 des Grundsteuergesetzes entstanden, die Stelle eines vollgiltigen Saal- und Lagerbuchs mit Beweiskraft (!) erhalten. Die Uebereinstimmung der Kataster mit den Hypothekenbüchern war überdies dadurch geboten, daß das Hypothekenbuch damals nach § 130 Hyp.Ges. auf den Steuerkataster verwies. Bereits mit aut. E. des k. St.M. der Finanzen vom 26. Januar 1854 wurden die Rentämter bezw. Geometer angewiesen, das Hypothekenamt bei allen gelegentlich der Einführung des Steuerdefinitivums bezüglich der Identität der Objekte nach älterer und neuerer Katasterbezeichnung sich ergebenden Requisitionen durch Auskunftserteilung zu unterstützen. In der weiteren oben citierten Entschl. vom 3. Februar 1854 wurden die Rentämter zur Mitwirkung der Berichtigung der Hypothekenbücher angewiesen. Die Beteiligten erhalten hienach Grundsteuerkatasterauszüge, welche bei jedem Objekt den aus der Liquidation ermittelten Erwerbstitel enthalten, so daß sich mit Rücksicht auf die in dem provisor. Kataster und in den dazu gehörigen Umschreibbüchern enthaltenen Besitzverhältnissen mehrfache Anhaltspunkte für die Identitätsermittelungen ergeben. Die Nachforschung über Identität und örtliche Lage der fraglichen Objekte sollte ebenfalls unter Zuziehung von Hypothekenschätzleuten erfolgen, außerdem sollte durch Vergleichung des Flurplans, von dem jede Gemeinde, sowie das Rentamt ein vollständig numeriertes Exemplar besitzt — ein zuverlässiges Resultat gewonnen werden. Eventuell sollte der Geometer, der Besitzer, die Gläubiger zu Nachforschungen und Berichtigung der Hypothekenbücher beigezogen werden oder den Letzteren eine Frist zur Erinnerungsabgabe gesteckt werden. Es wurde bereits damals auf die Differenzen hingewiesen, die dadurch entstanden, daß die Steuerkatasternummern sich mit den Pl.Nrn. nicht deckten und daß die entsprechenden Pl.Nrn. den früheren Steuerkatasternummern nicht beigefügt waren, so daß Anlaß zu Doppelfolien und Haftungen gegeben war. Wenn auch die alten Hypothekenbücher aufweisen, daß eine Reihe identischer Folien später abgeschlossen und oft mit Mühe bereinigt wurde, so führen sich doch auch heute noch auf diese Veranlassung immer vereinzelte Bereinigungsfälle zurück.

Inzwischen sind eine Reihe von h. Entschließungen ergangen, welche die Uebereinstimmung der Hypothekenbücher und Sachregister mit den Katastern bezwecken. (J.M.Bek. vom 12. November 1863 J.M.Bl. S. 199, J.M.E. vom 19. November 1863, S. 198, J.M.E. vom 17. Oktober 1868 S. 243, J.M.Bl. 1865 S. 49. J.M.Bek. vom 16. Dezember und 23. Dezember 1877 J.M.Bl. S. 257, 264, vom 10. November 1877 G.V.Bl. S. 527; 23. Juni 1877 J.M.Bl. 133; J.M.Bek. vom 24. Januar 1878 S. 15; J.M.E. vom 16. Mai 1879 S. 231; 25. Januar 1884 S. 35, J.M.Bek. vom 26. Juli 1864 Ziff. IV lit. B 7, J.M.Bl. S. 218; J.M.Bl. 1889 S. 43.

Es ist darnach auch Pflicht des laufenden Dienstes, unter Mitwirkung der Notare (J.M.Bl. 1865 S. 49, 76, 1864 S. 5) für die Evidenthaltung Sorge zu tragen. Die Mehrzahl der Fälle wird im Vollzuge der mit den Urkunden als Beilage vorgelegten Operate bestehen, während bei der nachfolgenden periodischen Vorlage (1863 S. 199, 1868 S. 243) der Ummessungsoperate durch das k. Rentamt das Hypothekenamt dann nur eine kontrolierende Thätigkeit hat. Bei unvollziehbaren Operaten wird das Rentamt von den Hindernissen verständigt, und bringt letzteres dann auf Hebung der Hindernisse durch Nachholung der Verbriefung ev. unter Androhung von Strafen auf Grund des Grundsteuergesetzes. Soferne im letzteren Falle das Hypothekenamt die Vermessung im Hypothekenbuche vorgemerkt hat, trifft dann die Vereinigung einen Fall an, in welchem das Hypothekenbuch weiter geht als die Verbriefung ev. Katasterumschreibung (J.M.Bl. 1865 S. 76).

Die Offizialberichtigung des Vereinigungsdienstes geht jedoch weiter. Sie erstreckt die Revision sämtlicher bestehender Folien auf jede Pl.Nr. durch Vergleichung der eingetragenen Fläche mit dem Originalkataster, bezw. mit dem neuen Sachregister, falls dieses seitens des k. Rentamts auf Grund des Originalkatasters angelegt ist, ferner auf alle folienfreien Pl.Nrn. durch Vergleichung des alten Sachregisters mit dem Originalkataster bezw. dem neuen Sachregister. Meist geben Originalkataster mit den Operaten Aufschluß; falls das neue Sachregister auf Grund des Originalkatasters hergestellt ist und das Sachregister an dessen Stelle tritt, werden häufige Anfragen beim Rentamt nötig, soferne dieses den Originalkataster gerade nicht entbehren kann. Soweit dem Hypothekenbeamten die Einsicht der Ur- und Umschreibkataster und Flächenrepertorien nicht im Amtslokale des k. Rentamts ermöglicht ist (F.M.E. v. 25. Juni 1885 S. 335) wie überall, da wo das Rentamt sich nicht am gleichen Gerichtssitze befindet, werden diese Behelfe dem Hypothekenamte in verschließbarem Kasten nach Steuergemeinden je nach der Entbehrlichkeit beim Rentamte und der Dringlichkeit im Vereinigungsdienste übersendet (cf. Direktiven im Musterplan für die Vereinigung in Osterhofen).

Anlaß zur Vereinigung geben im allgemeinen Flächendifferenzen infolge von größeren Brandfällen, Neubauten, Eisenbahnbauten, Güterzertrümmerung, Flurbereinigungen, Anlage neuer Straßen, Verlegung von Wegen, Zuteilung von Grundstücken zu einer anderen Gemeinde, Kultivierung von Grundstücken. Hiezu kommen Mängel in der Buchführung selbst, wie die Zuschreibung nachverpfändeter Pl.Nrn. auf dem alten Folium, ohne daß das Folium im Sachregister angeführt ist; die Erwähnung eines älteren noch bestehenden Foliums im alten Sachregister, während das betreffende Folium seinem Inhalte nach wegen Raummangels abgeschlossen und auf ein neues übertragen wurde, wobei jedoch einige Pl.Nrn. aus Versehen weggelassen wurden; die Unterlassung der Abschreibung einer verkauften Pl.Nr. auf dem einen Folium, dagegen die Eintragung der Pl.Nr. auf einem neuangelegten Folium mit Eintragung von Hypotheken; die Unterlassung des Abschlusses eines ganzen Foliums überhaupt; die Eintragung von Grundabtretungen bei folienfreien oder hypothekfreien Grundstücken lediglich auf Grund der Ummessungstabellen; die Unterlassung der Benachrichtigung eines auswärtigen Gerichts von der Uebertragung der in einem anderen Gerichtsbezirke gelegenen Eingehörungen auf ein anderes Folium; die Unterlassung der Beischreibung des Metermaßes, die Aufführung von Gesamtflächen, der unrichtige Eintrag der Brandversicherungssumme mit Worten, während sie mit Ziffern richtig vorgetragen ist.

A.

Hebung von Flächendifferenzen.

Ergibt sich eine Differenz zwischen Hypothekenbuch und der Fläche des Originalkatasters, so sind die einschlägigen Ummessungstabellen anknüpfend an den Stand des Hypothekenbuchs zu erholen und die Art der Differenz an der Hand des Hypothekenbucheintrags und des Operats zu prüfen (J.M.Bek. 1888 S. 161). Eine durchgreifende Vereinignng wird die Nachprüfung der Operate bis in den Anfang der 60er Jahre zurück vornehmen müssen, um den Nichtvollzug von Zwischenoperaten und den Verbriefungsstand zu prüfen.

Weisen die Operate, Original- und Umschreibkataster, welche vom k. Rentamte erholt werden, sei es durch seitherigen Nichtvollzug oder teilweisen Vollzug oder Eintrag eines falschen Metermaßes die Differenzen mit dem Hypothekenbuche und alten Sachregister aus, so ist der nachträgliche Vollzug zu bewirken und lediglich soweit dies nicht möglich sein sollte — was bei einer Vereinigung fast ausgeschlossen ist — im Sinne der Ziffer 2 Abs. 2 und 3 der h. J.M.Bek. vom 9. Juli 1888 J.M.Bl. 161 und der autogr. J.M.E. vom 28. Februar 1891 Nr. 2710 zu verfahren (B. S. 696 unten).

In Betracht kommen für die Vereinigungsthätigkeit insbesondere die J.M.Bek. vom 9. Juli 1888 und vom 15. Juni 1877 (J.M.Bl. S. 131, 1865 S. 49). Wagner S. 63—72. B. S. 696 ff.; Enderlein S. 91, 410; ferner § 22[1] und [4], 18, 90, 34, 36, 39, 40, 45, 76, 77, 97, 98 Ziff. 2, 108, 109, 120, 121, 123, 125, 130, 132, 134 Hyp.Ges.; § 9, 12, 16, 17, 18, 19 der Instr. hiezu, Not.Ztg. 1888 S. 23, 31, 1889 S. 9, 167 (daselbst J.M.E. vom 23. Januar 1889 N. 1201).

Die Flächendifferenzen [1]—[3]) lassen sich in folgende Gruppen scheiden:

I. solche ohne Rechtsänderung
II. solche mit Rechtsänderung.

---

¹) cf. auch Bl. f. R.A. Bd. 53 S. 33, 280, 396. C. S. XI S. 493.

²) Die Anlage von einzelnen Hypothekenfolien kann nicht wegen der Besorgnis verweigert werden, daß später mehrfache Unterschiede bezüglich des Flächenmaßes sich herausstellen könnten. C. S. XIII S. 133. Bl. f. R.A. 55 S. 363; hiebei in C. S. XIII 136:

„Die Grundstücke erscheinen im allgemeinen durch die Pl.No.Bezeichnung genügend individualisiert; der Eigentumserwerb ist durch die Notariatsurkunde nachgewiesen; in dieser Hinsicht ist eine Gefährdung von Gläubiger oder Käufer nicht zu besorgen. Daß möglicherweise an dem Flächeninhalte einzelner Parcellen noch eine Aenderung stattfinden könne, ist selbst durch die technische Revision nicht ganz ausgeschlossen. Daß eine solche im gege-

I. Flächendifferenzen ohne Rechtsänderung.

Hieher gehören die Fälle, in denen infolge Nachmessung wie früher bei der sog. Rectification, späterhin infolge der Neumessungsinstruktion (G.V.Bl. 1885 S. 393) aus technischen Gründen sich infolge früherer Messungsfehler Aenderungen gegenüber dem ursprünglichen Flächenmaße ergeben. Es reihen sich daran die Fälle, in denen die technische Revision einen Planfehler oder die Umrechnung vom alten Flächenmaß in's Metermaß berichtigt; dann Fälle, in denen eine Flächenänderung sich auf Elementarereignisse, wie Abriß von Grundstücken, Anschwemmungen zurückführt, wobei der Flächenverlust nicht mehr rückgängig gemacht werden kann. (§ 76 Ziff. 1 Hyp.Ges.) „Dem sofortigen Eintrage solcher Differenzen steht kein Bedenken entgegen" (J.M.Bl. 1888 S. 161), z. B. die Umrechnung bei Flächenumwandelungen von 0,01 Tgw. in 0,004 ha statt 0,003 ha; die Berichtigung einer Pl.Nr. von 0,330 ha auf 0,331 ha auf Grund Nachrevision des Operats; die Hebung eines Planfehlers durch Neuvermarkung und Beseitigung der im Plane vorgefundenen Irrtümer durch das k. Katasterbureau.

Flächendifferenzen dieser Art können auf Grund Offizialprotokollregistratur, die den Sachverhalt mit den vom k. Rentamt erholten Behelfen angibt und als Ausweis für den Eintrag im Hypothekenbuch und Sachregister dienen, richtig gestellt werden, weil in der richtigen Ausrechnung der Fläche keine thatsächliche Aenderung des Grundstücks in natura enthalten ist und der Geometer bezw. das Katasterbureau für diese Feststellung öffentlichen Glauben beanspruchen können. (Bay. Not.Ztg. 1887 S. 161 Rgb. S. 59 u. Literatur, § 73 Abs. 2 Grundsteuergesetz.)

In nicht völlig einwandsfreien zweifelhaften Fällen wird, soweit die Aenderung eine Verminderung in sich schließt, auch hier nach § 22, 30, 40, 130 Hyp.Ges. die Einwilligung des Gläubigers zur Pfandentlassung des Trennstückes erholt werden müssen.

Werden vom gleichen Besitzer 2 Pl.Nrn. unter sich vermessen und bleiben in der Hand desselben Besitzers, so kann, wenn beide Pl.Nrn. seither hypothekfrei waren oder wenn eine hypofrei, die andere folienfrei war oder beide gleichbelastet waren,

---

benen Fall noch nicht stattgefunden hat, darauf konnten die Beteiligten, abgesehen davon, daß das Hypothekenbuch an sich nicht dazu bestimmt ist, allgemein eine Gewähr für die darin enthaltenen angegebenen Größen zu leisten, wenigstens dadurch aufmerksam werden, daß der Anwesensbesitzer außer Stand ist, dem Notare oder dritten Interessenten einen bis auf die Gegenwart fortgeführten Kataster vorzulegen."

[8]) Grundsteuerkataster und Hypothekenbuch; Inhalt des Katasters für das Hypothekenbuch nicht ohne weiteres maßgebend; Beweismittel; kein selbständiger Titel an Stelle eines privatrechtlichen Erwerbsgrunds C. S. VI 389, V 632, IV 402, X 505, XI 493. Bl. f. R.A. 51 S. 346.

durch Vollzug des in Einlauf genommenen Ummessungsoperats das Hypothekenbuch und das Sachregister berichtigt werden, wobei letzterenfalls in Spalte V auf das Tagebuch verwiesen wird (J.M.Bek. v. 15. Juni 1877 J.M.Bl. S. 131.) Für die Bereinigung kommt meist das alte Sachregister hier in Betracht, da das neue die richtige Fläche schon enthält.

II. Flächendifferenzen mit Rechtsänderungen.

Liegt der Flächenänderung auch eine Rechtsänderung zu Grunde, so können folgende Komplikationen vorkommen:

1) Herbeiführung von Rechtshandlungen.
   a. auf Seiten des Schuldners,
   b. auf Seiten des Gläubigers (mit oder ohne Veräußerungsurkunde der Liegenschaftsbesitzer),
   c. auf Seiten des Schuldners und Gläubigers.
2) Herbeiführung der Rückvermessung.
3) Eintragung eines Vermerks.
4) Offizialberichtigungen ohne Zuziehung der Beteiligten. (§ 130 Ziff. 3, 22 Ziff. 4 Hyp.Ges. J.M.Bl. 1863 S. 198 und Entschließung v. 14. November 1830 die Liquidationsverhandlungen zur Einführung der definit. Grundsteuerkataster.)

Wurden 2 Pl.Nrn. unter sich vermessen, so ist ins Auge zu fassen, ob sie im gleichen Besitze blieben (cf. oben) oder ein Besitzübergang stattfand, ob die eine oder keine belastet war, ob beide gleich oder verschieden belastet waren und verschiedene Folien hatten.

a) Wird zum Hause Pl.Nr. 100 des A ein Stück Garten Pl.Nr. 101 des B erworben und zu Pl.Nr. 100 gemessen und sind beide nicht belastet oder die eine Pl.Nr. folienfrei, die andere nur hypothekfrei, so ist lediglich die Frage der Verlautbarung und des seitherigen Erwerbganges zu prüfen und wird die Urkunde mit dem vorgelegten Operate im Hypothekenbuche und Sachregister vollzogen. Sind beide Pl.Nrn. folienfrei, so kann die Berichtigung des Sachregisters ohne weiteres erfolgen. (J.M.Bl. 1888 Ziff. 3.) Die Erwerbsurkunde bezüglich der Pl.Nr. und der hiezu erworbenen Fläche interessiert hauptsächlich bei der Folienanlage. Es hat sich jedoch hier eine verbreitete Praxis dahin gebildet, die Operate als unvollziehbar dem Rentamte zurückzugeben, soferne im Operate die Urkunde nicht allegiert ist, da das Rentamt dann die Beteiligten zur Verlautbarung der Besitzveränderung auffordert (Art. 14 Not.Ges.) und den Kataster nicht eher umschreibt, während, falls das Operat vollzogen ist, Gefahr bestehen könnte, daß der Kataster umschrieben und die Verlautbarung außer Acht kommt. Meist wird der Vertrag mit dem Operat einlaufen, und wird das Sachregister dann berichtigt. Legt das Rentamt in der periodischen Vorlage das Operat nochmals vor, so ist im Tagebuch nur der Vermerk nötig: „bereits bei Vorlage der Notariatsurkunde vollzogen." Ist Pl.Nr. 101 seither nicht belastet und wird eine Dezimale von Pl.Nr. 101 mit Pl.Nr. 100, welche mit Hypotheken belastet ist, vereinigt, so ist nach h. J.M.E. vom 28. Februar 1891 anzunehmen, daß die thatsächlich verbundenen Flächen auch rechtlich eine Fläche bilden sollen und soll dem Eigentümer lediglich eine Frist zu etwaigem Widerspruch gegen die rechtliche Vereinigung gesetzt werden. Meist werden hier die Notare von vornherein den Erwerber die pertinenzweise Zuschreibung des erworbenen Grundstücks oder Grundstückteils mit dem seitherigen Hypothekrang erklären lassen (Pfandsurrogierung, Nachverpfändung), so daß bereits hiedurch die sofortige Berichtigung des Hypothekenbuchs möglich ist.

b) Wird von der belasteten Pl.No. 101 des B. eine Dezimale zur folienfreien oder doch hypothekfreien Pl.No. 100 des A gezogen und erfolgte die Veräußerung ohne Zustimmung der Hypothekgläubiger des B., so ist zur Abschreibung der Dezimale d. h. zum Operatsvollzug und bezw. Zuschreibung bei A die Pfandentlassungserklärung der Gläubiger des B. nötig außer der Veräußerungsurkunde zwischen A und B.

Das gleiche gilt, wenn auf dem einen Folium die Pl.No. 20 des A mit den Hypotheken I—V auf dem anderen Folium die Pl.-No. 21 des A mit den Hypotheken II—V, diese im gleichen Rang wie auf dem anderen Folium vorgetragen ist und nun beide Pl.No. unter sich so vermessen werden, daß eine Dezimale von Pl.No. 20 zu Pl.No. 21 gezogen wird. Hier hat der Gläubiger I die Pfandentlassungserklärung abzugeben für den Operatsvollzug; dagegen ist eine Nachverpfändung des Schuldners nicht nötig wegen des sonst gleichen Ranges der Hypotheken.

Stehen auf dem gleichen Folium mehrere Pl.No. desgleichen Besitzers und findet sich bezüglich der einen Pl.No. der Vermerk: „Pl.No. 100 Waldung ist der Hypothek in No. $\frac{1}{I}$ und $\frac{3}{III}$ ausdrücklich nicht mit verpfändet, so entstehen verschiedene Rangverhältnisse bezüglich der Pl.No. 100 und der übrigen Pfandstücke. Es ist hier eine Nachverpfändung des Eigentümers oder eine Einigung der Gläubiger über das Rangverhältnis nötig, wenn ein einheitliches Folium erzielt werden und für die Pl.No. nicht ein dem Rangverhältnis entsprechendes eigenes Folium angelegt werden soll.

c) Ist Pl.No. 101 des B seither mit anderen Hypotheken belastet als Pl.No. 100 des A und kommt Pl.No. 101 zu Pl.No. 100, so ist zum hypothekenamtlichen Vollzug des Operats und der Veräußerungsurkunde die Pfandentlassung der Gläubiger des B und die Nachverpfändung des A bezüglich der Hypotheken von Pl.No. 100 (cf. a oben) nötig, um das hinzuerworbene Grundstück vom Folium des B abschreiben und der Pl.No. 100 auf dem Folium des A zuschreiben zu können.

Liegt eine Flächenänderung, die nur eine nicht katastermäßige Fläche in sich schließt, vor, so geschieht im Sachregister nichts, wohl aber im Hypothekenbuch, wenn auch die Pl.No. auf dem Folium an der katastermäßigen Flächengestalt keine Aenderung erfährt; gegebenenfalls tritt auch hier die Notwendigkeit einer Pfandentlassung ein. (J.M.E. vom 19. November 1863; 27. September 1865).

2. Gelangt die Vermessung nicht zur Verbriefung, so ist auf Rückvermessung anzutragen. Auch hier werden sich vereinzelte Fälle finden, in denen die Vermessung wieder rückgängig gemacht wird.

3. Läßt sich mit Rücksicht auf die Lage in der Natur eine Rückvermessung nach Anschauung der Finanzbehörde nicht mehr ausführen und ist in diesem Falle, wie bei aufrecht erhaltener Vermessung und stattgehabter Verbriefung die Zustimmungserklärung der Gläubiger zur Abschreibung nicht beizubringen, so ist unter Anführung des thatsächlichen Verhältnisses der Vereinigung des Trennstückes mit dem anderen Grundstück ein Vermerk aufzunehmen, daß die Abschreibung des Trennstückes nicht stattfinden kann. (Ziff. 2 Abs. 2 J.M.B. vom 9. Juli 1888). Kann eine Verschiedenheit zwischen Kataster und Hypothekenbuch auch auf diesem Wege nicht gehoben werden, so ist folgender Vermerk einzutragen: „Im Grundsteuerkataster ist die Pl.No. . . . mit einer von der bisherigen Pl.No. . . . abgetretenen Fläche von . . . ha zu einer die Pl.No. . . . führenden Parzelle von . . . ha vereinigt worden.“ (Aut. Min.-E. vom 28. Februar 1891 B. S. 697). Für den Vereinigungsdienst gehört dieser Fall deshalb zu den Ausnahmen, weil in demselben die Flächenbereinigung in ausgiebigerer Weise durchgeführt und in der einen oder andern Weise eine Uebereinstimmung erzielt wird. (cf. unten Beispiel mit Pl.Nr. 32*).

4. Während in den Fällen I und II[1] das Ummessungsoperat ohne oder mit Urkunde in Einlauf genommen und bei Ver-

briefung als Beilage der Urkunde behandelt wird, ohne desfalls eine selbständige Nummer [1]) zu erhalten, (J.M.Bl. 1863 S. 130) ist die früher allgemeine Registratur immerhin noch in anderen Fällen nötig.

Es handelt sich hier lediglich um Schreibverstöße im Hypothekenbuch, während die Urkunden die richtigen, d. h. mit dem Katasterstand übereinstimmenden Flächen enthalten; oder, ist ein Operat bezüglich der einen Pl.No. vollzogen, bezüglich der mitvermessenen nicht, während die Verbriefungen und Pfandentlassungen nachgewiesen sind, so bedarf es lediglich einer Protokollarregistratur, in der die vom Notare erholten Urkunden, als dem Gerichte und Notare gemeinsame, dem Sachverhalte zu Grunde gelegt werden.

Z. B.: Auf Grund Kaufvertrags des Erwerbers B wurde der Besitztitel von Pl.No. 100 der Steuergemeinde A, die mit einer Fläche von 2,934 ha eingetragen ist, auf den Oekonomen L. in A im Hypothekenbuche für A. berichtigt, nachdem seit der Folieneröffnung für den Vorbesitzer C eine Hypothek zu 4000 ℳ für ein Bankdarlehen auf Grund Hypothekenbriefes eingetragen war. Im Originalkataster bezw. neuen Sachregister beträgt die Fläche der Pl.No. 100 1,943 ha. Die Erhebungen beim auswärtigen Notar und die Einsichtnahme der Urkunde beim Notare am Gerichtssitz haben ergeben, daß in beiden Originalurkunden die Pl.No. 100 richtig mit 1,943 ha erworben und verpfändet wurde. Da hienach nur ein Schreibverstoß im Hypothekenbuche vorlag, kann die Fläche auf Grund Protokollregistratur richtig gestellt werden.

Derartige häufige Schreibverstöße im Hypothekenbuche (Abschreiben der Pl.No. 754 im Hypothekenbuch, während im Sachregister richtig die Pl.No. 574 abgeschrieben und die auch durch

---

[1]) Es wird dem Hypothekenbeamten ferne liegen, lediglich um eine höhere Tagebuchnummer am Schlusse des Jahres zu erzielen, jedem Operat eine eigene Nummer zu geben. In concreto wird das pflichtmäßige Ermessen zu entscheiden haben. Doch werden einer verbreiteten Praxis zufolge die Ummessungstabellen unter e i n e r Tagebuchnummer vorzutragen sein, wenn bei der periodischen Vorlage durch das k. Rentamt bei mehreren Ummessungstabellen die gleiche Thätigkeit einzutreten hatte z. B. Kontrole beim Erledigungsvermerk: „bereits bei Vorlage der Notar.Urkde vollzogen", oder „Realregister berichtigt"; oder wenn dieselben unter sich anknüpfen und auf dem gleichen Folium zu vollziehen sind oder sich auf das gleiche Rechtsgeschäft beziehen. Beziehen sich die Operate auf verschiedene Folien und verschiedene Kontrahenten, so werden auch mehrere gleichzeitig einlaufende Tabellen als n e u e r G e g e n s t a n d und eigner Einlauf aufzufassen sein. Ebenso werden bei der periodischen Vorlage die unvollziehbaren Operate auszuscheiden und unter eigner Nummer vorzutragen sein, weil hier das Rentamt in einem Begleitschreiben die Hinderungsgründe mitgeteilt erhält, auf deren Beseitigung zur Herstellung des Einklangs zwischen Hypbuch und Kataster nach dem Grundsteuergesetze hinzuwirken ist. Wird das Operat m i t der Urkunde vorgelegt, so erhält es im Tagebuch in Spalte 3 eine Beilageziffer, aber keine eigne Tagebuchnummer.

notariellen Vertrag verkauft wurde, — 0,181 ha statt 1,181 ha — Pl.No. 240$^1/_2$b statt 240$^1/_2$, wenn Pl.No. 240a; 240b, 240$^1/_2$ bestehen; — oder Weglassung der Sternbezeichnung, umgekehrt Beifügung einer Sternbezeichnung, während der Pl.No. in Wirklichkeit nach Kataster und Urkunde keine Sternbezeichnung zukommt; oder Pl.No. 37 a, 0,095 ha; Pl.No. 38 0,099 ha, statt Pl.No. 37a 0,099 ha, Pl.No. 38, 0,095 ha, oder 5 Tgw. 47 Dez. = 1,864 ha statt 5 Tgw. 57 Dez. = 1,898 ha, 2 Tgw. 10 Dez. statt 1 Tgw. 10 Dez.) sind wie im letzteren Falle nicht sofort erklärlich, wenn das Hypothekenbuch nur das neue Metermaß enthält und das Versehen sich darauf zurückführt, daß bei der Umrechnung von bayer. Flächenmaß in's Metermaß in die Urkunde sich ein Fehler durch Nachschlagen einer falschen Fläche (Umrechnung von 2 Tgw. 10 Dez. statt von 1 Tgw. 10 Dez. im Flächenrepertorium) einschlich und der Vollzug der Urkunde ohne Katastervorlage erfolgte.

Dieselben Fälle finden sich im Sachregister, wenn eine Pl.No. schon seit Anlage des definitiven Katasters verschrieben wurde, oder früher im alten Sachregister richtig nach Tagwerken vorgetragen war und bei Umrechnung lediglich das Flächenrepertorium zu Grunde gelegt und eine unrichtige Fläche dabei eingesetzt wurde.

Aehnliche Fälle ergeben sich aus ungenauen oder unvollständigem Urkundenvollzug. So existiert eine scheinbare Flächendifferenz, wenn im Sachregister das Operat bei einer falschen Pl.No. vollzogen wurde, die vor oder nach der vermessenen im Sachregister steht; wenn im Hypothekenbuch Tagwerk und Metermaß selbst verwechselt wurden — statt 0,03 Tgw. = 0,010 ha heißt es 0,03 ha = 0,01 Tgw.; wenn im Hypothekenbuch versehen wurde, auf Grund eines Kaufvertrages eine Pl.No. als mitverkauft abzuschreiben; wenn auf Grund Operats die dem A und B gemeinschaftlich gehörige Pl.No. 910* in der Weise vermessen worden ist, daß A Pl.Nr. 910, B Pl.No. 910$^1/_2$ erhielt, die Grundabteilung notariell verlautbart und wegen Folienfreiheit die Urkunde im alten Sachregister bezüglich 910 vollzogen wurde, während die neuentstandene Pl.No. 910$^1/_2$ nicht mit in das Sachregister aufgenommen wurde. Es ist dann diese Pl.No. auf Grund Prot.Registr. im alten Sachregister nachträglich beizufügen. Oder eine folienfreie Pl.No. ist nach den Erhebungen beim Rentamte nie anders katastriert gewesen, als sie nun im neuen steht, während sie im alten Sachregister eine andere Fläche enthält; oder hat durch die Steuerrektifikationskommission nunmehr eine neue Fläche erhalten (cf. I oben.) Der Beschluß lautet dahin, es sei die Pl.No. auf die richtige Fläche richtig zu stellen.

Das neue Sachregister enthält eine folienfreie Bruchnummer, (Pl.No. $56^1/_{15}$ zu 0,007 ha) die im alten fehlt; die Erhebungen ergeben, daß bereits bei der Katasteranlage bezw. bei Herstellung der alten Sachregister diese Pl.No. mit der gleichen Fläche existierte. Abhilfe durch Registratur.

Würde umgekehrt das Rentamt bei Herstellung des neuen Registers vergessen haben, eine folienfreie Pl.No. im neuen Sachregister vorzutragen, die im alten steht und noch gleichmäßig fortbesteht, so würde die Beischreibung ohne Registratur erfolgen können. Würde die Pl.No. verpfändet sein und im neuen Sachregister fehlen und sich ergeben, daß die Pl.No. nunmehr cessiert d. h. nicht mehr existiert, so würde eine Pfandentlassung mit oder ohne Grundabtretung nötig sein und diese mit dem Operat im Hypothekenbuch und alten Sachregister vollzogen werden müssen; ist die weggefallene Pl.No. zu einer Pl.No. des gleichen Besitzers, die auf dem gleichen Folium steht, gezogen worden, so wird lediglich das Operat vollzogen.

Wird seitens des k. Notars auf Grund eines unrevidierten Operates eine Verbriefung aufgenommen und später stellt sich heraus, daß die Pl.No. nicht mit $100^1/_2$, sondern $100^1/_3$ zu bezeichnen ist, so ist, wenn das revidierte Operat in Einlauf kommt, die vollzogene Urkunde durch Messungsanerkenntnis zwischen Käufer und Verkäufer richtig zu stellen. Ist Pl.No. $100^1/_3$ aus Pl.No. 100 ausgebrochen, folienfrei und wird nunmehr für diese Pl.No. ein Folium angelegt und Hypothek eingetragen, während sich durch Einlauf des revidierten Operates herausstellt, daß statt Pl.No. $100^1/_3$ erst die Pl.No. $100^1/_2$, die noch nicht existierte, gebildet wurde, während $100^1/_3$ wegfällt, so wäre außer dem Messungsanerkenntnis zwischen Käufer und Verkäufer bezüglich der Erwerbsurkunde auch die Berichtigung des Hypothekenbriefes seitens des Schuldners durch Darlegung des Sachverhältnisses und Verpfändung der richtigen Pl.No. nötig.

Liegen Verwechslungen seitens des vollziehenden Gerichts vor, so fragt sich, ob lediglich die Pl.No.-B e z e i c h n u n g oder die F l ä c h e n verwechselt wurden. Ist im Kaufvertrage $100^1/_2$ mit 0,010 ha und $100^1/_3$ mit 0,007 ha erworben und davon Pl.No. $100^1/_2$ verpfändet und bei hypothekenamtlicher Folienanlage Pl.-No. $100^1/_3$ zu 0,010 ha eingetragen statt Pl.No. $100^1/_2$, so liegt für die I. Hypothek lediglich Berichtigung durch Protokollregistratur vor; wurde vom Notar dann weiter dem Eintrage im Hypothekenbuch zufolge Pl.No. $100^1/_3$ zu 0,010 ha für eine weitere Hypothek verpfändet, so hat der Schuldner zum Hypothekenbrief eine Nachtragsurkunde aufnehmen zu lassen; ebenso wäre, wenn die Pl.No. in gleicher Weise bei Weiterveräußerung verwechselt wurde, eine Nachtragsurkunde zum neuen Erwerbsbrief nöthig.

War dagegen Pl.No. $100^1/_2$ zu 0,010 ha zu verpfänden und in's Hypothekenbuch eingetragen: Pl.No. $100^1/_2$ zu 0,007 ha (Fläche von Pl.No. $100^1/_3$), so ist, da für die I. Hypothek Erwerbsbrief und Hypothekenbrief richtig auf Pl.No. $100^1/_2$ zu 0,010 ha lauten, lediglich Registraturberichtigung nötig; für die weitere, konform dem Hypothekenbuchseintrag erfolgenden Verpfändungen, wäre Nachverpfändung des Schuldners und falls umgekehrt die eingetragenen Flächen größer wären (0,010 ha statt 0,007 ha) Pfandentlassung des Gläubigers nöthig. Es wird bei Verwechslungen und Eintrag unrichtiger Flächen zu prüfen sein, wie die Pl.No. erworben, verpfändet und cediert wurde.

Ist ein späteres Operat im Hypothekenbuche verfrüht vollzogen und ergibt sich, daß die Restfläche mit dem jetzigen Katasterstand nicht übereinstimmt, weil zwischen hinein ein Operat noch zu vollziehen gewesen wäre, (z. B. auf Grund eines Operats von 1889 sind 2. Dez. abgeschrieben, während ein Operat von 1886 noch nicht auf dem Folium berücksichtigt wurde) oder ist die verbleibende Restfläche falsch bezeichnet (0,062 ha statt 0,063 ha), so ist der Katasterstand durch Erholung sämtlicher Operate und Vollzug derselben herzustellen.

Anlaß zur Aufnahme einer Protokollregistratur ist ferner vorhanden, wenn im Vollzug eines Operats z. B. eine Dezimale im Hypothekenbuch zu viel abgeschrieben wurde; wenn die Abschreibung auf Grund eines unrevidirten Operats oder falls die Verbriefung nicht zu Stande kam und Rückvermessung eintrat, vorgenommen wurde; wenn im Hypothekenbuche die ganze Fläche eingetragen ist und die ideelle Hälfte des A abgeschrieben wird. Um hier auch die andere Hälfte des B entsprechend vorzutragen, wird auf Grund Katasters die Sternbezeichnung im Registraturwege beizufügen sein.

Falls im Hypothekenbuch bei einer der Fläche nach gleichgebliebenen aber als solche verschiedenen und und aus mehreren Pl.No. neugebildeten und dem Beschriebe nach geänderten Pl.No. die alte Flächengestalt: „Scheune" steht, während nach Operat der nunmehrige Beschrieb lautet „Scheune abgebrochen; Bauplatz", so läßt sich dies durch Registratur im Zusammenhang mit anderen Vermessungen berichtigen.

Es bestehen Pl.No. $388^1/_2{}^{a2}$ und Pl.No. $388^1/_2{}^{b2}$, dagegen nicht Pl.No. $388^1/_2{}^{a1}$ und ^{b1}; hier wird das Rentamt zu ersuchen sein, bei dem k. Geometer auf Umänderung der Pl.No. in $388^1/_2$a und $388^1/_2$b, hinzuwirken. Läuft der Vollzugsnachweis ein, so wird unter Darlegung des Sachverhältnisses im Registraturwege die Berichtigung hypothekenamtlich vollzogen.

Wurde eine Pl.No. abgetrennt und ein neues Folium für die Bruchnummer angelegt, auch im Sachregister durch Beischreibung der Bruchnummer und des Foliums vollzogen, dagegen auf dem ursprünglichen Folium die ganze Pl.No. gelassen

Steuergemeinde . . . . . .

Fortl. No.	Pl.-No.	Vermessung besteht in:	Operat No.	Folium	Art der Erledigung	Vorladung oder notarielle Urkunde	Seite des Vereinigungsaktes	Hypothekenamtlicher Vollzug
1.	299 298	Von Pl.-No. 299 0,003 ha zu Pl.-No. 298 gezogen; weiter vermessen s. No. 3.	45 rot	I 520 II 250	Pfandverbandsentlassung von 0,003 ha durch Gläubiger M. in R. und Nachverpfändung auf dem Folium der Pl.-No. 298 durch den Unterpfandseigentümer B.	B. und R. zur Besprechung vorgeladen und Notar vom Termin verständigt 5. III. 96.	5	Nun erledigt. H. 1090 und 1092 pro 1896.
2.	151 152	Pl.-No. 152 zu 3 Dez. wurde ganz zu Pl.-No. 151 gezogen, so daß Pl.-No. 152 cessiert.	69 rot	III 500 II 200	Löschung der Hypothek von Pl.-No. 152, die längst bezahlt ist; Nachverpfändung von 151 bezüglich der Hypotheken von Pl.-No. 152 oder Pfandverbandsentlassung der Pl.-No. 152 und Operatsvollzug im Sachregister.	Requisition bezüglich Löschung an Gläubiger gerichtet; Eigentümer von 152/151 vorgeladen.	6	Löschung vollzogen H. 508. Schuldner zur Nachverpfändung vorgeladen; Notar vom Termin verständigt.
3.	264 298	Plan No. 264 0,007 ha von Pl.-No. 298 erhalten.	75 rot	II 250	Verbriefung zwischen A u. B nachzuholen, Pfandentlassung der C'schen Erben bei Pl.-No. 298.	Dem A u. B Beschluß zugestellt, daß Verbriefung in 14 Tagen vorzulegen ist; Notar vom Sachverhalte verständigt.	9	Nun erledigt H. 2200 und 2201 pro 1896.

und die Abschreibung unterlassen, so wird dies nachträglich durch Registratur zu erfolgen haben, da der eigentliche Vollzug bereits beendet ist.

Für diejenigen Fälle, in denen die Erledigung nicht sofort eintreten kann, sondern Vorladungen oder notarielle Urkunden benötigt werden, wird es zweckmäßig sein, steuergemeindeweise ein Verzeichnis anzulegen, das jederzeit über den Stand der Bereinigung Auskunft erteilt.

Erwähnung verdient die Differenz zwischen der Katastrierung und der Verbriefung bei Vermessungen von Grundstücksteilen Privater mit Distriktsstraßen. Während die Distriktsgemeinde ein eigenes Rechtssubjekt bildet (Seydel Bd. IV S. 583) lauten vielfach sowohl die Kataster als die Erwerbsurkunden über Flächen, die der Distrikt von einem Privaten erwarb, nicht auf die Distriktsgemeinde, sondern auf die politische Gemeinde oder gar die Steuergemeinde, die überhaupt kein Rechtssubjekt ist. Die Rechtssicherheit würde erfordern, daß wie beim Erwerb eines Grundstücks z. B. für ein Krankenhaus der Kataster auf die Distriktsgemeinde umschrieben und die Verlautbarung auf diese vorgenommen wird, so auch beim Erwerb von Teilflächen für Distriktszwecke z. B. Distriktsstraßen verfahren würde. Daß letztere meist als im Eigentum derjenigen politischen Gemeinden, welche sie durchziehen und soweit sie dieselben gleichmäßig streckenweise durchziehen stehend behandelt werden, erklärt sich hauptsächlich daraus, daß die unsteuerbaren Objekte als solche wie Straßen, Wege, Wasser, ohne Rücksicht auf den Besitzer in den Gemeindekatastern zusammengestellt werden und daß der die Verbriefung eines neuen Zugangs vornehmende k. Notar nur in der Lage ist, auch diesen neuen Teil demjenigen Besitzer zuzubriefen, der auch im Besitze des andern Stückes ist, d. i. der Gemeinde, denn wäre ein Stück im Eigentum des Distrikts, das andere im Eigentum der politischen Gemeinde, so würde das Eigentumsverhältnis noch unklarer zum Ausdrucke gebracht sein. Bei Veräußerungen durch den Distrikt wird immerhin bei größeren Strecken, z. B. zum Bahnbau die Frage auftreten, wer den Erlös zu erhalten hat, ob die Distriktsgemeinde, welche keinen Kataster in Händen hat oder die betreffende politische Gemeinde. Für die Hypothekenbereinigung kommt die Fürsorge in Betracht, die von Privaten erworbenen Teilflächen auf ihre Verbriefung überhaupt und soweit Folien bestehen, auf die Pfandentlassung zu prüfen, während die Unterlassung der Verbriefung bei von Gemeinde zur (Distriktsgemeinde) Gemeinde gezogenen Flächen zunächst nicht interessiert, weil die Richtigstellung der Katastrierung überhaupt hier vorausgehen müßte, die große Kosten im Gefolge hätte und vor Einführung des Grundbuchs kaum zu erwarten ist und weil die unsteuerbaren Objekte auch als Unterpfänder für Darlehen, welche die Gemeinde aufnimmt, nicht mit herangezogen werden.

Besondere Aufmerksamkeit erfordern diejenigen Fälle, in

denen die Flächen in dem alten und neuen Sachregister die gleichen sind, sohin anscheinend stimmen, während der Beschrieb verschieden ist. Hier liegt nicht immer auf Grund Operats lediglich ein anderer Beschrieb vor, sondern es sind Pl.No. infolge von Brand und Abbruch der Gebäude als solche verschwunden und an anderer Stelle unter der gleichen Bezeichnung, oft gleichen Fläche und nur anderem Beschrieb wieder geschöpft. Es hängt dies damit zusammen, daß die Gemeinde sämtliche Brandstätten erwarb und je nach Bedarf an den einzelnen Privaten unter Berücksichtigung der Baulinien die neuvermessenen Grundstücke wieder veräußerte, wobei die früheren Pl.No., als neugeschöpft wieder Verwendung fanden. Sind in diesen Fällen Verbriefungen nicht vollständig und genau vorgenommen, so führt dies fortwährend zu unvollziehbaren Urkunden und es entsteht allmählich ein Zustand, der einer Rechtsunsicherheit gleichkommt.

Hier ist von Grund aus bei jeder Pl.No. zu erforschen, wie sie entstand, durch Erholung der sämtlichen Originalurkunden zu ersehen, wie der Besitzübergang stattfand und ob jede einzelne Vermessung verbrieft ist. Es werden sämtliche Operate auf ihre Verbriefung und auf ihren Vollzug im Hypothekenbuch und alten Sachregister geprüft und soweit nötig, die Nachholung von Verbriefungen, Pfandentlassungen 2c. angeordnet, bis sich der Katasterstand bei jeder Pl.No. ergibt. Schließlich ergibt sich dann entweder die Identität der alten Pl.No. mit der neuen oder es zeigt sich, daß der jetzige Besitzer der gleichnamigen Pl.No. ein ganz anderer ist als derjenige, der im alten Sachregister noch vorgetragenen alten Pl.No. Soweit das Hypothekenbuch Behelf gibt, wird dieses nachzuschlagen und so die Vorurkunde zu erheben sein; im übrigen sind Erhebungen nach den Verbriefungen beim Rentamte deshalb in ausgiebiger Anzahl nötig, weil die älteren Operate über Verbriefungen keinen Aufschluß geben und der Vollzug des Hypothekenamts im alten Sachregister für die Richtigkeit der letzten Fläche keine genügende Garantie mehr bietet. War die Verbriefung eine mangelhafte, so entstehen im Urkundenvollzug später Schwierigkeiten und das Sachregister weist Lücken auf: entweder in der Richtung, daß es die alten Pl.No. noch unverändert enthält oder in der Weise, daß die seitherigen Pl.No. als zu einer andern gezogen ausgestrichen, die daneben neuentstandenen gleichbenannten neuen Pl.No. aber nicht aufgenommen sind. Wird hier eine weitere Urkunde vorgelegt, so ist der Vertrag unvollziehbar, weil das Sachregister die neue Pl.No. nicht enthält, da der die frühere Vermessung betreffende Vertrag früher nicht vorgelegt wurde oder, weil mit anderen Vermessungen zusammenhängend, nicht vollziehbar war. Kommt dazu, daß die Verbriefungen der Grundabtretungen in einer Urkunde summarisch vorgenommen sind, wie Pl.No. 100 mißt durch Hinzumessung von Flächen aus den Pl.No. 98, 99 nun 0,10 Tgw., also ohne daß die Art der Vermessung oder auch nur das Operat genannt ist, so daß die gemeinte Grundabtretung erst aus den Operaten erraten werden muß, ferner, daß keine Erwerbsurkunden in den Verträgen genannt sind und daß die Verkäufe der Stadt früher verlautbart sind als der Erwerb dieser Liegenschaften durch die Stadt, daß zwischen hinein bei Weiterveräußerungen Verlautbarungen heraus fehlen (nemo potest plus iuris in alium transferre, quam ipse habet) oder daß Notariatsurkunden nicht vorgelegt wurden, so häufen sich für den hypothekenamtlichen Vollzug die Zweifel, die Urkunden können nur zum Teil vollzogen werden; ja oft ist dann die gleiche Vermessung bei einer Pl.No. vollzogen bei der mitvermessenen nicht, oder es ist das Operat dann nur zum Teil bei einer Pl.No. vollzogen und im Sachregister eine Fläche, die an keinen Operatsstand anknüpft; meist eilt das Hypothekenbuch dem Verbriefungsstand voraus, insoferne auch nicht verbriefte Vermessungen hypothekenamtlich vollzogen sind.

Werden alle Vermessungen auf ihre Verbriefung hin nachgeprüft, so ergibt sich die Art der Transferierung, die Sicherheit der Erwerbstitel für jede Pl.No. und so der Einklang zwischen Hypothekenbuch und Kataster. Das Resultat muß dann mit den Mitteilungen des Rentamts auf die Anfragen stimmen, inwieweit Umschreibhindernisse und Verbriefungsrückstände bestehen. Seitens der Bereinigung werden die sämmtlichen Pl.No. an der Hand nachstehender Tabelle geprüft, bezüglich der Verbriefungen, die sich bei folienfreien ohnehin nicht sofort feststellen lassen, beim k. Rentamte angefragt und ein Auszug aus dem rentamtlichen Vormerkungsbuch über die rentamtlichen Umschreibhindernisse erholt. Soweit die Verbriefung nicht nachgewiesen wird, werden die Parteien durch Beschlußfassung, die den Beteiligten und dem Notar zugestellt wird, zur Beibringung der Urkunde, bezw. Nachholung derselben binnen gesteckter Frist aufgefordert und diese Urkunde mit den Operaten nach Maßgabe der Tabelle vollzogen. Würde die Urkunde nicht in Vorlage gebracht, so hätte das k. Rentamt nach § 73 des Grundsteuer-Gesetzes vom $\frac{\text{15. August 1828}}{\text{19. Mai 1881}}$ vorzugehen. Es wird dadurch der urkundliche Vorgang nachgeholt und hergestellt, während der sofortige Eintrag unter Mitteilung an die Beteiligten, Vorsteckung einer Frist für Einwendungen und Vorsetzung einer Eventualität (daß der Eintrag für den Versäumnisfall als genehmigt gelte) durch Nichtberücksichtigung des urkundlichen Vorgangs (Nachverpfändungen, Nachverbriefungen, Berichtigung von Erwerbstiteln und Nachträge zu Hypothekenbriefen) keine endgiltige Bereinigung bedeuten würde.

Tabelle 1.

Plan Nr.	Folium	Fläche auf dem Folium	Fläche im alten Sachregister	Fläche im neuen Sachregister	Vermessung besteht in	Operat und unvollziehbare Urkunde	Vereinigungsakt Seite	Verbriefung besteht in	Verbrieft bezw. Vollzugshindernis	Recherchen und Vollzugsart	Art der Erledigung
86 alt	—	—	0,03 Tgw.	0,007 ha	Von Pl. No. 86 kommen 0,02 Dez. zu Pl. No. 99. Von Pl. No. 99 wieder 0,01 Tgw. zur Pl. No. 86. Dadurch entsteht Pl. No. 86 neu mit 0,007 ha.	Nr. 60	5	0,01 Tgw. von Pl. No. 86 alt zu Pl. No. 86 neu.	Verbrieft Kfv. 3. X. 1871 GRNo. 500.	Operat 60 als Beilage zu nebigem Vertrag im alten Sachregister nach Verbriefung zu vollziehen.	Vollzogen H. Prot. Bd. V S. 20.
86 neugeschöpft.								0,01 Tgw. von Pl. No. 99 zu 86 neu. (Müller an Stadt.)	Verbriefung nachzuholen.		
284 alt	I, 100	0,03 Tgw.	0,03 Tgw.	—	Gezogen zu Pl. No. 286 (S. an Stadt.)	69 rot	5	—	3. X. 74 GRNo. 566 (S. an Stadt).	Abschreiben auf dem übertragenen Folium I, 100: Vertrag vom 3. X. 74 noch zu vollziehen.	Vollzogen H. Prot. Bd. V S. 21. u. H. Tg. Bch. No. 1600.
284 neu	—	—	—	0,005 ha	Gebildet aus Pl. No. 286 (Stadt an H.)	70 rot		—	16. IX. 74 GRNo. 541 (Stadt an H.)	Vertrag vom 1. 9. 74 im alten Sachregister.	
285$^1/_2$	—	—	fehlt	0,015 Tgw. = 0,005 ha	Gebildet aus Pl. No. 286 (Stadt an S.)	70 rot	5	—	3. X. 74 GRNo. 566	Vertrag durch Beifügung der Pl.-No. im alten Sachregister vollziehen.	Vollzogen H. Prot. Bd. V S. 22.
285$^1/_2$	—	—	—								
142	—	—	0,010 ha Scheune und Hofraum dem Hause gegenüber.	0,010 ha freier Platz ehedem Scheuer	Beschrieb geändert.	69 rot	5	Verbriefung nicht nötig, weil der gleiche Besitzer behalten.	—	Altes Sachregister wegen Beschriebes richtig zu stellen.	Vollzogen H. Prot. V, 23.

Die Registraturen werden lauten: Bd. V S. 20.

„Es ist im alten Sachregister Pl.No. 86 mit 0,03 Tgw. vorgetragen, während sie nach dem neuen 0,007 ha enthält. Mit letzterer Fläche ist die Pl.No. 86 neu entstanden, indem die Pl.-No. 86 alt insoferne verschwand, als 0,02 zu Pl.No. 99 gezogen wurden, während die restigen 0,01 Tgw., sowie weitere 0,01 Tgw. von Pl.No. 99 die neue Pl.No. 86 bilden. Diese Vermessung gründet sich auf Operat 60 rot. Die Verbriefungen wurden vollzogen durch Urkunde vom 3. Oktober 1871 G.R.No. 500 und 10. August 1896. Es ergeht Beschluß, es sei die alte Pl.-No. 86 im alten Sachregister auszustreichen und die neue Pl.-No. 86 mit 0,007 ha dortselbst vorzutragen." Es hat sohin die Pl.No. 86 neu im neuen Sachregister den Erwerbstitel.

V, 21.

„Im Hypothekenbuche für die Steuergemeinde A Bd. I S. 100 ist die Pl.No. 284 zu 0,003 Tgw. als noch im Besitze des S. befindlich vorgetragen. Laut Operats N. 69 rot verschwand diese Pl.No., da sie von S. an die Stadt zu deren Pl.-No. 286 gezogen wurde. Die Verlautbarung dieser Vermessung erfolgte durch Kauf- und Schenkungsverträge vom 3. Oktober 1874 G.R.No. 566. Auf Grund Vertrages vom 16. September 1874 G.R.No. 541 und Operats 70 rot wurde die aus Pl.No. 286 neugebildete Pl.No. 284 zu 0,005 ha von der Stadt an H gegen dessen Pl.No. 288 vertauscht. Dieser Vertrag war bisher unvollziehbar mangels Nachweises über den Eigentumsübergang von S. an die Stadt. Nachdem jedoch nunmehr durch Mitteilung des k. Rentamts auf Grund des Originalkatasters und Einsicht der Originalurkunde nachgewiesen ist, daß der Besitzübergang nachträglich im Oktober 1874 erfolgte, wird diese Urkunde in hypothekenamtlichen Einlauf genommen und ergeht Beschluß, es sei Pl.No. 284 vom Folium des S. als hypothekfrei abzuschreiben, diese Pl.No. im alten Sachregister auszustreichen und zu bemerken, daß solche zu Pl.No. 286 gezogen wurde, ferner Pl.No. 284 im alten Sachregister nun mit der Fläche von 0,005 ha vorzutragen."

Nunmehr hat H für seine Pl.No. 284 zu 0,005 ha einen Erwerbstitel für Folienanlage. Dadurch werden zahlreiche hiemit zusammenhängende seitherige Weitervermessungen und unvollziehbare Urkunden vollziehbar.

V, 22.

Im neuen Sachregister besteht eine Pl.No. 285$^{1}/_{2}$ mit 0,005 ha, welche im alten fehlt. Dieselbe ist entstanden aus Pl.No. 286 — Operat 70 rot — und wurde von der Stadt an S. durch Urkunde vom 3. Oktober 1874 G.R.No. 566 veräußert. Es ergeht Beschluß, es sei die Pl.No. 285$^{1}/_{2}$ mit 0,005 ha im alten Sachregister vorzutragen.

V 23. Laut Operats 69 rot ist die Pl.No. 142 mit ihrem bisherigen Beschrieb: „. . .“ nun beschrieben „. . .“ Nachdem eine Besitzveränderung nicht stattfand und im Sachregister noch der alte Beschrieb enthalten ist, ergeht Beschluß, es sei der gegenwärtige Beschrieb wie vorstehend aufgeführt, ins alte Sachregister einzutragen.

Plan Nr.	Folium	Fläche auf d. Folium	Fläche auf dem alten Sachregister	Fläche auf dem neuen Sachregister	Vermessung besteht in	Operat	Vereinigungsakt	Verbriefung	Vollzugshindernis	Vollzug	Art der Erledigung
					0,51 Tgw. ursprüngliche Fläche						
127 (Stadt gehörig)	—	—	0,141 ha	0,141 ha	— 0,01 zu 136 neu der Stadt	70	—	keine nötig			
					— 0,01 zu 137 des K.			3./9. 74 verbrieft			
					— 0,01 zu 138 des K.			16./9. 74 verbrieft		Sachregister stimmen bereits	Verbriefung nachgewiesen
					— 0,02 zu 130 des M.		S. 50	Anfrage ob verbrft. (Ja. 5./1. 75.)	Gehoben		
					— 0,03 zu 129 des M			Anfrage ob verbrft. (Ja. 5./1. 75.)	Gehoben		Eintrag nicht veranlaßt.
					— 0,01 zu 132 des W.			3./9. 74.			
					0,042 Stand des Operates 70 rot						
					+ 0,03 von Pl. No. 286 der Stadt	85 rot		Verbriefg. nicht nötig.			
					— 0,01 zu 137 des K.	120 rot		Anfrage ob verbrft. 16./12. 92.	Gehoben		
					— 0,02 zu 128 (Stadt an S.)	131 rot		Verbrieft 16./12. 92.			
					0,42 Tgw. = 0,141 ha Katasterstand						

Derartige Fälle finden sich häufig bei Vermessungen mit Pl.No., die Wege oder öffentliche Plätze sind. Soweit hiebei Hypothekenbuchsfolien durch Vermessung mit im Hypothekenbuch eingetragenen Pl.No. in Betracht kommen, wird das Hypothekenbuch über den Vollzug der Vermessungen und über die Verlautbarungen der Grundabtretungen Aufschluß geben und ersehen lassen, ob eine weitere Maßnahme bezüglich dieser Pl.No. noch zu treffen ist. Eine weitere Aufgabe ist dann, die später aufgenommenen Verträge soweit möglich vollziehbar zu machen. Die älteren Notariatsurkunden werden bezüglich der Verbriefung der Vermessungen nachgeprüft und soweit früher nicht vorgelegt, vollzogen.

Tabelle II.

Operat No.	Vermessung besteht in:	Ob verbrieft durch Urkunde (vom Rentamt auszufüllen)	Vollzugshindernis
50 rot	0,03 Tgw. von Pl. No. 27 des Hrch. Hick zu Pl. No. 73 der Stadt S.	10. VIII. 74	—
15 rot	0,03 Tgw. von Pl. No. 126 Stadt zu Pl. No. 101 des Schmidt.	Hier ist im Originalkat. eine Urk. nicht allegiert.	Parteien haben keine Ausfertigung. Verbriefung nachzuholen.

Tabelle III.

Fortlaufende No.	a) Umschreibverzeichnis, b) Sterbefallregister No. c) Hindernis-Vormerkungs-Buch	Art der Besitzveränderung	Name und Wohnort des abtretenden Besitzers	Name und Wohnort des antretenden Besitzers	Bezeichnung des Umschreibhindernisses	Rentamtliche Thätigkeit
1.	c) 20	Erwerbung der früheren Fleischbank Pl. No. 85*	Müller, Joh. Meier, Wilh. Weber, Friedr.	Stadt A.	Mangelt notarielle Verlautbarung.	Messungstabelle 86 rot dem A. G. übermittelt 1./10. 95.
2.	c) 21; a) 620	Kauf des Wurzgartens Pl. No. 85 zu 0,01 Tgw. laut Urkunde vom 10./10. 74.	Stadt A.	Metzger Hiller.	Vor der Umschreibung hat die Stadt A den Fleischbankanteil Pl. No. 85* (cf. Ziff. 1) zu erwerben.	

Weiteres Beispiel:

Pl.No. 156 Weg (Stadt).

Altes Register: Katasterstand 1,07 Tgw. Operat 66. **Neues Sachregister: Jetziger Stand nach Verbriefung** 0,395 ha = 1 Tgw. 16 Dez.	— 0,01 Tgw. zu 183 Stadt + 0,04 „ von 183 „ } bedarf keiner Verbriefung. + 0,01 „ „ 187 b. S. u. Konf. an Stadt. + 0,01 „ „ 195 „ bedarf keiner Verbriefung.)
Pl.No. folienfrei außer Pl.No. 187 u. 154. Somit: 1,07—0,01+0,10 Tgw. = 1,16 Tgw. Op. 84	+ 187 □' = 0,000 von 153 F an Stadt. + 953 □' = 0,02 „ 154 F „ „ + 311 □' = 0,01 „ 713 T „ „ + 208 □' = 0,01 „ 714 E „ „

Registratur: Die Pl.No. 156 ist im alten Sachregister mit 1 Tgw. 07 Dez. vorgetragen, während das neue einer Fläche von 0,395 ha aufweist. Den Flächenänderungen liegen die Operate 66 und 84 zu Grunde.

a) Pl.No. 156.

Nach Operat 66 rot wurde von der Katasterfläche der Pl.-No. 156 zu 1,07 Tgw. 0,01 Tgw. zu 183 derselben Besitzerin, ferner 0, 04 Tgw. von 183 zu 156, weiter 0,01 Tgw. von Pl.-No. 187 des S. und Konsort. — letztere Fläche, wie erhoben, verbrieft durch Urkunde vom 20. August 1874, — ferner 0,01 Tgw. von Pl.No. 195 zu 156 derselben Besitzerin gezogen und ist der Katasterstand bezüglich Pl.No. 156 in diesem Operate 1 Tgw. 12 Dez. = 0,382 ha.

Das hieran anknüpfende Operat 84 rot weist weiter aus:

Von Pl.No. 153 wurden 187 □' zu 156; von 154 wurden 953 □' = 0,02 Dez. zu 156 gezogen. Diese wurden von den F.'schen *Erben* mit der Stadt verbrieft durch Urkunde vom 20. September 1874.

Von Pl.No. 713 wurden 0,01 Tgw. zu 156 gezogen. Die Verbriefung zwischen T. und der Stadt erfolgte, wie erhoben, durch Urkunde vom 3. Oktober 1874.

Von Pl.No. 714 wurden 0,01 Tgw. zu 156 gezogen; die Verbriefung zwischen E und der Stadt erfolgte durch die vorgenannte Urkunde.

Der Katasterstand des Operats beträgt sohin bei Pl.No. 156 1 Tgw. 16 Dez. = 0,395 ha und ist übereinstimmend mit Pl.No. 156 im *neuen* Sachregister.

b) Pl.No. 183.

Die mit Pl.No. 156 vermessene Pl.No. 183 enthält nach dem alten Sachregister 0,04 Tgw.; nach dem neuen 0,003 ha. Wie vorbemerkt kommen 0,04 Tgw., also die ganze seitherige Pl.No. 183 *alt* zu Pl.No. 156 derselben Besitzerin. Die Pl.No. 183 wird wieder neugebildet aus der von Pl.No. 156 weggemessenen Fläche von 0,003 ha = 0,01 Tgw. laut Operats 66 rot. Eine Verbriefung ist nicht nötig.

c) Pl.No. 187.

Bezüglich Pl.No. 187 stimmen *bereits seither* die beiden Sachregister und das Hypothekenbuch, in *welchem* Operat 66 rot *vollzogen* ist. Verbriefung ist ad a oben nachgewiesen.

d) Pl.No. 195.

Die mit Pl.No. 156 vermessene Pl.No. 195 hat nach dem alten Sachregister eine Fläche von 0,05 Tgw., nach dem neuen dagegen 0,014 ha = 0,04 Tgw. Nachdem wie ad a erwähnt, von Pl.No. 195 0,01 Tgw. zu Pl.No. 156 gezogen wurde, ist die Katasterfläche von 0,014 ha auch im alten Sachregister vorzutragen.

e) Pl.No. 153 ohne Katasteränderung; verbrieft.

f) Pl.No. 154.

Bezüglich der mit Pl.No. 156 vermessenen Pl.No. 154 stimmen bereits Hyp.Buch und die beiden Sachregister überein, da die zu Pl.No. 156 gezogene Fläche von 0,02 Tgw. verfrüht von Pl.No. 154 abgeschrieben worden ist.

g) Auch bei Pl.No. 713 und 714 stimmen bereits die Sachregister ebenso das Hypothekenbuch als einseitig verbrieft vollzogen.

Es ergeht Beschluß dahin, es sei die Pl.No. 156 mit 0,395 ha; die Pl.No. 183 mit 0,03 ha, die Pl.No. 195 mit 0,014 ha im alten Sachregister vorzutragen und ferner die Pl.No. 183 alt zu 0,04 Tgw. als ganz zu Pl.No. 156 gezogen dortselbst auszustreichen.

Soweit einzelne Verbriefungen auf Grund der Erhebungen nachzuholen, Pfandentlassungen zu erwirken, Nachverpfändungen von einzelnen Trennstücken, infolge Vermessungen zu veranlassen sind, erhält der k. Notar schriftlich Mitteilung vom Sachverhalt, während die Beteiligten entweder durch Beschluß zur Beibringung der Urkunde aufgefordert oder sofort zu einem im Benehmen mit dem Notare anberaumten Termin vorgeladen werden, an welchem den Parteien seitens des Gerichts von dem Sachverhalte Kenntnis gegeben wird und dieselben zum Notare zur Urkundenaufnahme gesendet werden. An der Pfandentlassung auf Grund notarieller Urkunde im Gegensatz zu einer teilweise verbreiteten Praxis, sie als Löschungserklärung zu Hypothekenprotokoll zu nehmen, wird mit W. S. 94 festzuhalten sein.

Eine weitere Gruppe der Flächenbereinigung wird durch die Pl.No. mit Sternbezeichnung gebildet. (Bl. f. R.A. Bd. 46 S. 273 C. S. IX S. 103). Der Stern deutet darauf hin, daß die betreffende Pl.No. sich noch im ungeteilten Miteigentum Mehrerer befindet, daß sohin in der Natur eine reale Teilung, welche durch die Bruchnummer zu kennzeichen wäre, noch nicht stattgefunden hat. In der Regel wird es in diesen Fällen genügen, die Sachregister nach Maßgabe der Ziffer 1 lit. d der Bek.M. vom 20. August 1863 J.M.Bl. S. 86 in der Weise herzustellen, daß die einzelnen Anteile (Hälfteanteile) nach einander aufgeführt werden. Bei Vergleichung der Sachregister werden sich sehr häufig Verschiedenheiten insoferne ergeben, als das alte Sachregister oder das Hypothekenbuch die ganze Fläche noch enthält, während nach dem Originalkataster ideelle Hälfteanteile existieren oder umgekehrt. In diesen Fällen wird der Katasterstand festzustellen und zu erheben sein, ob die Anteile in eine andere Hand kamen durch Veräußerung eines Anteils bezw. durch Erwerb eines Anteils aus einer anderen Hand vereinigt wurden oder im gleichen Besitze blieben.

Mißt z. B. Pl.No. 1000 nach dem neuen Sachregister 0,433 ha; nach dem alten Sachregister Pl.No. 1000* 0,218 ha und 1000* 0,63 Tgw. und ergibt die Erhebung beim Rentamte, daß die Pl.No. 1000 durch Urkunde vom 20. Oktober 1888 von dem Oekonomen W. dadurch zum Alleineigentum erworben wurde, daß W. die ideelle Hälfte des F. und M. erwarb, so daß er nun im Besitz des ganzen Objekts zu 0,433 ha = 1 Tgw. 27 Dez. ist, so wird das alte Sachregister dahin zu berichtigen sein, daß die eine Pl.No. 1000* ausgestrichen und bemerkt wird, dieser Anteil sei zu Pl.No. 1000 gezogen worden, während bei dem anderen Vortrage von Pl.No. 1000* der Wegfall der Sternbezeichnung durch Einklammerung (*) angedeutet, die ganze Fläche der Pl.No. 1000 eingesetzt und das Flächenmaß des Hälfteanteils ausgestrichen wird.

Im umgekehrten Falle wäre der Pl.No. 1000 die Sternbezeichnung beizufügen und der weitere Anteil darunter in gleicher Weise vorzutragen. Die Nichtberücksichtigung des Miteigentums im neuen Sachregister bezw. die Nichtkenntnis der Erwerbsurkunde seitens des Rentamts dann die Wahrnehmung, daß hier das Hypothekenbuch über den Katasterstand des neuen Sachregisters hinausgeht, wird hier zu den seltenen Fällen gehören.

Ist die Verbriefung nicht nachgewiesen, so ist die Nachholung derselben zu fordern (cf. Tab. III Pl.No. 85* oben).

Pl.No. 85 mißt nach dem alten Sachregister 0,02 Dez., nach dem neuen existieren Pl.No. 85* zu 0,007 ha und 0,001 ha. Der richtige Katasterstand nach den Operaten ist jedoch Pl.No. 85 0,004 ha.

Die Erhebungen ergeben, daß Pl.No. 85 ursprünglich katastriert war mit:

Pl.No.	85	zu	0,003	Tgw.	= 0,001	ha,	1/8	Anteil	Hs.No.	5	Müller	Friedr.
„	85	„	0,003	„	= 0,001	„	1/8	„	„ „	41	„	Carl.
„	85	„	0,003	„	= 0,001	„	1/8	„	„ „	41	„	„
„	85	„	0,003	„	= 0,001	„	1/8	„	„ „	36	Meier	Friedr.
Pl.No.	85	zu	0,002	Tgw.	= 0,001	ha	1/8	Anteil	Hs.No.	44	Meier	Hrch.
„	85	„	0,002	„	= 0,001	„	1/8	„	„ „	49	Weber.	
„	85	„	0,002	„	= 0,001	„	1/8	„	„ „	118	„	
„	85	„	0,002	„	= 0,001	„	1/8	„	„ „	Bes.No.	1/44	Wagner

und daß die Stadtgemeinde A die ersteren 7/8 Anteile zu 0,018 Tgw. = 0,007 ha mit Urkunden vom 3. und bezw. 6. August 1874 erwarb, während der weitere Anteil Besitz No. 1/44 der Wagner'schen Erben von der Stadt noch nicht erworben wurde; daher die Katastrierung des Rentamts im neuen Register zu 0,007 ha und 0,001 ha, soweit verbrieft. Nun hat aber die

Stadt mit Operat 86 rot und Urkunde vom 10. Oktober 1874 eine Dez. von Pl.No. 85 ganz zu Pl.No. 83a gezogen und veräußert und den Rest der Pl.No. 85 zu 1 Dez. = 0,004 ha an Metzger Hiller weiter verkauft, so daß nur mehr Pl.No. 85 zu 0,004 ha besteht. Bezüglich Pl.No. 83a sind die beiden Register im Einklang und enthält Pl.No. 83a sohin schon einseitig ein Stück vom Pl.No. 85, das bei Pl.No. 85 noch nicht abgeschrieben ist.

Zum Vollzug der Operate und Verträge und zur Katasterumschreibung von Pl.No. 85 auf 0,004 ha ist vorher nötig, daß die Stadt A sich auch das letzte $^1/_8$ von Pl.No. 85 der Wagnerschen Erben nachträglich zubriefen läßt. Dann können auch altes und neues Sachregister berichtigt werden.

Auf einem Folium des A stehen Pl.No. 719*, 719*, 720*, 720*. Von der folienfreien Pl.No. 722 wurden 1,006 ha zu Pl.No. 720 gezogen und Pl.No. 719 und 720 unter sich vermessen.

Hier wird die von Pl.No. 722 entnommene Fläche den Hypotheken von Pl.No. 720 der Reihe nach von A mitverpfändet und dann das Operat bezüglich der Vermessung mit Pl.No. 719 vollzogen, so daß die Sternbezeichnungen bei Pl.No. 719 und 720 verschwinden.

Nach dem Hypothekenbuch bestehen Pl.No. 32* zu 0,007 ha Wohnhaus Hs.No. 48a und Pl.No. 32* zu 0,007 ha Wohnhaus Hs.No. 48b auf verschiedenen Folien; nach dem neuen Sachregister Pl.No. 32 ohne Sternbezeichnung mit 0,010 ha Wohnhaus Hs.No. 48.

Im Hypothekenbuche haben die beiden Pl.No. 32* verschiedene Folien mit verschiedener Belastung. Der jetzige Katasterstand wird durch das Operat dahin aufgeklärt, daß Pl.No. 32 sich nun in einer Hand befindet und mit Pl.No. 34 vermessen wurde.

Den Einklang zwischen Kataster und Hypothekenbuch in der Weise herzustellen, daß zufolge Ziffer 2 der M.Bk. vom 9. Juli 1888 im Hypothekenbuche auf den Folien der Pl.No. 32* und 34 die Abtretung eines Trennstücks von Pl.No. 34 und Vereinigung mit Pl.No. 32 ganz angeführt wird mit dem Beifügen, daß die Abtretung selbst nicht stattfinden kann, wird erst dann zu beschließen sein, wenn weder eine Verhandlung der Hypothekengläubiger, in der sie sich über den Rang der Hypotheken beider Folien einigen, noch das Bestreben des Grundbesitzers, eine Einheitshypothek, zu schaffen, um die Anteile auf ein Folium unter Wegfall der Sternbezeichnung zusammenzulegen und die Vermessung mit 34 vollziehen zu können, Erfolg hätte und falls auch das Rentamt die Betreibung der Rückvermessung mit Rücksicht auf den Stand in der Natur, ferner die unausgeschiedene Benützung der früheren Hälfteanteile seit dem Brand und die damit zusammenhängende steuerliche Mieteinwertung ablehnen würde.

Anlangend die Möglichkeit der Verpfändung eines ideellen Anteils cf. die bei Gütl zu § 3 des Hyp.Ges. und B. S. 802 A. 13 angeführte Literatur; insbesondere C. S. Bd. 9 S. 103.

Bei gesonderter Verpfändung eines einzelnen Anteils erscheint die Anlage eines eigenen Foliums zweckmäßig. Wo dies nicht der Fall ist, lautet der betreffende Eintrag dahin, daß die Hypothek z. B. nur auf dem ($^1/_5$) Anteil des Verpfänders E. hafte. Soweit hier die Miteigentümer A und B deren Anteile nicht verpfändet sind, nicht selbst den Antrag auf hypothekfreie Abschreibung ihres Anteils stellen, um eigene Folien zu erhalten und dabei die Uebersichtlichkeit der Einträge 1/I I. Hypothek auf dem Anteil des C, 2/II I. Hypothek auf dem Anteile des D, 3/III II. Hypothek auf dem Anteile des D., 4/IV II. Hypothek auf dem Anteile des C. zu erhöhen, wird hier nur dann einzugreifen sein, wenn bekannt ist, daß die reale Abteilung bezw. die Hinzuerwerbung der anderen Hälfte beabsichtigt ist.

Da die Hypothek zufolge § 33 des Hypothekengesetzes die ganze Sache und alle Teile derselben umfaßt, so kann der Verpfänder nicht einen Bruchteil verpfänden, der noch nicht real abgeteilt ist, d. h. eine bestimmte Bruchnummer enthält und eigene Pl.No. bildet oder sein ideelles Miteigentum ausdrückt, z. B. der Besitzer einer Pl.No. von 1 Tgw. davon das halbe Tagwerk verpfänden, die andere Hälfte nicht.

Aus dem gleichen Grunde kann auch ein Alleineigentümer Gewordener nicht einen Bruchteil verpfänden. Es erscheint bereinigungsbedürftig, wenn auf einem Folium:

$\frac{1}{I}$ erste Hypothek auf dem $^1/_2$ Anteile des A.

$\frac{2}{II}$ erste Hypothek auf dem $^1/_2$ Anteile des B.

eingetragen wird, wenn B schon vor Eintrag der Hypothek 2/II Alleineigentümer der beiden Hälften war; desgleichen wenn 2/II als erste Hypothek auf das ganze in der gleichen Urkunde bestellt wird, in der B die Hälfte des A erwirbt, während auf dem Anteile des A schon eine erste Hypothek ruht. Würde in der gleichen Urkunde B die Hälfte des A erwerben und auf dem Anteile des B eine Hypothek zur ersten Stelle bestellen, während auf der andern Hälfte (des A) schon eine erste Hypothek besteht, so würde dies dann zulässig sein, wenn die Hypothekbestellung dem Erwerb zum Alleineigentum zeitlich vorangeht.

Die Bereinigung wird in den ersteren Fällen auf Heimzahlung der weiter aufgenommenen I. Hypothek bezw. Verhandlung mit den Gläubigern über den Rang zu pflegen sein.

Ein Anlaß zur Vereinigung kann auch dann gegeben sein, wenn von Pl.No. 100* des A, B und C zu Pl.No. 101 des D 0,001 ha gezogen und Grundabtretung seitens der $^2/_3$ Anteilsberechtigten A und B vollzogen wurde, dagegen die Erklärung des Mitkontrahenten C noch aussteht; hier ist letztere zum Grundabtretungsvertrag des A und B mit D nachzuholen.

Die Feststellung der Quoten ist überall da für das Veräußerungs- und Verpfändungsrecht um so wichtiger, wo im neuen Sachregister lediglich die ganze Fläche mit der Bezeichnung $^1/_2$ Anteil, die Sternnummer also nur 2mal eingetragen ist, während in Wirklichkeit die eine Hälfte wieder in mehrere, z. B. $^1/_{24}$ Anteile geht und vorkommt, daß dann ohne Zusatz der Quote diese eine Hälfte als solche von den Anteilsberechtigten mit ihrem Hauptanwesen, sohin mehrfach verpfändet wird. Häufig findet sich lediglich die ganze Fläche im Kataster ohne Angabe des Quotenteils, so daß erst der Anteil festgestellt werden muß.

Schwierig können sich die Gemeinschaftsverhältnisse der im körperlich noch nicht geteilten Miteigentum mehrerer Personen stehenden Objekte auch dadurch gestalten, daß die Miteigentumsverhältnisse durch verzweigte Erbgänge in zahlreiche Quoten zerfallen und nötige Verbriefungen unterlassen wurden. Es wird dies insbesondere bei Fleischbank- Mulzhaus- Brauhaus, Wald-Schneidmühl-Anteilen (Schneidtage) der Fall sein.

Hier wird zu untersuchen sein, ob der Gesamtheit der Teilhaber das Eigentum, dagegen den einzelnen ein Nutzanteil zu einer Quote zusteht, ob die Anteile frei und für sich allein teilbar und veräußerlich oder mit Gutskomplexen verbunden sind.

Zur Feststellung der einzelnen Anteilsbesitzer und der Quoten wird vom k. Rentamt ein Verzeichnis über die derzeitigen Anteilsbesitzer und der Erwerbstitel, ferner ein Verzeichnis seitens der Anteilsbesitzer und ihrer Vertretung erholt. Ist auf Grund des Hypothekenbuchs bezw. der Register ein Verzeichnis seitens der Vereinigung hergestellt, so wird die Vergleichung mit den obigen Verzeichnissen ergeben, inwieweit Verbriefungen, Besitztitelberichtigungen auf Grund Erbschaftszeugnisses oder Verlassenschaftsakten, rückständig sind und inwieweit die Quotenanteile differieren.

In diesem Falle wird das obenerwähnte Aufführen der Sternnummern im Sachregister, (nicht etwa ein Verzeichnis im Hypothekenbuch mit einer I. und II. Rubrik ohne dritte) nicht zweckmäßig sein, da die Anteilsberechtigten und die Quoten einem zu starken Wechsel unterworfen sind.

Es wird sich empfehlen, in einem besonderen Anhang zum Sachregister, auf den bei der Hauptnummer vorne ähnlich den Gutszertrümmerungen verwiesen wird, die Anteile aufzuführen.

Fortl. No.	Name	Haus- oder Besitznummer Steuergemeinde	Anteil	Band und Seite des Hypothekenbuchs	Anmerkungen
1.	Maier Wilhelm laut Kaufprotokolls des k. Landgerichts vom 5./I. 1851.	1 in Geroldsgrün	1/20 Anteil	I, 30	Geteilt und veräußert s. No. 3. 4.
2.	Müller Franz laut Briefprotokolls vom 4./II. 60.	2 in Geroldsgrün	1/40 Anteil	II, 20	1/2 von 1/20 von seinem Vater ererbt. 1/40 sein Bruder Johann Müller (cf. No. 5.)
3.	Schmidt Friedrich laut Urkunde des k. Notars E. vom 1./9. 72.	1a in Geroldsgrün	1/40 Anteil	I, 30	1/40 erworben s. No. 1.
4.	Schmidt Johann laut Urkunde wie vor.	1b in Geroldsgrün	1/40 Anteil	III, 20	1/40 erworben cf. No. 1.
5.	Müller Johann lt. Erbschaftszeugnisses des k. A.-G. vom 1./9. 1880.	12 in Geroldsgrün	1/40 Anteil	II, 40	1/40 erworben cf. No. 2.

Der Anteil besteht darnach entweder im Bezug von ganz bestimmtem Quantum von Holz, Abfallholz, Streu, Berechtigung zum Sägen am so und so vielten Schneidtag; Anteil am Gewinn aus dem Ertrag der Fleischbank, des Mulzhauses 2c.

Sehr leicht kommt es hier dadurch zu Doppelverpfändungen, daß der betreffende Anteil der Berechtigten mit ihrem Hauptanwesen auf dessen Folium unter der Sternbezeichnung z. B. Pl.-No. 160* mitverpfändet wird, während bezüglich des gemeinschaftlichen Objekts selbst ein Folium besteht, das in erster Rubrik das Objekt Pl.No. 160 bezeichnet, in zweiter Rubrik die sämtlichen Anteilsberechtigten nach Quotenanteilen chronologisch enthält und in dritter Rubrik Verpfändungen einzelner Anteile aufführt.

Abgesehen von der Unübersichtlichkeit solcher Folien bei hohen Quoten, die sich durch Erbgang rc. ergeben, dann in Fällen, in denen die Gesamtheit Teile wieder erwirbt, um sie von neuem zuzuteilen, ist es im Interesse der Anteilsberechtigten gelegen, da jeder Gläubiger die Versteigerung des Ganzen verlangen kann, entweder die Löschung solcher Hypotheken durch Pfandentlassung zu bewirken und alle Anteilsbesitzer auf einem Folium nach ihren Quoten und Erwerbstiteln vorzutragen oder für jeden Anteil ein eigenes Folium zu schaffen. (cf. W. S. 74.)

Eine ausgedehnte Thätigkeit der Vereinigung besteht ferner darin, daß jedes Folium in erster Rubrik das Metermaß mit dem neuen Beschriebe[1—2]) erhält.

Soweit Flächendifferenzen in Betracht kommen, werden nach Prüfung der rechtlichen Seite beim Vollzuge von Operaten und Urkunden die Pl.No. ohnehin mit dem Metermaß vorgetragen werden.

Handelt es sich jedoch um einfache Umrechnung von bayer. Flächenmaß in's Metermaß in Uebereinstimmung mit dem Flächen-Repertorium, so wird bei hypothekfreien oder solchen Folien, bei denen seit Jahren kein Eintrag mehr erfolgte, mit Rücksicht auf die J.M.E. vom 14. November 1876 S. 323 und die J.M.E. vom 16. Dezember 1877 J.M.Bl. S. 258 Z. III auch wenn ein notarieller Akt noch nicht gegeben ist, von Amtswegen das Metermaß durch Erholung der Kataster von Grundbesitzer event. Anfrage beim Rentamte, Aufnahme einer die alte Fläche des Hypothekenbuches und neue des Sachregisters enthaltende Hypothekenprotokollregistratur mit dem Beschluß, es sei die Fläche nach dem Metermaß vorzutragen und Vollzug durch Eintrag im Hypothekenbuch und bezw. Tagebuch beizufügen. (M.E. vom 25. Januar 1884 S. 35 ferner bezüglich der Schreibweise des Flächenmaßes J.M.E. 20. November 1877 Not.Z. 1882 S. 191.)

Was die Erholung des Katasters anlangt, so wird in den meisten Fällen, in welchen seit längerer Zeit kein Eintrag im Hypothekenbuche mehr erfolgte oder in welchen die Gemeinde nicht in der Lage ist, den Kataster einzusenden, weil der Besitzer ausgewandert ist und sie den derzeitigen Besitzer nicht kennt, auch der Besitzstand nicht mehr stimmen. Es werden sich Fälle zeigen, in denen der frühere Besitzer noch eingetragen ist, der nun ausgewandert ist und vorher noch eine Hypothek unter Vor-

---

[1]) Die formell korrekte Abschreibung des Grundstücks entscheidet für Aufhebung des Pfandnexus Bl. f. R.A. Bd. 53 S. 133 cf. Not.Ztg. 1889 S. 114; 1886 S. 344.

[2]) Der Umstand, daß in einem notariellen Vertrage das verkaufte Anwesen unrichtig beschrieben und insbesondere eine Parcelle als mitverkauft bezeichnet wurde, steht der Giltigkeit des Vertrages nicht entgegen. (C. S. XVI S. 8.)

zeigung seines Erwerbsbriefes aufnahm, obwohl er das Grundstück schon vorher veräußert hatte. Benennt das Rentamt den jetzigen Besitzer und erscheint dieser mit Kataster, so wird hier auch zur Vereinigung der III. und II. Rubrik gleichzeitig zu schreiten und der Kaufvertrag erst vollziehbar sein, wenn die Löschung der damals zu Unrecht aufgenommenen Hypothek erfolgt ist.

Jede Pl.No. ist nach ihrem Einzelflächeninhalt und Einzelbeschrieb im Hypothekenbuch vorzutragen. Bei Gesamtflächen wird zu unterscheiden sein, ob die sämtlichen Pl.No. noch auf dem Folium stehen oder nicht. Ersterenfalls wird die im Hypothekenbuche eingetragene Gesamtfläche mit dem Ergebnis der Summen der einzelnen Flächen nach dem alten Sachregister nach Tagwerken einerseits und mit dem Ergebnis der Summen der einzelnen Flächen nach ha im neuen Sachregister andererseits und dem Flächenrepertorium verglichen. Stimmt die Summe nicht, so liegt ein unvollzogenes Operat in Mitte, das vom Rentamte zu erholen ist.

Sind einzelne Pl.No. von den Gesamtflächen abgeschrieben z. B. wegen Verkaufs oder Pfandentlassung und ist weder die abgeschriebene Fläche auf dem Folium bezeichnet noch der Rest der Gesamtfläche ersichtlich, so stellt man die Summe der Gesamtflächen der abgeschriebenen Pl.No. durch Zuhilfenahme des alten Sachregisters her und zieht sie ab von der im Hypothekenbuche vorgetragenen Gesamtfläche. Diese Restfläche, nach Tagwerken umgewandelt nach dem Flächenrepertorium, muß die Summe ergeben, welche man erhält, wenn man nach dem neuen Sachregister die Flächen der noch vorgetragenen Pl.No. zusammenzählt. Stimmt die Summe, so kann auf Grund Katasters das Einzelflächenmaß beigesetzt werden, stimmt sie nicht, so liegt eine Vermessung zu Grunde.

B.

Vereinigung der übrigen Einträge in I. Rubrik.

Auch bezüglich der Nummerierung von Gebäuden werden beim Rentamte Anfragen nötig sein, sei es, daß der M.E. vom 16. Mai 1879 Ziff. 3 (J.M.Bl. S. 231) nicht genügt wurde oder daß in einer Reihe von Fällen infolge eines Brandes Neubauten mit Umnummerierung der Hausnummern entstanden und Identitätstabellen durch das k. Katasterbureau zu übersenden sind (G.V.Bl. 1885 S. 393) B S. 696, ferner Lindner zu Art. 1 der Gemeindeordnung.

Um nicht nur Aenderungen aufzufinden, sondern auch im neuen Sachregister die gleichen Einträge wie im Hypothekenbuche zu erzielen, werden nach Anfrage beim Rentamte Hypothekenbuch und Sachregister richtig gestellt. Anlage VI.

Der Wert der Sache wird, soweit er auf Verlangen eines Beteiligten eingetragen wurde, wortgetreu unter Angabe der Zeit ins neue Folium mit aufzunehmen sein, soferne nicht durch Aenderung des Objekts der Eintrag gegenstandslos geworden ist. (§ 132 Hyp.Ges.)

Das Brandversicherungskapital[1]) ist unter Angabe des Beitrittsjahres in das neue Folium mitaufzunehmen. J.M.E. vom 7. Oktober 1836. Brandversicherungsgesetz vom 3. April 1875 Art. 76, Art. 3 Ziff. 6, Ziff. 2, Art. 32 Abs. 4. Anlage VII. Not.Ztg. 1882 S. 138 W. S. 71; veraltete oder fehlende Brandversicherungssummen werden bei der Revision der Folien in einer Tabelle aufgenommen, welche der k. Brandversicherungskammer mit dem Ersuchen um Mitteilung der Brandversicherungssumme übersandt und nach Wiedereintreffen im Hypothekenbuche vollzogen wird.

Soweit sich die Hs.No. mit den eingetragenen Besitzern nicht decken, wird das k. Rentamt um Aufschluß ersucht. Den Anlage VIII. Hypothekgläubigern[2]) wird von dem Eintrage und der Höhe der Brandversicherungssumme durch Eröffnung (Anlagen VIII) seitens der Gemeindebehörde bezw. Stadtmagistrate Kenntnis gegegeben; die Eröffnungsnachweise werden zu den Hypothekenprotokollbeilagen genommen.

Ist das Rentamt am gleichen Orte wie das Hypothekenamt, so wird die durch Anlegung der Tabelle dem Gerichte und der Brandversicherungskammer verursachte Arbeit erspart werden können, wenn statt der Erholung von Grundbuchsauszügen der Versicherungskammer das k. Rentamt im Einverständnis mit der k. Versicherungskammer die ihm von letzterer zur Perception der Beiträge übersandten Nachweisungen zu den Einheberegistern, die über die Brandversicherungssumme eines jeden einzelnen Besitzers denselben Aufschluß, wie die Auszüge aus dem Grundbuch geben, steuergemeindeweise überlassen werden können.

Die Fischrechte in fremden Gewässern (B. S. 1044 § 183, S. 802: W. S. 65, Rgb. S. 194).

In dieser Hinsicht wird die Revision eine Unvollständigkeit der Einträge nach einer doppelten Richtung ergeben; einmal insoferne nicht alle im Hypothekenbuche eingetragene Fischrechte auch am Schlusse des Sachregisters mit Beschrieb unter Angabe des Foliums als selbständige Hypothekenobjekte aufgeführt sind und dann insoferne das Sachregister andere als im Hypothekenbuche

---

[1]) Brandversicherungssumme. Rgb. S. 328. Gebührenfreiheit beim Eintrag derselben in's Hypothekenbuch. (C. S. XIII, 462.)

[2]) Die Mitteilung an die Hypothekgläubiger über die Aenderung erfolgt hier wie bei Offizialminderungen im Gegensatz zu freiwilligen Minderungen.

eingetragene Fischrechte nicht enthält. Um zu erreichen, daß sämtliche in einer Steuergemeinde bestehenden Fischrechte auch in dem neuen Sachregister als mögliche Hypothekenobjekte eingetragen werden, werden für jede Steuergemeinde die Fischereirechtskataster erholt und hienach diese Rechte und Angabe der Pl.No., Beschreibung und Bezeichnung, des Inbegriffs des Fischwassers, Name und Wohnort des Fischereiberechtigten unter Angabe der No. der Uebersichtskarte zur Unterscheidung von ähnlichen Fischwassern in das neue Sachregister sämtlich aufgenommen und gegebenenfalls das neue Folium beigefügt. Das vom Rentamt übersandte Verzeichnis selbst wird dem Vereinigungsakte der betreffenden Steuergemeinde einverleibt.

Bei Forstrechten[1]) ist ein gleiches Verfahren deshalb nicht am Platze, weil sie ihrer rechtlichen Natur nach Zugehörungen, Grunddienstbarkeiten oder Reallasten sind. (cf. Henle Nov. zum Hyp.Ges. S. 27 C. S. I 299 VIII 652, B S. 681 und 802. Bl. f. R.A. Bd. 46 S. 154, 31 S. 368, 42 S. 158, 47 S. 344. Roth Bd. II S. 354.). Es werden hier vom Rentamte bezüglich jeder Steuergemeinde Verzeichnisse über sämtliche bestehenden Forstrechte erholt und dem Vereinigungsakte einverleibt, um dem Gerichte und Notare eine Kontrolle über deren Existenz an die Hand zu geben.

Die Forstrechte auf Grund dieser rentamtlichen Verzeichnisse im Hypothekenbuch zuzuschreiben, dürfte umsoweniger ratsam sein, als ein Anlaß zur Folienerrichtung für die Vereinigung nicht gegeben ist und der Nachweis des Erwerbstitels durch den Verpfänder oft ebenso schwierig ist, als die Feststellung der rechtlichen Natur in concreto. (Rgb. S. 60.)

---

[1]) Holzbezugsrechte C. S. XIV, 843. Ersitzung; Unterbrechung der Verjährung seit 2. April 1852. (C. S. 14 S. 517. Bl. f. R.A. 42 S. 158.)

Fortl. No. des Forstrechtskatasters	Beschreibung der berechtigten Güter	Besitzer	Beschreibung der Forstrechte	Bemerkungen der Vereinigung.
370	Haus No. 1 in Miesheim.	Heinrich Otto, Oekonom in Miesheim.	a) Drei Klafter weiches Brennholz im Nürnberger Maß, b) die hievon abfallende Aststreu, c) sowohl bei Neubauten als bei Reparaturen das benötigte Bauholz zu den sämtlichen Gutsgebäuden. Auch das benötigte Schindelholz. d) Schränkstangen nach Bedarf.	Nun in Hypbuch für Miesheim Bd. I S. 100 vom Besitzer nachverpfändet, (oder hypothekfrei oder schon vorgetragen im Hypbuch M. I S. 105.)

Insoweit Forstrechte als gesetzliche Pertinenzen in Betracht kommen C. S. VIII 655, Bl. f. R.A. 46 S. 155) werden Einträge wie „das Forstrecht ist der Hypothek in $\frac{1}{I}$ nicht mitverpfändet" ebensowenig Bedeutung haben, wie wenn der Hypothekgläubiger auf Grund eines solchen Eintrags bezüglich des Forstrechts einen besseren Rang beansprucht, als ihm sonst bezüglich der übrigen Grundstücke zukommt. Denn die Rangordnung für die Hypothekrechte an der Hauptsache ist auch maßgebend für die Rechte an der Zubehör. Der Eintrag führt sich lediglich darauf zurück, daß in der Not.Urkunde das Forstrecht aufzuführen vergessen wurde, was, soweit das Forstrecht gesetzliche Pertinenz ist, nichts schadet, während auf dem Folium ein Forstrecht stand; oder daß der Notar bei einer späteren Hypothekbestellung in der Urkunde das Forstrecht aufführte, während es auf dem Folium nicht stand und daß in beiden Fällen der Hypothekenbeamte die Urkunde vollzog, in der ersten Rubrik aber gleichzeitig den Vermerk obigen Inhalts aufnahm, der rechtlich bedeutungslos ist. Anders wo ein walzendes selbständig verpfändetes Forstrecht ausdrücklich nur bestimmten Hypotheken haftet und unterlassen wurde, für das Forstrecht ein eigenes Folium anzulegen, das den Rang bezüglich dieses Pfandobjekts vollständig wiedergibt.

Bezüglich der Trennung realer Forstrechte vom berechtigten Gute, Teilung oder Uebertragung auf ein anderes Gut ohne Zustimmung des Eigentümers der belasteten Waldung (siehe J.M.Bl. 1863 S. 224).

Zeigt sich, daß ein Forstrecht transferiert werden soll von dem Anwesen des A auf das Anwesen des B, so werden in der notariellen Urkunde die Beteiligten einen Vertrag dahin abschließen, daß A dieses Forstrecht mit allen Rechten und Lasten an B kaufsweise um den vereinbarten Betrag zum Eigentum abtritt und B auf sein in derselben Steuergemeinde gelegenes Haus Pl.No. . . . transferiert und daß der mitanwesende k. Forstmeister, auf Grund Entschließung der k. Regierungsforstabteilung zu diesem Vertragsabschluß ermächtigt, Namens des Staatsärars zu dieser Forstrechtstransferierung seine Zustimmung erteilt. Im Vollzuge dieses Vertrages wird dann das Forstrecht im Hypothekenbuche als weiter veräußert und hypothekfrei in I. Rubrik abgeschrieben.

Beachtung verdient ferner der oft auf den alten Folien nicht sofort in die Augen fallende Eintrag der Gemeinderechte zu bestimmten Nutzanteilen am unverteilten Gemeindevermögen. Diese werden als gesetzliche Anwesenszubehör (Bl. f. R.A. Bd. 50 S. 13 Not.Ztg. 1882 S. 373, Not.Ztg. 1885 S. 41) zu betrachten sein. Es fragt sich im einzelnen Falle, ob sie rein privatrechtliche Nutzungsrechte oder öffentlich-rechtlicher Natur sind (Art. 33 G.O.; Bl. f. adm. Prxs. Bd. 28 S. 202). Sind dieselben Anwesenszubehör im Sinne des § 34 des Hyp.Ges., fehlen jedoch im Hypothekenbuch, so gelten sie, auch wenn im Uebergabsvertrag oder Schuld- und Hypothekenbrief nicht besonders erwähnt, dennoch als mitverkauft und bedarf es keines Nachtrags zum Kaufvertrag oder einer Nachverpfändung durch den Besitzer (B. S. 446, 477.)

Sollen die Gemeindegründe, an welchem seither die Gemeindebürger bestimmte Anteile hatten, auf Antrag der Anteilsberechtigten verteilt werden, so wird die Distriktsverwaltungsbehörde nach Art. 27 Gemeindeordnung Beschluß fassen, es sei die Verteilung der Gemeinde(wiese) unter den seitherigen nutzungsberechtigten Gemeindebürgern nach Maßgabe des ihnen zustehenden Anteilsrechts und der bereits vorgenommenen, im Kataster vorgetragenen Teilung zu genehmigen. Durch diese kuratelamtliche Genehmigung erwerben die Teilnehmer Eigentum an den Anteilen, ohne daß eine notarielle Verbriefung nötig wäre. (Not.-Zt. 1882 S. 383 B S. 382).

Es wird, wie in der h. Entschl. des k. St.M. des Innern vom 30. Oktober 1864 (J.M.Bl. 1864 S. 249) ausgeführt ist, von den einzelnen Gemeindegliedern Privateigentum an den Liegenschaften zwar erworben, aber nur durch Beschluß der gesetzlichen Mehrheit der Gemeindemitglieder, dem sich die Minderheit unterwerfen muß und durch kuratelamtliche Genehmigung.

Die Ueberweisung der Anteile an die einzelnen Gemeindeglieder erfolgt nicht durch freie Uebereinstimmung der einzelnen Beteiligten, sondern auf Grund Gemeindebeschlusses und kuratelamtlicher Genehmigung.

Hier sind im Hypothekenbuch und Sachregister (ev. nur im letzteren) die an Stelle des Gemeinderechts getretenen bestimmten Grundstücke ($130^1/_7$, $130^1/_6$ rc.) einzutragen, auch wenn das Folium Hypotheken enthält.

Handelt es sich um Uebertragung von eigentlichen Gemeindenutzungsrechten auf andere Anwesen, so ist auf Grund des Art. 33 G.O. in der Fassung des Gesetzes vom 14. März 1890 nach den beim Rentamte, der Gemeinde und den Beteiligten gepflogenen Erhebungen auf die Transferierung durch das k. Bezirksamt hinzuwirken. Von dessen Beschluß hängt die Beurkundung seitens des k. Notars und der hypothekenamtliche Vollzug ab. (J.M.E. 1868 S. 242, 1874 S. 94 J.M.Bl. 1893 S. 66.)

Finden sich Folien, bei denen wegen Zerstückelungen des Grundbesitzes oder wegen Vermessungen infolge Abbruchs und Verkaufs von abgebrannten Häusern Abschreibungen von Häusern ohne Gemeinderecht vorgenommen wurden, während dem an einer anderen Stelle erbauten Haus im Hypothekenbuch ebenfalls ein Gemeinderecht zugeschrieben wurde, so wird zu erheben sein, ob der Besitzer von 2 Gemeinderechten (z. B. auf Hs.No. 4 alt und 9 neu) nicht etwa lediglich dadurch nun 2 Gemeinderechte inne hat, weil das Rentamt irrtümlich dem Besitzer nochmals das schon von früher her besessene Gemeinderecht von Hs.No. 4 zukatastrierte und beide Rechte somit identisch sind, ob das Haus auf derselben Pl.No. wieder aufgebaut wurde und das Gemeinderecht inzwischen nur ruhte und wieder auflebte (Regb. II 471) oder ob die Voraussetzungen des Art. 33 G.O. für die Transferierung gegeben sind, oder lediglich eine notarielle Vereinbarung unter mehreren Beteiligten zu treffen ist.

Bezüglich der Gemeinderechte greift noch die aut. h. J.M.E. vom 18. Januar 1835 No. 1895 Platz, derzufolge legal verteilte frühere Gemeindegründe von dem Eigentümer auch veräußert und verpfändet werden können; bei den übrigen jedoch der Substanz nach eine Hypothekbestellung nicht möglich ist; daß die Vermutung stets für das Eigentum der Gemeinde als Regel streitet, so daß das Vorhandensein eines gemeinsamen Privateigentums pro diviso von demjenigen, der sich darauf beruft, bewiesen werden muß; daß sie nur, wenn sie dinglicher Natur sind, d. h. als Zugehörung mit dem Besitz verbunden sind nicht aber wenn sie nur aus dem persönlichen Verhältnisse und der Eigenschaft eines Gemeindegliedes entspringen, eingetragen werden können und daß im einzelnen Falle konkret festzustellen ist, ob das Gemeindenutzungsrecht auf dem bloßen Gemeindenexus (wofür die Vermutung spricht § 11, 18, 19, 26) oder auf dem Besitz eines Guts in der Gemeinde oder sonst einem Rechtstitel (cf. Servitut) beruht, sohin ob die Verpfändung rechtsbeständig ist oder nicht. (Rgb. S. 60 C. S. V. 628, 633, XIV S. 547, XII 376. Bl. f. R.A. 35 S. 389 f. nunmehr auch Not.-Ztg. 1896 S. 39 und Erkenntnis des Verwaltgs.Ghofs Bd. XVI S. 11 ff.

Bezüglich der realen Gewerberechte (W S. 65, B S. 439 A. 3.) Reale nach dem früheren Gewerbegesetz vom 11. September 1825 Art. 4 N. 2 auf den Folien über Immobilien zu denen die Realrechte gehören, oder auf selbständige Folien, wenn sie zu keinem Besitz gehören; radicierte, auf den Folien des Hauptgutes, dessen Zubehörung sie bilden siehe aut. M.E. vom 8. April 1836 No. 3893. Anlage IV.

Die Kellerrechte werden in Einträgen im Hypothekenbuche hierüber, in den Sachregistern nicht vollständig aufgeführt sein.

Damit auch diejenigen Kellerrechte auf fremden Grundstücke, welche nicht im Hypothekenbuch eingetragen sind, als selbständig verpfändbare Rechte im Sachregister vorgetragen werden können und der Hypothekenbeamte Kenntnis von deren Existenz hat, wird über dieselben vom Rentamte ein Verzeichnis erholt und im einzelnen Falle die Erwerbsart geprüft, da vielfach lediglich der Geometer zugezogen wird, ohne daß das dingliche Recht auch notariell eingeräumt wird.

Nach einer autogr. J.M.E. vom 4. November 1865 sollen insbesondere bei Neuanlage von Hypothekenämtern auch die den Liegenschaften gleichgearteten Rechte im Sachregister aufgeführt werden. Für die Art der Einträge ist zu beachten:

a) die Rechte werden nach Unterabteilungen zerfallen z. B. Fischereirechte, Gewerberechte, Kellerrechte,
b) soweit die Rechte im Hypothekenbuch nur nach einer ganz allgemeinen Bezeichnung eingetragen sind, sind sie nunmehr in der Weise zu bezeichnen, daß eine sichere Unterscheidung von anderen Berechtigungen ermöglicht wird und ein bleibendes Merkmal im Sachregister gegeben ist. Es ergibt die Berücksichtiguug der Art der Bezeichnung dieser Rechte in den Verzeichnissen der Finanz- und Verwaltungsbehörden, z. B. Uebersichtskarte No. beim Fischrecht.
c) die Forstrechte werden gewöhnlich deshalb aus dem Register weggelassen werden können; weil sie als Eingehörungen des Hauptguts und von diesem meist untrennbar (nur ausnahmsweise walzend) nicht ohne das betreffende Grundstück des Forstberechtigten veräußert oder verpfändet werden.

(cf. J.M.E. vom 8. Februar 1855 Zeitschrift für Gesetzgebung und Rechtspflege Bd. II S. 3 über Verkauf, Transferierung und Teilung realer Forstrechte.)

Die Pertinenzen[1]) (gesetzliche wie gewillkürte) werden als mit dem Anwesen bereits verbunden für die Uebertragung keine Schwierigkeit bieten; der Uebertrag der gewillkürten wird wegfallen, wenn die betreffende Hypothek, für welche sie konstituiert wurden, selbst durch Löschung weg fiel.

Soweit es sich um Berichtigung früherer Vollzugsfehler handelt, wird auch hier durch eine Protokollregistratur abgeholfen werden können. So wenn ein Gemeinderecht an den noch unverteilten Gemeindebesitzungen ursprünglich mit dem Hause vorgetragen war, das Haus ohne Gemeinderecht verkauft, folienfrei und auch ohne Gemeinderecht hypothekenamtlich vom Folium abgeschrieben wurde. Insoweit das Gemeinderecht hier Pertinenz ist, ist es auch mitverkauft, wenn es in der Urkunde nicht ausdrücklich ausgenommen wurde; es wird daher keiner Nachtragsurkunde bedürfen und das auf dem alten hypothekfreien Folium ohne Haus stehende Gemeinderecht von diesem Folium abgeschrieben werden können.

Die Reallasten[2]) werden in vielen Fällen in das neue Hypothekenbuch aufzunehmen sein, (W. S. 58, 60) besonders die kirchlichen Baulasten (Arnold § 13); letztre jedoch nur soferne sie auch das alte Folium enthielt; Erhebungen sind bei den unter das Gesetz vom 29. Mai 1886 fallenden Grundgefällen des Staates und der Ablösungskasse erforderlich. Hier ist zu jeder Steuergemeinde ein Verzeichnis vom Rentamte zu erholeu, welche Grundgefälle und Kulturrenten noch des Eintrags in's Hypothekenbuch bedürfen und bezüglich der übrigen seither eingetragenen generelle Löschungserklärung vom Rentamte unter Verzicht auf Einvernahme vor dem Hypothekenamte abzugeben. Die nicht mehr bestehenden abgelösten werden dann bei der Uebertragung des Foliums (ohne eigenen Löschungsvortrag cf. W. No. 24 S. 69) weggelassen.

Bezüglich des bestehenden werden auf Grund des mitgeteilten Verzeichnisses sofort Hypothekenbuch und bezw. bei folienfreien die Sachregister unter Anführung des Prot., bezw., wenn

Anlage V.

---

[1]) Gewillkürte bewegliche Partinenzen haften auch den schon früher eingetragenen Hypothekengläubigern, auch wenn die Erklärung dahin geht, die Partinenz solle einem erst jetzt eingetragenen Hypothekgläubiger an erster Stelle haften. Bl. f. R.A. Bd. 22 S. 186; 34 S. 129, 131; bezüglich eines Verzeichnisses über diese Gegenstände s. Bl. f. R.A. Bd. 34 S. 366. Spezifizierung im Hypothekenbuche nicht zu verlangen. C. S. VIII 586, IX 528. Angabe des Erwerbstitels VIII 588.

[2]) Reallasten. Begriff C. S. XIV S. 236 (Gutslast im Gegensatz zu je einmaliger Leistung bei gewissen Gelegenheiten als Forderung.) C. S. XIII S. 503. Abtrennung einzelner Grundstücke auch ohne Einwilligung der Realberechtigten. Bl. f. R.A. 59 S. 344. Der Nichteintrag und das Verhältnis zwischen Berechtigten und Verpflichteten. Handlohnsäquivalent nicht Staatsabgabe nach § 12 Ziff. 1 cf. C. S. XI 452; Vogteigefälle III 376. Frohngilten XI 112. Uebertragung auf neues Folium. C. S. XV S. 348.

das Verzeichnis in Einlauf genommen wurde, der Tagebuch-No. im Sachregister evident gestellt. (Wagner S. 69 und 87 J.M.E. vom 7. Juli 1886 S. 188 s. Henle Nov. zum Hyp.Ges. S. 25—30.)

Die Uebertragung der Schutz- oder Sperrfolien, die nur I. Rubrik haben, hat zu erfolgen, sobald die Bestimmungen der § 121—123 des Hyp.Ges. gegeben sind und werden desfalls auch die auswärtigen Gerichte, in denen das Hauptgut liegt, von der erfolgten Uebertragung verständigt. Sind jedoch Hauptgut und Pertinentien im nämlichen Gerichtsbezirk gelegen und finden sich Schutzfolien von einer Steuergemeinde auf die andere des gleichen Bezirks, so werden diese abgeschlossen werden können, wenn in das neue Realregister die Folien der anderen Steuergemeinde des gleichen Hypothekenamts eingetragen wurden. Z. B. Pl.No. 100 Steuergemeinde Schwarzenstein gehört zu Hs.No. 10 in Schwarzenbach gleichen Gerichts und ist auch auf dem Folium Band VIII S. 20 für Hs.No. 10 in Schwarzenbach vorgetragen. Hier genügt im Sachregister für Schwarzenstein der Hinweis „Bd. VIII S. 20 für Schwarzenbach" während die Anlage eines eigenen Schutzfoliums im Hypothekenbuch für Schwarzenstein nicht nötig erscheint.

Auszurotten sind Doppelfolien. Diese entstanden meist früher bei der Katasteranlage, indem entweder die Identität der Pl.No. mit der Besitz No. nicht genau festgestellt wurde und so für das gleiche Grundstück 2 Folien entstanden oder indem für den neu katastrierten Grundbesitz ein neues Folium angelegt und übersehen wurde, daß für denselben seither schon ein Folium existierte. In späterer Zeit führte zur Entstehung von Doppelfolien entweder der Umstand, daß der Abschluß des seitherigen Foliums bezw. die Abschreibung des Objekts auf dem alten Folium vergessen wurde z. B. bei Anträgen auf Zusammenlegung bezw. Abschreibung einer Pl.No. wegen Verkaufs oder Pfandentlassung, bei Abschluß wegen Raummangels und vieler Fortsetzungen und dadurch herbeigeführter Anlage eines neuen Foliums, oder daß das frühere Bezirksgericht bei Requisitionen um Vereinigung der Hypothekfolien nach durchgeführten Konkurs- oder Subhastationsverfahren einzelne Pl.No. nicht mit aufführte, bezüglich deren das Folium (früher Verbandsfolium) dann bestehen bleibt, während in Unkenntnis dieses Foliums von dem betreffenden Besitzer späterhin die Anlage eines Foliums für den Gesamtgrundbesitz beantragt wird und daß ferner im Sachregister die Beischreibung des Foliums unterlassen und die Pl.No. als folienfrei behandelt wurde.

Die Auffindung der Doppelfolien wird selten dadurch möglich sein, daß bereits bei Revision der Flächen eine Pl.No. aufgefunden wird die beide Folien enthielte, indem das frühere nicht ausgestrichen wurde. Meist findet sich, daß das Sachregister das alte Folium nicht enthält, weil dessen Anlage in die Zeit der Besitznummern, also vor der Katastrierung nach Pl.No. fällt und die Beischreibung im Sachregister später vergessen wurde, als das bayer. Flächenmaß und der neue Beschrieb beigefügt wurden.

Da mit der Uebertragung das neue Folium dem neuen Sachregister beigefügt und bei jeder Pl.No. nochmals nach Beschrieb und Fläche mit der aus dem alten Folium zu übertragenden Pl.No. verglichen wird, so werden die meisten Doppelfolien dadurch aufgefunden werden, daß sich für das zu übertragende Grundstück schon ein Folium im neuen Sachregister oder ein anderes im alten Sachregister vorfindet.

Die Vereinigung wird zunächst beim Rentamt die Identität der Besitznummer mit der jetzigen Pl.No. und der Besitzer mit Erwerbsurkunden zu erforschen und zu prüfen haben und sobald die Identität feststeht, den Abschluß des alten Foliums herbeiführen (Bl. f. R.A. B. 52 S. 289). Dieser gestaltet sich einfach durch Vorladung des Besitzers zum Hypothekenprotokoll, der den Antrag auf Abschluß nach § 149 stellt, wo das alte Folium hypothekfrei oder gleichbelastet ist (und die Pl.Nr. abzuschreiben unterlassen wurde). Dagegen bedarf es einer eingehenden Thätigkeit, wenn die beiden Folien verschiedene Hypotheken oder doch solche mit verschiedenem Rang aufweisen. Hier bedarf es der Rangausweichungen und bezw. Löschung der Hypotheken auf dem einen Folium. Da die betreffenden Gläubiger meist nicht mehr leben, sind hier dieselben Erhebungen, wie sonst bei Vereinigung der III. Rubrik nötig.

II. Rubrik.

§ 136, 138—143 Hyp.Ges. § 4 Einf.Ges. zum Hyp.Ges. § 20, 21, 27 Instruktion.

J.M.E. vom 26. Juli 1864 Ziff. II lit. B 8 (S. 210 ff.) W. S. 72 ff.; Rgb. S. 65; B S. 703.

In formeller Hinsicht wird es zweckmäßig sein, den § 27 Ziff. 1 der Instr. und § 127 Hyp.Ges. dahin auszulegen, daß für die I. Rubrik mindestens eine ganze Seite Raum gelassen wird und sich daran die II. Rubrik anschließt.

Bezüglich des Unterstreichens des Geschlechtsnamens des Besitzers dürfte die bei W. S. 75 angeratene Unterlassung aus den dort angegebenen Gründen mit einer verbreiteten Praxis übereinstimmen (cf. dagegen Keidel).

Anlage IX. In materieller Hinsicht beginnt die Revision mit Anfertigung einer Tabelle (s. Anlage IX) auf Grund deren erhoben wird, ob der hypothekenbuchsmäßige Besitzer mit dem jetzigen übereinstimmt, ob der frühere Familien- und gewohnheitsrechtliche, gesetzliche oder vertragsmäßige Güterstand noch zurechtbesteht, ob ein Besitzübergang stattfand.

Ergibt die Berichterstattung der Bürgermeister eine Aenderung der seitherigen Verhältnisse, so wird durch Vorladung der Beteiligten zum Hypothekenprotokolle unter Beibringung der Heiratsurkunden, ferner der notariellen Eheverträge, Gütergemeinschaftsausschlüsse, deren Original zur Einsicht vom Notar erholt wird, dann der Erbschaftszeugnisse der Familien- und Güterstand, bezw. der Besitztitel berichtigt. (J.M.E. v. 26. Juli 1864 Ziff. II lit. B 8.)

Die Zahl der alten Besitzvorträge, die überhaupt nicht mehr oder dem Familienstande nach nicht mehr zurechtbestehen, wird die überwiegende sein. Die Fälle, in denen ein Besitzübergang [1]) stattfand, werden sich scheiden in solche, a) in denen im Erbwege eine Aenderung eintrat, b) in denen notarielle Urkunden überhaupt nicht vorhanden sind, c) in denen notarielle Urkunden zwar vorhanden sind, aber nicht vorgelegt wurden, weil der Hauptbesitz und Wohnort des Besitzers in einem anderen Gerichtsbezirk lag, d) in denen unvollziehbare not. Urkunden vorliegen, e) in denen der Besitztitelberichtigung noch die Einträge von Konkursen, Beschlagnahmen und Dispositionsbeschränkungen überhaupt entgegenstehen. [2])

Vor dem Vollzuge ist zu prüfen, ob die Staatsgebühren bezahlt sind. (Gebührengeſ. 18. August 1879, 26. Mai 1892 Art. 261.)

a) Bei älteren Folien, die seit Jahren hypothekfrei sind und keinen Eintrag erfuhren, trat meist Besitzveränderung durch Erbgang ein. Wenn das Hypothekengesetz auch keine Zwangsbesitz-

---

[1]) Unwirksamkeit eines Eigentumsvorbehalts an einer Mühleinrichtung als Zugehörung einer Mühle XII, 422 Besitztitel IX 265, 145; Klage gegen dritten Besitzer des immobile, der noch nicht eingetragen ist C. S. I 444 Bl. f. R.A. Bd. 31 S. 90, 34, 398; künftige Descendenz Bl. f. R.A. Bd. 49 S. 166 Not.Ztg. 1885 S. 103. Bescheinigung bei Eintrag einer Protestation gegen Besitztitelberichtigung (§ 27 Hyp.Ges.) C. S. XII S. 200. Eintrag in's Hypothekenbuch wirkt keine Besitzübertragung Bl. f. R.A. B. V, 142.

Eigentumserwerb ob mit dem Hypothekenwesen in Verbindung stehend C. S. IV, 386; Rgb. S. 42. Zulässigkeit einer Besitztitelberichtigung im Hypothekenbuche auf Grund eines von einer Ehefrau mit ihrem Gatten unter Nichtbeachtung der Vorschrift im Teil II Tit. 1 § 200 pr. L.R. abgeschlossenen Uebereinkunft. Statthaftigkeit von Immobiliarkaufverträgen zwischen Eheleuten, die nach Bayreuther Recht in allg. Gütergemeinschaft leben. (XIV S. 491.)

Weder die Bevollmächtigung zum Abschluß eines Vertrages über unbewegliche Gegenstände noch die Genehmigung eines solchen Vertrags bedarf zu ihrer Rechtswirksamkeit der notariellen Beurkundung; auch nicht bezüglich der außerhalb Bayerns wohnhaften Eigentümer von Grundstücken in Bayern. (XV, 445.)

Anmeldungspflicht des Gerichts zur Katasterumschreibung. C. S. XI, 427.

[2]) Besitz- und Belastungsverbot C. S. VII 79, 705: VIII 17, XI 688.

titelberichtigung kennt (Rgb. S. 69), werden die Beteiligten doch von Bereinigungswegen anzuhalten sein, durch Eintrag ins Hypothekenbuch als Besitzer aus demselben hervorzugehen.

Wo das Gericht bei nur großjährigen Erben keinen Anlaß hat, die Besitztitelberichtigung bezüglich der Immobilien von Amtswegen auf Grund Erbschaftszeugnisses herbeizuführen (W. S. 152) die Erben jedoch eine Bestätigung des Erbgangs unter Vorlage der pfarr- und standesamtlichen Geburts- und Sterbeurkunden beim Verlassenschaftsgericht erwirkt haben, wird seitens des Rentamts die Katasterumschreibung auf die Erben eingetreten sein, während im Hypothekenbuche der Eintrag unterlassen wurde.

Es wird ferner häufig vorkommen, daß die Miterben infolge der Anregung zur Besitztitelberichtigung nun zur Auseinandersetzung und Verlautbarung des Immobile auf einen Miterben schreiten, während in anderen Fällen zu Hypothekenprotokoll auf Grund Erbschaftszeugnisses die Miterben als Besitzer eingetragen und das Rentamt nach § 3 und 4 der Bek. v. 29. Januar 1882, Vollzugsvorschriften zu § 72 des Grundsteuergesetzes verständigt wird. In anderen Fällen werden vorhandene ältere Pflegschafts-Verlassenschaftsakten und Erbschaftsrecesse Anhaltspunkte für den Erbgang geben oder Akten von auswärtigen Behörden bezw. Erbschaftsatteste außerbayerischer Gerichte zu erwirken sein. Die gesamten Erhebungen werden zweckmäßig vom Bereinigungsbeamten selbst gepflogen, da die Parteien erfahrungsgemäß die benötigten Urkunden nie zu Wege bringen.

b) Eine weitere Gruppe bilden diejenigen Fälle, in denen überhaupt keine Erwerbsurkunde vorliegt. Dahin gehören die Fälle, in denen nicht ein bayerischer Notar die Urkunde aufnahm bei Grenzstaaten (Böhm S. 88), wenn das im Original hinausgegebene Adjudikationsdekret zu Verlust gegangen und der den Besitz beanspruchende Inhaber im Hypothekenbuche nicht eingetragen ist, sondern sich nur auf den Kataster berufen kann; sodann Fälle, in denen nur mündliche oder schriftliche Privatverträge vorliegen, ein Gemeindeprotokoll aufgenommen oder eine einseitige Erklärung des nach Amerika ausgewanderten Veräußerers, daß er den Kaufschilling erhalten habe, vorliegt. Schwierigkeiten ergeben sich hier sobald die Kontrahenten gestorben und erst die Erben eruiert, festgestellt und Vollmacht von diesen erholt werden muß. Es ist auf die Nachholung der Urkunden hinzuwirken in der Weise, daß die festgestellten Erben des Veräußerers mit dem Realprätendenten paktieren. Ist der Realprätendent ein Miterbe des Veräußerers, so wird entweder durch Antrag auf gemeinschaftlichen Verkauf durch freiwillige Versteigerung oder durch Erbumschreibung und Zubriefung der Anteile einzelner einwilligender Miterben an den Realprätendenten abgeholfen werden können, während die übrigen nunmehr eingetragenen

Miterben bezüglich ihrer Ansprüche, die z. B. auf Grund einer vor einem amerikanischen Notar erteilten Verzichtsurkunde und Quittung von ausgewanderten Miterben über der Kaufpreis streiten, auf den Rechtsweg verwiesen werden.

Sind folienfreie Pl.Non. in Frage, so werden derartige Unterlassungen dem laufenden Dienste erst bei der Folienanlage zur Kenntnis kommen und nun zu Schwierigkeiten führen.

c) Ein seltener aber immerhin vorkommender Fall wird der sein, daß ein außerhalb des Gerichtsbezirks wohnhafter Besitzer sein Hauptgut mit Zugehörungen durch Urkunde eines auswärtigen Notars veräußerte, letzterer jedoch die Vorlage der Urkunde unterließ. Es wird der Besitzübergang hiebei durch die Befragung des Besitzers in der Tabelle ersichtlich und erübrigt dann nur Erholung von Originalurkunde und Kataster zum nachträglichen Urkundenvollzug. Zweckmäßig ist hier, die Anlage von Schutzfolien herbeizuführen, damit künftig der Besitzübergang und die Einträge in III. Rubrik nur auf dem Hauptgute erfolgen und kein Anlaß zur Vereinigung späterhin gegeben wird.

d) Häufig ist auf den Vollzug seither unvollziehbarer Urkunden hinzuwirken. Hiebei ist der Grund der seitherigen Unvollziehbarkeit in's Auge zu fassen. (Verfahren S. Instr. zum Not.Ges. § 71; J.M.E. v. 1. Mai 1891 S. 89 W. S. 111.)

Es kann sich dabei darum handeln, daß seither bei einer Reihe zusammenhängender Vermessungen der Vollzug von Grundabtretungen im Hypothekenbuche unterlassen werden mußte, weil die Erwerbsurkunde des Vorbesitzers fehlte oder weil die Einwilligung eines mitheranzuziehenden Miteigentümers oder Miterben nicht beigebracht wurde; in ersterer Beziehung wird das Zurückgreifen von einem Kaufvertrag auf den früheren und so fort bis die Besitzerreihe festgestellt ist, dann das Nachschlagen der Hypothekenprotokollsbeilagen zurück bis auf die Patrimonialgerichte nötig sein; die Durchsicht der früher von den Notaren mitzuteilenden Besitzveränderungstabellen und Namensregister vor und nach dem 1. Oktober 1864 (J.M.Bl. 1864 S. 210, 211), der alten Briefprotokolle, der alten Verlassenschafts- und Subhastationsakten, Testamente, Erbschaftsrezesse, dann der vom Landgerichte ä. O. bestätigten Verzeichnisse der k. Steuerliquidationskommission über Grundstücke, bei denen im Jahre 1857 der Erwerbstitel urkundlich nicht nachgewiesen werden konnte, wird überdies Aufschlüsse über den Erwerbsakt geben. Von Akten früherer Zeit sind oft die Erbschaftszeugnisse von Notaren von Wichtigkeit, wenn diesem die Verlassenschaft übertragen worden ist (J.M.E. v. 14. Februar 1866 Art. 29 und 35 Not.Ges. J.M.Bl. 1865 II S. 12. 1875 S. 233; Enderlein S. 13).

Die Besitzveränderungstabellen haben hier deshalb Wert, weil sie früher in monatlichen Verzeichnissen von dem Notare dem Hypothekenamt vorgelegt wurden und von letzterem entweder die Folienfreiheit bestätigt oder bezüglich der Besitztitelberichtigung und, wenn Hypotheken eingetragen waren, die Kaufbriefe im Original erholt wurden. In Betracht können für das Nachschlagen kommen[3]) die Geschäftsausweise vor 1. Oktober 1863 vor den hypothekenamtlichen Tagebüchern, ähnlicherweise auch Grund-, Saal- und Lagerbücher, Urbarien — Hyp.Ges. § 130 Ziff. 4 Instr. §§ 48, 57 Abs. 6 Ziff. 1, J.M.E. v. 5. März 1862 Ziff. 8 Nr. 6690 —. Oft ist übersehen, daß die Vorurkunde bestehen kann in einem richterlichen Urteil; einem Beschluß der Verwaltungsbehörde nach Art. 27 der Gem.Ordg. v. 29. April 1869; einem Operat der Flurbereinigungskommission, Ges. v. 29. Mai 1886; Wasserbenützungsgesetz Art. 73 ff.; einem Vergleiche nach Kap. 17 § 1 Nr. 4—8 und 11—14 der Gerichtsordnung von 1753 Vierling S. 10; Art. 86 Ausf.Ges. zur C.P.O.; Art. 11 loc. cit. § 702 Ziff. 1 und 2 C.P.O. Art. 55 Ausf.Ges. zur C.P.O. Lautet der Erwerbstitel, aus dem Kataster entnommen, „seit unvordenklichen Zeiten im Besitze", so kommen für die Bereinigung die unten zu § 140 Hyp.Ges. (Ziff. 7 Abt. I) angestellten Erwägungen in Frage. (Bl. f. R.A. Bd. 23 S. 1; 17 ff.)

Hier ist oft zurückzugehen auf Pfandbücher vor der Einführung des Hypothekengesetzes, Einf.Ges. § 8 Instr. zum Hyp.Ges. §§ 42—44, J.M.E. v. 5. März 1862 Ziff. 9. Bezüglich der Vertrags- und Briefskontraktenprotokolle, Ehe- und Einkindschaftsverträge sind von Bedeutung Instr. § 46 Abs. 2, J.M.E. vom 21. September 1857 Nr. 14490; 5. März 1862 Ziff. 6, 9. Mai 1870. Weiter können in Betracht kommen Guts- und Uebergabsakten (bezüglich Uebernahme alter Hypotheken oder unterlassene Löschung derselben) Instr. § 43 Ziff. 3, §§ 44, 46 J.M.Bl. 1867 S. 194, ferner die Rapularbögen zur Einführung des Hyp.Ges. Instr. z. Hyp.Ges. § 60 Ziff. 1, § 65, J.M.E. vom 5. März 1862 Ziff. 9 Nr. 6690; die Grundakten später durch Vertragsbände und Hypothekenprotokolle ersetzt § 130 Ziff. 4, 5 Hyp.Ges., Instr. § 11 Ziff. 3.

Häufig wird ein Grundstück civilrechtlich giltig verkauft und die Hypothekfreiheit bis zu einem Termin in Aussicht gestellt, während die Hypothekgläubiger in die Pfandentlassung des Grundstücks nicht willigen. (§ 40 Hyp.Ges. J.M.E. vom 6. April 1869 S. 82, cf. Abt. I Ziff. 7 unten.)[4])

Ist ein Grundstück des A dem B verpfändet und wird

---

[3]) Aktenausscheidung J.M.Bl. 1870 S. 62.

[4]) Fälle anderer Art: Bl. f. R.A. Bd. 59 S. 252 Verfügungsrecht des verwitweten Eheteils nach Mainzer Landrecht; Teilung des errungenschaftlichen Vermögens (Wagner S. 112). Vollzug von Eheverträgen nicht vor Abschluß der Ehe. Not.Ztg. 1891 S. 82.

dieses von C ohne Hypotheken übernommen, so wird C zu bestimmen sein, die Pfandentlassung des Grundstücks zu erteilen, wenn ihm A seinerseits auf seinem Folium seither hypothekfreie Grundstücke nachverpfändet, so daß die Abschreibung des verkauften Grundstücks vom Folium des A und Besitztitelberichtigung auf C erfolgen kann.

Ist ein falscher Name als Besitzer eingetragen, so wird durch Nachschlagen der Vertragsprotokolle bezw. Erholung der Notariatsurkunden, beim Ansteigerer der Subhastationsakten sich ergeben, mit welchem Namen das Protokoll beim Erwerb und bei der Weiterveräußerung unterzeichnet wurde. Fälle dieser Art zeigen sich, wenn das Hypothekenamt in einem anderen Bezirk ist und die weiteren Verträge bezüglich der Eingehörung nicht in Vorlage gebracht wurden. Ist der Name des Erwerbers richtig gestellt, so können die weiteren Verträge in Einlauf genommen werden. In manchen Fällen divergieren die Einträge der Namen der Besitzer in den Einträgen und den Urkunden. Hier ist nur insoferne ein Anlaß zur Berichtigung geboten, als nicht die Sitte herrscht, daß die Kinder infolge ungenauer Aussprache ihren Namen anders schreiben als die Eltern, z. B. „Männig" und „Mönch", „Hohberger" — „Hohenberger", „Mergner" — „Mehringer", „Dillmann" — „Tillmann"; hier werden beim Pfarramt bezw. Standesamt Erhebungen zu pflegen sein.[5])

Möglicherweise ist eine Besitztitelberichtigung dadurch unterblieben, daß in einem älteren Vertragsband nach dem Protokolle sich der Beschluß findet: „zum Hypothekenamte zur Besitzumschreibung", während diese unterlassen wurde und ein Vollzugsvermerk sich auch im Protokollbande nicht findet, oder daß konstatiert ist: „folienfrei", während ein Folium vorhanden war. Hier wird durch Nachschlagen der Protokolle die Besitzerreihe nachträglich festzustellen und die Besitztitelberichtigung auf Grund Erklärung des jetzigen Besitzers nachzuholen sein. In derlei Fällen ist auch die Gefahr der Anlage von Doppelfolien nicht ausgeschlossen, wie z. B. dadurch, daß ein Folium mit einer alten angeblich bezahlten, aber noch nicht gelöschten Hypothek vom Jahre 1830 besteht, von dem der Besitznachfolger im Jahre 1862 nichts mehr weiß, wiewohl bei der Katastereinführung auf dem Folium die Pl.Nr. mit Fläche eingetragen wurde. Im Jahre 1859 tritt Besitzwechsel ein; nach dem Vertragsprotokoll findet sich der Beschluß: „zum Hypothekenamt zum Vollzug"; dieses konstatiert als Randvermerk „folienfrei". Im Jahre 1859 nimmt der Besitznachfolger eine Hypothek auf, die auf einem neuen

[5]) Siehe analoge autograph. h. J.M.E. vom 8. März 1888 Nr. 3699 zum Vollzuge des Personenstandgesetzes bezüglich der unrichtigen der eigenen Unterschrift widersprechenden Schreibweise von Familiennamen.

Folium an erster Stelle eingetragen wird. — Die Personalregister werden wie bezüglich der I. Rubrik, die Sachregister sofort nach dem Eintrage evident gestellt. Hiebei werden sich Fälle finden, daß im alten Register die Besitzer nicht eingetragen oder nicht sämtliche Folien vorgetragen wurden, daß im Hypothekenbuche bei einem Besitzwechsel auf Grund Erbgangs das richtige Registraturprotokoll nicht angegeben war.

e) Stehen der Eintragung des neuen Erwerbers noch Einträge von Konkursen, Beschlagnahmen, Eigentumsvorbehalten entgegen, so ist auf deren Löschung hinzuwirken. Hier ist häufig ein Zurückgehen auf die Einträge der Protokollbände und Beilagen und somit auf frühere Gesetzesbestimmungen nötig. Auszugehen ist bei Löschung von Foliensperren, Besitz- und Belastungsverboten von der Frage, unter der Herrschaft welchen Gesetzes der Eintrag erfolgte. Fällt die Zwangsvollstreckung unter die Subhastationsordnung von 1879 mit Novelle v. 29. Mai 1886, so gelten die Wirkungen der Beschlagnahme nach Art. 42 Ziff. 2 der Nov. als erloschen, wenn das Verfahren auf Antrag des Beschlagnahmegläubigers oder infolge einer von ihm bewilligten Stundung länger als ein Jahr ruht. Hier wird die Löschung auf Grund der Akten des Vollstreckungsgerichts durch dieses erfolgen können und der Fall vorkommen, daß eine Pl.No. im Beschlusse aufzuführen übersehen wurde, so daß die Löschung auf diesem Folium unterblieb, die nun nachgeholt wird.

Fällt die Beschlagnahme unter die Herrschaft der Prozeßordnung von 1869, so ist die Löschung nach Art. 189 der Subhastationsordnung (Ortenau III. Aufl. S. 540) nicht nur vom Gläubiger, sondern auch vom Schuldner und zwar desfalls zu Hypothekenprotokoll auf P a r t e i a n t r a g möglich. Hier werden die Erben der früheren Berechtigten durch Erbschaftszeugnis sich erst zu legitimieren haben, d. h. zuerst festzustellen sein. Fällt dagegen der Eintrag in die Zeit der bayer. G.O. v. 1753(—1870) und Art. 20 Einf.Ges. zur P.O. von 1869 G.V.Bl. 1869 S. 1250, die auch in den früheren preußischen Landesteilen eingeführt wurde, so ist die Exekution durch den Richter erster Instanz verfügt worden — Seuffert Comm. 2. Aufl. 4. Band S. 274 — und auch die Löschung durch diesen Vollstreckungsrichter von Amtswegen zu den Akten durch Requisition des Hypothekenamts zu bewirken.

Hier wird aus den Protokollbeilagen zu erforschen sein, ob am früheren Landgericht oder Bezirksgerichte der Fall anhängig war und durch Requisition an diese Behörde die Löschungsrequisition zu erholen sein, die dann auf Schwierigkeiten stößt, wenn die Akten vernichtet sind. Das Vollstreckungsgericht hat hier die Beteiligten bezw. deren Erben über den Anspruch einzuvernehmen und den Beschluß diesen zuzustellen. Ist nicht eine

Zwangsvollstreckung, sondern eine Vorsichtsverfügung des Richters (Landgerichtsvorstandes), ein früherer Arrest in II. Rubrik eingetragen, so wird, wenn die Erhebungen ergeben haben, daß der Anspruch nicht mehr besteht, der Antragsteller zur Zurücknahme des Antrags beim Prozeß-Gerichte zu veranlassen sein, worauf dieser die Requisition um Löschung an das Hypothekenamt richtet; z. B. in Sachen des A gegen B wird zu Gunsten des Klägers wegen dessen Forderung zu — fl. Hauptsache und — fl. Kosten und Kostenaversum auf dem ideellen Anteil des Beklagten an Pl.Nr. 100 Veräußerungs- und Belastungsverbot eingetragen; dann Veräußerungsverbot bis zur Bezahlung der Forderung auf Grund richterlichen Vergleichsprotokolls in einem Prozesse. Ist eine Beschlagnahme noch eingetragen, der Verteilungsplan durch Klage angefochten, ruht jedoch das Prozeßverfahren, so werden die Gläubiger zur Einigung und späterer Zurücknahme des Widerspruchs gegen den Verteilungsplan zu veranlassen sein, damit das Vollstreckungsgericht den Subhastationsakt erledigen und das Hypothekenamt requirieren kann, welches gegebenenfalls weitere seitdem über Weiterveräußerungen aufgenommenen Urkunden zum Vollzuge bringt.

Handelt es sich um die Löschung älterer Konkurseinträge, so wird je nach der Zeit des Eintrags die Zuständigkeit des anzugehenden Gerichts zu prüfen sein; dieselbe bemißt sich nach Art. 2 und 3 des bayer. Ger.Verf.Ges. v. 1. Juli 1856, Art. 1 und 8 Ziff. 16 des bayer. Ger.Verf.Ges. v. 10. November 1861, Art. 1, 2, 21 Einf.Ges. v. 29. April 1869 zur Gerichtsordnung v. 1869, § 64 der Reichskonkursordnung mit § 8 des Einf.Ges. v. 10. Februar 1877. Wurde vom Konkursverwalter die Eröffnung eines Foliums veranlaßt bezüglich Grundstücke, die seither kein Folium hatten (§ 106 K.O.; Art. 33 A.G. zur C.P.O.) und bezeichnet nach Durchführung des Konkurses die Gläubigerversammlung diese Grundstücke für wertlos zu Gunsten eines Erben des Gemeinschuldners, so wird auf Antrag des Vollstreckungsgerichts zu den Konkursakten der Konkurseröffnungsantrag zu löschen und der Besitztitel zu berichtigen sein. Ergiebt die Nachforschung, daß ein noch eingetragener Konkurs zum Abschluß gelangt ist und ist aus den Akten ersichtlich, daß ein Zuschlagsdekret vorhanden ist, so wird auf Grund dessen vom Besitzer der Antrag auf Besitztitelberichtigung und Löschung des Konkurseintrags zu Hypothekenprotokoll zu bewirken sein.

Ist eine Dispositionsbeschränkung gegen jede Veräußerung und Verpfändung bis zur gänzlichen Berichtigung des Kaufschillings zu Gunsten des früheren Besitzers eingetragen und ergibt sich aus der Einvernahme der Erben des Letzteren, wie der Vorzeigung der Quittung, daß der Kaufschilling voll bezahlt ist, die Löschung der Beschränkung aber übersehen wurde, so werden die Erben zu Hypothekenprotokoll die Löschung wegen Gegenstandslosigkeit zu beantragen haben, ev. Löschung durch die eruierten Beteiligten zu Hypothekenprotokoll wegen Zeitablaufs stattfinden können.

Ist M. als Besitzer des Grundstücks in $\frac{1}{I}$ eingetragen und enthält $\frac{2}{II}$ den Vortrag: „M. hat das Grundstück an R. verkauft und wird zur Sicherung des Verkäufers Dispositionsbeschränkung dahin eingetragen, daß der Käufer das Grundstück ohne Zustimmung des Verkäufers weder veräußern noch mit Hypotheken belasten kann", so ist, wenn der Kaufpreis bezahlt ist, M. zur Löschung der Dispositionsbeschränkung zu Hypothekenprotokoll vorzuladen und der Kaufvertrag zwischen M. und R. als vollziehbar in Einlauf zu nehmen.

Dasselbe trifft zu bei einem Eigentumsvorbehalt bis zur Tilgung des Kaufpreises.

Ist S. als Besitzer eingetragen und hat D. die Grundstücke gekauft ohne die Hypotheken mit zu übernehmen und die Pfandentlassung der Grundstücke zu erwirken, so ist der Vertrag zwischen S. und D. nicht vollziehbar; es findet sich aber in II. Rubrik die Vormerkung: „die in erster Rubrik aufgeführten Liegenschaften dürfen ohne Einwilligung des D., welcher dieselben käuflich erworben hat, nicht weiter veräußert werden". Ist die Pfandentlassung erfolgt, so ist der Vertrag vollziehbar und die Protestation als gegenstandslos zu löschen. Aehnlich bei Gutszertrümmerungen oder Einzelversteigerung, wenn die Verbriefungen einzeln erfolgten, die Wegfertigung der Hypotheken aber erst nach Verlautbarung sämtlicher Grundabtretungen erfolgte. Hier wird der Besitztitel erst nach Vereinigung der Hypotheken berichtigt und bis dorthin lediglich eine Vormerkung eingetragen.

Während jetzt vielfach im Gebiete des Bayreuther Rechts unter Berücksichtigung des Teil I Tit. 9 § 448 pr. L.R. und Bayerlein S. 50 Nr. 3 beim Ableben eines Ehegatten und Durchführung von Verlassenschaften auf die Minderjährigen (Tit. VII, 16, 17 Bayr. Landeskonstitution) der Besitztitel unter Beifügung, ob die Erbschaft bedingt oder unbedingt angetreten wurde, berichtigt wird, wurde früher allgemein im Gebiete des bayreuth. Rechts eine Protestation des Inhalts eingetragen, daß jede Veräußerung (aut. J.M.E. v. 13. Dezember 1864) und Verpfändung durch die Witwe verboten wird (s. auch J.M.Bl. 1870 S. 62, § 20 Ziff. 3 der Instr. zum Hyp.Ges.). Diese Protestation kommt in Wegfall, sobald von einem der Miterben das Gut übernommen wird. Die Recherche erstreckt sich daher darauf, inwieweit die Forthausung noch besteht. Sind die Grundstücke im Gerichtsbezirke A und B gelegen und herrscht hier bezüglich der Besitztitelberichtigung bei bedingten Erbschaftsantritt verschiedene Praxis bezüglich der Besitztitelberichtigung und der Haftung mit eigenem Vermögen für die Hypotheken, so ist es möglich, daß im Bezirke A der Besitztitel berichtigt ist, im Bezirk B nicht.

Wegen Zeitablaufs und bezw. Verzichts können ältere Wohnungsrechte in II. Rubrik zur Löschung gebracht werden, desgl. Nutznießungsrechte; Beschränkungen zu Gunsten von Miterben, denen das Recht eingeräumt wird, innerhalb bestimmter Zeit auf einem Grundstück zu bauen.

Ist eine Protestation der in Gütergemeinschaft und in Ehescheidungsprozeß mit ihrem Manne lebenden Ehefrau des Inhalts eingetragen, daß die Besitzerin gegen jede einseitige Veräußerung und Belastung bezüglich ihres eigenen Vermögens protestiert, um den ihr ungünstigen Verfügungen ihres Mannes zu begegnen, so wird zu erheben sein, ob der Prozeß durchgeführt ist.

Protestationen des Inhalts, daß sich der Besitzer, statt eine Hypothek aufzunehmen, der Verfügungsgewalt begibt, oder des Inhalts, daß Kurrentgläubiger gegen die Giltigkeit eines Uebergabsvertrags, wonach das Anwesen vom Vater auf den Sohn übergeht, protestiert, werden mit der Tilgung der Forderung und bezw. Beendigung des Anfechtungsprozesses ihre Erledigung finden. Sehr häufig trifft man dabei die Erscheinung, daß Rechtsanwälte die Beschränkungen nicht löschen lassen und inzwischen verstorben sind, so daß auf die Erben der Parteien zurückgegriffen werden muß. Ergeben die Erhebungen, daß keine erbberechtigten Verwandten vorhanden sind und ist nach dem geltenden örtlichen Zivilrechte der Fiskus zur Erbschaft berufen und an diesen die Erbschaft auszuantworten (W. S. 167. B. S. 1180 und 1221) so wird das Erbschaftszeugnis vom Gerichte oder dem als Verlassenschaftskommissär amtierenden Notare auf den Fiskus ausgestellt und der Besitztitel auf letzterem umschrieben. Erhebt der Fiskus mit Rücksicht auf die Ueberlastung eines Grundstücks keinerlei Erbansprüche, so wird diese Entschließung der k. Regierungsfinanzkammer der Verlassenschaftsbehörde durch das k. Rentamt innerhalb der Deliberationsfrist mitzuteilen sein und das Hypothekenamt, um einen Besitzer eintragen zu können und einer Okkupation vorzubeugen, bei erb- und herrenlosen Gütern dahin zu wirken haben, daß zu Gunsten einer bestimmten Person verzichtet und Besitztitelberichtigung auf diesen bewilligt wird. In diesem Falle wird das Verlassenschaftsgericht die Erbschaftszeugnisse auf den Fiskus ausstellen und das Hypothekenamt unter Bezugnahme auf die Regierungsentschließung den neuen Besitzer auf dessen Antrag zu Hypothekenprotokoll eintragen.

Wo die Besitzübergänge nicht richtig aufeinander folgen, wird die Berichtigung zu erstreben sein. So wenn in 1/I Mann und Frau als Miteigentümer eingetragen sind, die Frau verstirbt und in 2/II ohne weiteres der Mann als Erbe eingetragen ist, während sich die Hälfte der Frau auf Mann und Kinder vererbte und ein Uebereignungsvertrag nicht vorliegt, es sich auch nicht etwa um eine Ungenauigkeit des Eintrags 1/I handelt „statt Ehemann in Gütergemeinschaft nach — Recht lebend mit . . .“ Genauigkeit bezüglich der Einträge der Besitzverhältnisse hinsichtlich des Güterstandes erfordert auch das Sachregister: „Ehemann und Ehefrau“; Ehefrau allein; Mann allein.

Eine Berichtigung des Güterstandes wird auch einzutreten haben, wenn im Jahre 1881 ein Kaufvertrag vollzogen und im Hypothekenbuche eingetragen wurde: in Gütergemeinschaft mit „nach Bayreuther Recht“ und im Jahre 1893 eine Urkunde vom Jahre 1879 einläuft, derzufolge im Hypothekenbuche in II. Rubrik gelegentlich eingetragen wurde: „Witwer“. Hier ist der letztere Eintrag dahin richtig zu stellen, daß der Besitzer im Jahre 1879 Witwer war, sohin vor Eingehung der Ehe, die im Vertrag vom Jahre 1881 gemeint ist, und daß er ev. noch in Gütergemeinschaft mit dieser Frau lebt. Wichtig ist die Erwähnung der Teilungsurkunden in II. Rubrik, falls bei Realabteilung Teilungsurkunden in I. Rubrik eingetragen waren und der Eintragszeit der ersten Hypothek zufolge der Vortrag in I. Rubrik auf dem neuen Folium zusammengefaßt wird.

Berichtigung, falls für die Dauer der Minderjährigkeit der Ehefrau Gütergemeinschaftsausschluß eingetragen wurde und dieselbe nicht aufrecht erhalten wurde. Hier wird der Besitzer zu Protokoll zur Berichtigung des Güterstandsvortrages vorgeladen.

Steht ein Objekt im Miteigentum mehrerer Personen, so werden sich die drei bei Rgb. S. 189 aufgeführten Eintragsarten finden.

Zu vermeiden ist der doppelte Eintrag im Hypothekenbuch; einmal Miteigentum als Ganzes (Reihe sämtlicher Miteigentümer mit Besitznachfolgern in II. Rubrik) und dann noch Aufführung des ideellen Anteils auf dem Folium des Anwesens des Anteilsberechtigten:

dabei eine Hypothek dieses Anteilsberechtigten auf dem Folium des Anteils vorgetragen.

Da das Objekt bestimmt bezeichnet sein muß, die Katasterbezeichnung für alle Anteile eine einheitliche ist, so ist die Quote des Miteigentums genau festzustellen und jeweils beizufügen. Wie einerseits ein Folium mit 2 Rubriken das Hyp.Ges. nicht kennt, — kein Verzeichnis — so führt es zu Unzulänglichkeiten, wenn auf dem für das Miteigentum errichteten Folium die sämtlichen Miteigentümer eine I. Hypothek, darauffolgend der eine Anteilsberechtigte auf seinem Anteile eine I. Hypothek bezüglich dieses Anteils eintragen ließen. Das in I. Rubrik eingetragene Objekt muß von der Hypothek ganz umfaßt werden, wie dies sofort der Fall wird, wenn sich die Miteigentümer zu einer eingetragenen Genossenschaft umbilden, in welchem Falle die Namen der Anteilsberechtigten in II. Rubrik wegfallen und die Hypothek sich auf das ganze Grundstück erstreckt. Macht ein Anteilsberechtigter von der Befugnis Gebrauch, seinen Anteil eigens zu verpfänden, so wird ein Sonderfolium angelegt und dieses enthält in I. Rubrik die Bezeichnung des Objekts: Pl.Nr. 100* 0,007 ha Brauhaus in N. $^{1}/_{28}$ Anteil. Die Anlage eines eigenen Foliums setzt allerdings dann voraus, daß das für das ganze daneben angelegte Folium abgeschlossen wird. Der Vorzug wird dem Bestehen der Einzelfolien auch deshalb einzuräumen sein, weil der Anteil des Miteigentümers auch einzeln veräußert und für sich mit Beschlag belegt werden kann, wenn auch zweckmäßig meist das Ganze berührt wird und weil formell der Quotenanteil beim Folium über das Ganze in II. Rubrik zu stehen käme und bei der stetigen Zunahme der Quoten jedes Berechtigten unübersichtlich wird.

Es wird hienach Aufgabe der Vereinigung sein, zur Vermeidung von Doppelfolien und zur Herstellung übersichtlicher Folien auf die Anlage von Sonderfolien und die Pfandentlassung von Hypotheken, die auf dem Ganzen eingetragen sind, aber für die nur der Anteil haften soll, hinzuwirken.

Einer weiteren Regelung bedarf die Feststellung der Quoten. Zu diesem Zwecke wird ein zu den Vereinigungsakten oder als Anhang zum Sachregister genommener Plan aufgestellt, der die einzelnen Anteile enthält und Raum für weitere Evidentstellung bietet.

Hier wird an der Hand der nachstehenden Tabelle zu prüfen sein, ob die Anteile noch die gleichen sind.

Sind Anteile an die Gesamtheit zurückgefallen, so daß der Bruchteil kleiner geworden ist, hat die Gesamtheit wieder Anteile veräußert, so ist auf die Verbriefung hinzuwirken, da auch ersterenfalls eine Veräußerung an die übrigen Miteigentümer vorliegt (B S. 539) indem den einzelnen der Teil accresciert. Sind Anteilsberechtigte verstorben, so sind die Erben zur Beibringung der Erbschaftszeugnisse und Stellung des Antrags auf Besitztitelberichtigung im Hypothekenbuche zu veranlassen. Soweit das Ganze auf Erwerb zielt, wird es überdies praktisch sein, das Societätsverhältnis in eine Aktiengesellschaft oder eingetragene Genossenschaft umgestalten zu lassen, um eine einfachere und schnellere Vertretung vor Notaren und Gerichten, insbesonders in Hypothek- und Prozeßangelegenheiten zu erhalten und nicht die Beiziehung sämtlicher Beteiligten, die Vertretung ausgewanderter Minderjähriger oder Erbregulierung Verstorbener bei Verbriefung eines Anteils, Erwirkung von Vollstreckungsbefehlen bei zunehmenden Bruchnummern in jedem einzelnen Falle erforderlich zu machen, endlich bei Löschungen von Dispositionsbeschränkungen

1	2	3	4	5	6	7	8	9	10
Fortlaufende No.	Name des hypotheken-buchs-mäßigen Besitzers	Erworben durch Vertrag	Anteil	Weiter erworbene Anteile	Besitzt sonach Anteile	Ob noch im Besitze. An wen veräußert, vererbt	Auf Grund welcher Urkunde verbrieft.	Nachverbrieft durch Urkunde	Bemerkungen
1.	Maier Johann, Metzger u. Bierbrauer in N. Hs. No. 15 in N.	Briefsprotokoll vom 10./5. 1860.	$^{1}/_{26}$	$^{1}/_{25}$ Anteil an $^{1}/_{26}$ des Müller cf. 7 (accresciert dem Ganzen) besitzt hienach $^{1}/_{25}$ + $^{2}/_{25}$ Anteile von Mergner s. No. 9 erworben. Besitzt nun $^{3}/_{25}$ des Ganzen.	$^{3}/_{25}$ nach Verbriefung vorstehender Besitzveränderung	Meier Friedrich, Metzgers- u. Bierbrauerssohn, laut Uebergabsvertragsurkunde des Notars . . . . . v. 11./5. 94 GRNo. 240.	Besitzveränderung in Spalte 5 nachzuverbriefen	10. 6. 95	cf. Ziff. 7 und 9
7.	Müller Friedrich, Bierwirt in N. Hs. No. 16.	Erbschaftsreceß vom 20. I. 1835.	$^{1}/_{26}$	—	—	Anteil an sämtliche Miteigentümer laut Quittung vom 1. II. 87 veräußert. Nun die Witwe Alleinerbin laut Testaments vom 1. I. 89.	Anteil ist noch zu verbriefen	10. 6. 95	cf. Ziff. 1
9.	Mergner Carl, Bäcker und Wirt in N. Hs. Nr. 17.	Uebergabsvertrag des k. Notars Hahn in N. vom 10. II. 1875.	$^{2}/_{25}$	—	—	Anteile an Maier Johann veräußert laut Quittung v. 1. I. 95. Mergner lebt noch.	—	10. 6. 95	cf. Ziff. 1

zu Gunsten des Ganzen auf einem Anteil auf dem Folium des Ganzen.

Die Vereinigung wird bezüglich der Verbriefungsrückstände Beschluß fassen, inhaltlich dessen diejenigen, bei denen noch eine Verbriefung im Rückstande ist, zur Nachholung der Verbriefung bei Vermeidung der Einschreitung des k. Rentamts nach § 73—75 Grundsteuerges. aufgefordert werden.

Bestehen (cf. Tabelle S. 66) 26 Anteile und sind durch Veräußerung von $^{2}/_{25}$ an einen Berechtigten und $^{1}/_{26}$ an die sämtlichen Miteigentümer die Quoten der Miteigentümer $^{1}/_{25}$, der des einen $^{3}/_{25}$ (da Ziff. 7 wegfiel) geworden, so hat hier Meier Friedrich als Besitzer von $^{1}/_{26}$ sich die Anteile von der Witwe Müller und Carl Mergner nachträglich zubriefen zu lassen.

Je mehr die Gemeinschaft Anteile an sich bringt, um so kleiner wird der Nenner, je mehr der Einzelne selbständige Anteile an sich bringt, um so größer der Zähler. (B. S. 704, Wagner S. 73.)

Ebenso haben außerbayerische Miterben ihre ideellen Anteile an dem Grundstück erst auf einen Miterben verbriefen zu lassen, bevor auf diesen einen der Besitztitel berichtigt werden kann (Art. 14 Not.Ges.), da die desfalls von diesen abzugebende Erklärung nicht ein Erbverzicht, sondern die Uebertragung eines erworbenen Rechts auf einen Andern ist.

III. Rubrik.

Hyp.Ges. §§ 27, 29 30, 53, 62, 84, 85, 106, 107, 108, 125, 136, 137, 145, 146, 148, 150, 151, 153, 155, 157, 158—169.
Instr. §§ 28, 29 Ziff. 1—3; 33.
B. S. 709—713.
W. S. 79—85.
Rgb. S. 75—83.

Die Revision beginnt mit der Anfrage an die Gemeindebehörden, ob ältere Hypotheken, Auszüge, Kautionen noch zurechtbestehen, bejahendenfalls, ob und wann die Forderung durch Zahlung oder wie sonst untergegangen ist, wer im Erbwege an Stelle des Gläubigers getreten ist, an wen zuletzt Zinsen bezahlt wurden und wo sich die Erben des Gläubigers zur Zeit aufhalten. Besteht die Hypothek noch zurecht, so wird das Schreiben zu den Vereinigungsakten genommen. Andernfalls wird wie bei Löschungen wegen Zahlung oder Verzichts auf hypothekarische Sicherheit wegen in Aussicht gestellter Bezahlung die Vorladung des noch lebenden Gläubigers (bei ausgeworfenem Auszugskapital als Not- und Zehrpfennig, Kaufschillingsrest, Elterngut) zur Löschungsabgabe zu Hypothekenprotokoll erfolgen; soferne es sich aber um Löschung eines Rechts auf Lebenszeit (wie Anlage XI.

Naturalauszug, Wohnungsrecht[1]), Winkelrecht, Zinsgenußrecht auf Lebensdauer) handelt, unter Berücksichtigung der Verjährungsfrist auch der dingliche Schuldner zur Löschung[2]) wegen Zeitablaufs bezw. weil das Recht durch den Tod des Bezugsberechtigten gegenstandslos geworden ist, unter Beibringung der Sterbeurkunde vorgeladen werden können. Sind an Stelle des Gläubigers Erben getreten, so sind diese vorzuladen und festzustellen. Der Anwesensbesitzer wird zur Einsendung der Geburts- und Familienstandszeugnisse (pfarr- und bezw. standesamtlich) veranlaßt, und auf Grund dieser die Ausstellung eines Erbschaftszeugnisses durch den Verlassenschaftsrichter veranlaßt. Ergiebt die vorher vorzunehmende Recherche in den Verlassenschafts- und Pflegschaftsverzeichnissen, daß der Erbgang ganz oder teilweise schon feststeht, so wird insoweit die Erholung der Familienstandszeugnisse erspart. Aus diesen Akten kann weiter hervorgehen, evt. ist von den Beteiligten zu erheben, ob für Abwesende Vollmachten vorhanden sind oder nicht, ob der Vater als gesetzlicher Vertreter seiner Kinder, wer als Vormund, Testamentsvollstrecker zu laden ist, ob die Voraussetzungen für die Aufstellung eines Absentenkurators, eines Geschäftsvormundes, Spezialkurators gegeben sind, ob die Todeserklärung eines einzelnen Miterben bei sonst bekannten Miterben oder die Löschung der Hypothek im Aufgebotsverfahren zu betreiben ist.

Sind die Gläubiger bezw. deren Erben außerhalb des Gerichtsbezirks wohnhaft, so wird denselben entweder direkt mit dem Auftrage, sich an den Notar zu wenden oder durch Requisition eines bayer. Notars oder außerbayer. Gerichts der Sachverhalt nach Maßgabe der Einträge im Hypothekenbuche und der Erklärung des Schuldners über längst erfolgte Bezahlung geschildert, ein Löschungsentwurf beigelegt und requiriert, letztere Erklärung unterzeichnet mit Unterschriftsbestätigung seitens des Gerichts bezw. im Gerichtsprotokoll oder eine notarielle Löschungs-

---

[1]) Wohnungsrechte: Bestimmtheit der Bezeichnung des Rechts; Eintragsgiltigkeit ohne Bezeichnung der Summe in Kapital oder jährl. Anschlag (cf. Statistik über Bewegung des Hypothekenverkehrs). C. S. VI 566, IV 450, XI 602. Not.Ztg. 1882 S. 214.

Eintrag des Markzeichens mit roter Tinte und M zweimal unterstreichen. J.M.Bl. 1875 S. 330, J.M.Bl. 1874 S. 275.

[2]) Wer zur Abgabe der Löschungserklärung befugt (§ 158, 92, 112 Hyp.Ges.) XIII 337, 248, 250, Bl. f. R.A. Bd. 38 S. 183. Löschung und Erlöschung C. S. XII 231, III 434, XI 442; Verzicht IX 692, Bl. f. R.A. 37 S. 413; IV 454, XII 255; durch Hinterlegung der Schuld bei Gericht Bl. f. R.A. 34 S. 360; C. S. XII S, 209; wo Amortisation eingeleitet ist C. S. XII S. 230; (formelle und materielle Grundlage) C. S. XI S. 612. Schuldner kann die Zahlung eines Restbetrages nicht bis Löschung erfolgt ist, verweigern. Löschung einer auf Grund gesetzlichen Titels vorgemerkten Forderung ist nicht durch Beschwerde gegen den hypothekenamtlichen Beschluß, sondern nur auf dem Wege der Klage möglich. (XIV 702.)

urkunde, gegebenenfalls mit Erbbescheinigung des außerbayer. Gerichts nach dem dort geltenden Rechte in Einlauf zu bringen.

In jedem Falle ist die Identität, soweit sie nicht gerichtsnotorisch ist, durch Auskunftspersonen darzuthun und der Vollmachtspunkt zu prüfen. B. S. 720, 722, 501. Es ist dabei meist die Annahme zu bekämpfen, daß der Löschungsgrund selbst genüge (Vorzeigung einer Quittung durch den Schuldner), um die Hypothek vom Schuldner selbst löschen zu lassen; daß die Gemeindebehörden selbst die Löschungserklärungen aufnehmen könnten und daß von Notaren gegen Nachnahme an die Schuldner übersandte Löschungserklärungen auswärtiger Gläubiger nicht noch der Vorlage bei Gericht zur Löschung bedürften. Irrig ist hiebei die fernere Annahme des Grundbesitzers, er spare Gebühren, wenn er die Bewirkung der Löschung hinausschiebt; zu vertrauensselig ist der Besitzer, wenn er mit der Quittung in der Hand sich auf das Versprechen des Gläubigers verläßt, daß dieser gelegentlich die Löschung beim Hypothekenamt beantragen werde. Der Irrtum wird erst eingesehen, wenn der Gläubiger nun verstirbt und an seine Stelle zahlreiche auch auswärtige Erben treten und der Schuldner seinerseits nun Geld und eine I. Hypothek braucht. Ist ein eingetragener Gläubiger einer bezahlten Hypothek verstorben und die Löschung nicht durch Vorladung aller Erbinteressenten zu einem Termin möglich, so wird ein Miterbe bezw. der Schuldner zur Erbumschreibung (Rgb. S. 80. J.M.E. vom 2. Juni 1855) auf die Erben auf Grund Erbschaftszeugnisses oder vorhandener Akten zu Hypothekenprotokoll zu veranlassen und die auf Requisition von auswärts erholten Löschungserklärungen zum eingetragenen Teilbetrage zu vollziehen sein, bis die Anteile sämtlicher Miterben gelöscht sind. Die Erbumschreibung findet auch dann statt, wenn die Schuld zwar noch nicht oder nur teilweise bezahlt ist, aber an Stelle des verstorbenen Gläubigers die derzeitigen Hypothekinhaber eingetragen werden sollen, um den derzeitigen Stand festzustellen und beim Ableben weiterer Gläubiger die durch Zurückgreifen auf frühere Zeit erwachsenden Schwierigkeiten (Auswandern eines befriedigten Gläubigers ohne Vollmacht; verzweigter Erbstamm) und Kosten zu verhüten.

Ist eine Hypothek im Aufgebotsverfahren[1]) zu löschen, so wird nach Abschluß der Nachforschungen nach dem rechtmäßigen Inhaber der Hypothek der dingliche Schuldner zur Antragstellung bei der Gerichtsschreiberei vorgeladen und dem Prozeßrichter ein Verzeichnis der aufgefundenen Fälle mit den Erhebungen über- Anlage XI.

---

[1]) Ergbd. XIII S. 81; Rgb. S. 471. Gebühren hiebei Not.Ztg. 1881 S. 236, 346.

geben, damit dieser gemäß § 82 des Hyp.Ges. und § 823 Z.P.O., Art. 123 Ausf.Ges. zur Z.P.O. die öffentliche Aufbietung der Hypothek verfüge. Auf Grund des erlassenen Ausschlußurteils requiriert das Vollstreckungsgericht zufolge der übersandten Urteilsausfertigung um Löschung, die im Registraturwege bethätigt wird. (S. die Beachtung verdienende Abhandlung von Kober Erg.Bd. XIII S. 82, 97 der Bl. f. R.A.)

Ist eine Hypothek selbst wieder gepfändet zu Gunsten eines Dritten (cf. § 731 Z.P.O. Art. 125 bayer. Ausf.Ges. zur Z.P.O. und K.O., § 125 Hyp.Ges. auf Veranlassung des Vollstreckungsgerichts oder gemäß § 53, 155, 157 Hyp.Ges. auf Grund notarieller Urkunde), so ist gegebenenfalls zunächst die Pfändung zu löschen durch den Pfändungsgläubiger, dann die Forderung; bezw. es fällt bei der Subhastation mit der Löschung der Hypothek auch der Pfändungseintrag weg.

Sind frühere Sportelrückstände, Holzgeldkautionen, Todesfall, Strafgelder auch früherer Patrimonialgerichte, rückständige Geldstrafen und Strafkosten eingetragen, so werden die Erhebungen beim Rentamt über den Fortbestand Aufschluß geben und auf Grund schriftlicher Löschungsbewilligung dieser Behörde unter Verzicht auf nochmalige Einvernahme vor dem Hypothekenamt die Löschung zu bewirken sein. Bezüglich der Löschungen von Hypothekkapitalien der Gemeinden und örtlichen Stiftungen (wozu oft die Armenpflege gehört) s. M.Bek. vom 12. März 1883; bezüglich der Abquittierung und kuratelamtlichen Löschungsgenehmigung (Bezirksamt bezw. bei unmittelbaren Städten Kreisregierung) von Hypothekkapitalien der Kirchen, Pfründen und unmittelbaren Stiftungen; Kultusstiftungen und prot. Pfarrstiftungen M.Bek. vom 4. Mai 1891; M.E. vom 2. April 1885; 5. November 1886 (s. B. S. 721).

Bei Privatstiftungen wird der Stiftungsbrief ergeben, wer zur Löschung legitimiert ist. Im Zweifel wird die Vorladung des Vorstandes und Kassiers auf Grund Bevollmächtigung durch den Verwaltungsrat zu Hypothekenprotokoll unter Uebergabe des Hypothekenbriefs thunlich sein. Die Berechtigung zur Abgabe der Löschungserklärungen bei anerkannten Vereinen mit gesetzlich anerkannten Gesamtnamen richtet sich nach der in den Statuten enthaltenen Vollmacht (Art. 15 des Gesetzes v. 29. April 1869, die privatrechtliche Stellung von Vereinen betreffend), wird also meist durch den Vorstand erfolgen (Rump Commentar hiezu S. 120); auch die Vertreter nicht anerkannter Vereine können statutengemäß legitimiert sein (cf. das in Bl. f. R.A. 54 S. 26 mitgeteilte Erkenntnis); strittig könnte hier werden, ob wie zum Erwerb von Rechten (Eigentumserwerb, Eintrag einer Hypothek auf den Namen eines nicht anerkannten Vereins unter Aufführung der einzelnen Teilhaber) die Gesamtheit der Mitglieder heranzuziehen ist, zum Aufgeben von Rechten die Heranziehung des statutenmäßig bevollmächtigten Vorstandes genügt, während hier die Haftung über das Vereinsvermögen und die Beitragsleistung der Mitglieder hinausgeht und umgekehrt das Vermögen nicht Vereinsvermögen, sondern Eigentum der einzelnen Mitglieder ist.

Bei Darlehen der vom Distriktsrat vertretenen Distriktssparkasse wird der auf Grund Vollmacht des Distriktsratsausschusses ermächtigte k. Bezirksamtmann (Bl. f. R.A. Bd. 58 Lief. 24), ebenso bei Einträgen im Vollzug des Expropriationsgesetzes als Vertreter der Distriktsverwaltungsbehörde legitimiert sein; insoweit der Staat als Privatperson in Betracht kommt, nimmt dessen Rechte der k. Fiskal bei den k. Regierungsfinanzkammern vor.

Ergeben sich Streitigkeiten über das Zurechtbestehen älterer Forderungen und ist ein Sühnetermin erfolglos, soferne der Gläubiger erklärt, er habe von der Hypothek nichts gewußt, verlange aber die Zahlung, und der Anwesensbesitzer sich auf den Eintrag in seinem Uebergabsvertrag beruft, daß die Forderung längst erloschen, nur noch nicht gelöscht sei, wegen der Schwierigkeiten, die Erben zu eruieren; ferner daß die Erben des Gläubigers keine Zinsen mehr erhalten, auch nicht verlangt haben und auch durch keinen Recognitionsschein oder sonstigen Behelf sich ausweisen können, oder läßt sich zwar vermuten nach der Art der Entstehung der Forderung in der Hand des ursprünglichen Gläubigers und nach dem Schicksale der übrigen Grundstücke des damaligen Schuldners, daß die Forderung in einer älteren Subhastation, von der sich die Akten nicht mehr vorfinden, hätte berücksichtigt werden müssen, so wird der Schuldner zur Stellung der Klage[1]) auf Löschung veranlaßt (C. S. XIII 250).

Bei Kautionen, die Privatpersonen oder Gemeinden, Kirchenverwaltungen errichten ließen, z. B. auf die Dauer der Amtsführung eines Kassiers oder zur Sicherung der durch die Ausführung eines Baues, der Erd-, Maurer-, Steinhauer-Arbeiten auf dem Grundbesitze des Baumeisters zu Gunsten des Bauherrn bis zum Ablauf einer Frist nach Fertigstellung und Uebergabe der Arbeiten wegen etwa entstehender Kosten und Schäden oder zu Gunsten eines Fabrikanten wegen der dem Heimarbeiter zur Verarbeitung gelieferten Stoffe, oder eines Grossisten wegen des

---

[1]) Löschungsklage: Gerichtsstand Bl. f. R.A. Bd. 46 S. 273, cf. früher Bd. 18 Ergzhft. S. 13, Bd. 25 S. 193. C. S. IX 19; Bl. f. R.A. Ergbd. 14 S. 378. s. auch Bd. 37 S. 414; von Seite des dritten Besitzers Bl. f. R.A. Bd. 34 S. 212; Nachweis der Stellung der Löschungsklage des Schuldners gegen den Gläubiger genügt zur Eintragung einer Protestation im Hypothekenbuche gegen den Rechtsbestand einer Forderung C. S. XIV 228.

aus Warenlieferung entspringenden Kontokorrentverkehrs mit dem Detaillisten wird bei zeitlich weiter zurückliegenden Einträgen zu erheben sein, ob Ansprüche aus dem Rechtsverhältnisse und letzteres noch besteht und die Kaution noch weiter in Anspruch genommen wird.

Ergiebt sich, daß die Löschung oder der Cessionsvortrag bezüglich der Kaution früher aus Versehen unterblieben ist oder aus den Hypothekenprotokollbeilagen, daß eine Pfandentlassung nicht vollzogen, überdies in einem falschen Protokollbande in früherer Zeit eingeheftet wurde, oder daß eine Hypothek im Subhastationsverfahren desselben Gerichts oder bei einem walzenden Grundstücke infolge Unterlassung der Requisition eines auswärtigen Gerichts nicht gelöscht wurde, so sind die älteren Akten und Urkunden zu prüfen, die Ergänzung dieser herbeizuführen und die Einträge gegebenenfalls auf nachträgliche Requisition des Vollstreckungsgerichts zu vollziehen.

Ist ferner eine auf einem Hauptanwesen eingetragene Hypothek bei Uebergabe des Anwesens wegen Bezahlung gelöscht worden, auf dem Verbandsfolium, das im Besitz des Vaters blieb, aus Versehen aber die Löschung unterblieben, so ist deren Nachholung zu bewirken, wenn die Erben nun die Erbumschreibung dieses Grundstückes beantragen; ebenso Löschung durch die Erben des Annehmers, wenn im Uebergabsvertrag bestimmt ist, daß den Eltern ein Not- und Zehrpfennig ausbedungen wird und der allenfalls noch vorhandene Rest desselben beim Ableben des zuletzt versterbenden Elternteils dem Annehmer zufällt und nun auch der Annehmer außer den Eltern verstorben ist. Die Löschung einer Hypothek ist herbeizuführen, wenn A an B im Jahre 1869 eine Pl.Nr. verkauft und dennoch 1870 A dieselbe Pl.Nr. für ein Darlehen verpfändet, auf Grund dessen Hypothek eingetragen wird. Nun läuft ein Kaufvertrag von B an C ein, der erst vollziehbar ist, wenn die Hypothek, die nicht eingetragen worden wäre, wenn der dingliche Besitzer bekannt gewesen wäre, gelöscht ist.

Offizialregistraturen werden aufzunehmen sein, wenn beim Urkundenvollzug ein in der Urkunde richtig benannter Gläubiger mit falschem Namen oder falschem Wohnort eingetragen wurde (wie die Gerichtsnotorietät oder das Verbandsfolium ergiebt); wenn bei Erbteilen von z. B. 4 Kindern die Gesamtsummen richtig angegeben, dagegen vom Hypothekenamte der einzelne Anteil oder die halbjährige Annuitätenrate falsch berechnet ist (44 ℳ 50 ₰ statt 45 ℳ 50 ₰), wenn überhaupt eine Urkunde falsch oder unvollständig vollzogen wurde, so wenn mit der Teillöschung der Hauptsache die Teillöschung der Kaution übersehen wurde, wenn intra lineas die Summe falsch eingetragen oder falsch ausgeworfen wurde (86 statt 68), wenn eine unrichtige Urkunde oder der unrichtige Name eines Notars aufgeführt wurde.

Bei Verbandhypotheken (§ 147 Hyp.Ges.) hat sich die Prüfung vor der Uebertragung und beim Kollationieren darauf zu erstrecken, ob überall die Folien angeführt sind. (Instr. § 28 Ziff. 15.) Es werden sich Fälle finden, in denen ein Verbandfolium aus Versehen fehlt, oder umgekehrt nicht ausgestrichen wurde, oder daß die Löschung infolge Pfandverbandsentlassung einzelner Grundstücke bezw. wegen Unterlassung des Hinweises auf die übrigen Grundstücke übersehen wurde. Von den Verbandfolien sind auch die auswärtigen Gerichte, in denen ein mitverpfändetes Grundstück liegt, zu verständigen. (Erg.Bd. XIII S. 381 Bl. f. R.A.) Cessionsvorträge[1]) haben da durch die Bereinigung einzutreten, wo im Hypothekenbuche aus früheren Jahren inzwischen verstorbene Gläubiger eingetragen sind, ohne daß der Testamentsvollstrecker oder die Intestaterben eine Erbumschreibung auf sie oder eine Cession unter ihnen bewirkt hätten. Der Grund der Unterlassung liegt meist in der irrtümlichen Annahme, daß die Verteilung und Aushändigung der Hypothekenbriefe des Verstorbenen seitens der großjährigen Erben untereinander oder durch den Testamentsvollstrecker genüge, die Hypothekforderung nun dem e i n e n Miterben als Inhaber der Schuldurkunde zustehe und dieser allein zur Erhebung der Zinsen berechtigt sei. Demgegenüber wird durch Vorladung der Beteiligten und Ausschreiben im Amtsblatt aufmerksam zu machen sein, daß zum Fortbestande des Hypothekrechts für den einzelnen Miterben dem Cessionseintrag zu seiner Giltigkeit ein notarieller Vertrag vorauszugehen habe. (B. S. 881 C. S. XV, 445.)

Mit den Cessionseinträgen ist auch der frühere Forderungseintrag mitzuübertragen, da es sich nicht um Schaffung neuer Einträge, sondern wörtliche Wiedergabe der alten handelt, die auch bei den einzelnen Rechtsgeschäften den urkundlichen Vorgang nachweisen müssen.

In gleicher Weise sind bei E i n h e i t s hypotheken die auf dem alten Folium enthaltenen Hypotheken mitzuübertragen, um den Ursprung des Rechtsgeschäftes ersehen zu lassen. Es ist hier

---

[1]) C e s s i o n einer Hypothekforderung (C. S. XV S. 719, XV 583). Eintragung XV 636, I 5; V 715, 719 Landtagsabschied v. 29. April 1869 notarielle Beurkundung der Erklärung des Cedenten.

Integrierende Bestandteile des Cessionsvertrags Bl. f. R.A. 33 S. 189, 282; 35 S. 322; 36 S. 26; Ergbd. XII S. 362. C. S. VII 289, 453; VIII 53, XII 367.

Eintrag der Protestation gegen die Hypothek, nicht aber gegen Cession zulässig (XII 367, XV 137, XV 583). Wichtig, daß der Eintrag im Hypothekenbuch mit dem wahren Sachverhalt stimmt, wegen Frage nach der Gutgläubigkeit XII 257.

Erhaltung älterer Hypothekrechte bei Uebertragung Bl. f. R.A. Bd. VI S. 62.

Kautionshypothek C. S. XIV S. 70, VII 860; Bl. f. R.A. 36 S. 129; Umwandlung derselben Bl. f. R.A. Bd. 58 S. 219.

(gegenüber Keidel S. 62) die Praxis vorzuziehen, wonach die alte Hypothek ganz gelöscht und die neue als eine Hypothek in einem einheitlichen Vortrage eingetragen wird. Es ist dabei allerdings nötig, daß die Bank nicht etwa nur bezüglich des bezahlten Teilbetrags der alten Hypothek Löschung bewilligt, sondern die ganze alte Hypothek löschen läßt und bezüglich der der alten Hypothek nachgehenden und der neuen Hypothek nun vorausgehenden Hypothek Rangrücktrittserklärungen beigebracht werden, da in anderen Fällen ein Bruchstück an der alten übrig bliebe und nicht eine Hypothek vorliegt, sondern zwei für eine getreten sind (siehe auch Bl. f. R.A. Ergbd. 13 S. 382 und Ergbd. 14 S. 374). Ein anderer Fall und keine Einheitshypothek liegt vor, wenn eine Anzahl Hypotheken oder sämtliche auf dem Folium an einen einzigen Gläubiger als Cessionar übernommen werden. Hier werden die alten Hypotheken mit dem neuen Cessionsvortrage in's Hypothekenbuch übernommen, denn hier liegen mehrere selbständige Hypotheken vor, die jederzeit einzeln cediert und gelöscht werden können.

Vorgemerkte Hypotheken (§§ 12, 30, 106, 108, 125, 146, 148 Hyp.Ges.) sind vor der Uebertragung auf ihren definitiven Eintrag zu prüfen. Bei Protestationen in III. Rubrik (cf. Keidel S. 113—116) z. B. des Schuldners gegen Vormerkung einer Bierforderung, ist zu erheben, ob etwa durch die bekanntgewordene Klagestellung die Veranlassung zum Eintrag wegfiel.

Der Eintrag einer Hypothek auf dem Anteile eines Mitbesitzers (cf. früher II. Rubrik) wird sich in der Weise, daß in den Anmerkungen eines gemeinschaftlichen Foliums wie auch intra lineas der verpfändete Anteil besonders namhaft gemacht wird, da empfehlen, wo nur wenige Miteigentümer ($^1/_2$, $^1/_3$ Anteil) in Betracht kommen und Anteile besonders katastriert ($^1/_2$ Anteil mit Hs. Nr. 5 bezw. mit Hs. Nr. 6 2c., Bes. Nr. $^1/_{33}$) und im Sachregister getrennt aufgeführt sind, während in den übrigen Fällen die Umschreibung des hypothekfreien Anteils auf Antrag dieses Mitbesitzers und Neuanlage eines Foliums schon wegen der Uebersicht zweckmäßig ist.

Der Rang ist insbesondere bei Beantragung von Zusammenlegungen zu prüfen. Bei der Uebertragung von Folien, auf denen die Hypotheken nicht der Priorität der Aufnahme entsprechenden Rang oder gleichen Rang mit früheren Hypotheken haben oder bei Verbandsfolien, auf denen die Hypotheken verschiedenen Rang haben, ist in den Anmerkungen dies erkennbar zu machen.

Einräumungen[1]) des gleichen Ranges, Rangabtretung

---

[1]) Rangabtretung C. S. I 29; IX 782.
Beischreibung des Rangverhältnisses ohne Einigung der

oder Rangausweichungen des Gläubigers (§ 62, 151) sind genau in den Anmerkungen ersichtlich zu machen; sie fallen weg für die Uebertragung, wenn die betreffenden Hypotheken oder eine derselben in Wegfall gekommen ist.

Rangeinräumungen von löschungsreifen, d. h. bezahlten aber nicht gelöschten Hypotheken durch den Schuldner an einen neuen Gläubiger (§ 84 Hyp.Ges.; § 29 Ziff. 2 Instr.) sind mit der Hypothek selbst zu übertragen. Hiebei sind oft Teilbeträge an der Hypothek gelöscht. Wird ein höherer Zinsfuß von 1% oder nur ½% für das neue Darlehen ausbedungen und dessen Eintrag als solcher beantragt und sind die nachfolgenden Gläubiger durch Rangrücktrittserklärung hiemit einverstanden, so ist dieses Prozent besonders in der für die Summe bestimmten Kolumne auszuwerfen. Aehnlich ist der Fall, wenn der Zinsfuß ohne Rücksicht auf § 84 überhaupt erhöht oder eine unverzinsliche Forderung verzinslich gemacht wird. Hier wird der Rang in den Anmerkungen meist nicht ersichtlich gemacht sein.

Selten wird der Vorbehalt einer offenen Rangstelle nach § 150 Hyp.Ges. vorkommen. Hier ist in den Anmerkungen der Vortrag: „offene Stelle Rang vor 2/II. Gläubiger benannt s. Nr. 3" von Wichtigkeit. Wie die voraufgeführten den Rang, d. h. das Vorzugsrecht, angebenden Einträge, gehört auch der Eintrag des Rangeinräumungsverzichts durch den Schuldner bezüglich einer Hypothek in die III. Rubrik, wie dies wohl meist feststehende Praxis gegenüber Keidel S. 26 ist, da es sich ja nicht um eine Verfügungsbeschränkung über das Grundstück selbst, die in II. Rubrik gehören würde, sondern um einen Verzicht bezüglich des Ranges der Hypothek handelt.

Auch halte ich einen Uebersichtsvertrag (cf. Keidel S. 58) intra lineas des Hypothekenbuches nicht für geboten, so zweckmäßig es erscheinen kann. Denn in diese Kolumne gehört nur der Vollzug von Urkunden, sie bietet nicht Raum für Verzeichnisse, wie auch von jeher und so auch in der Anweisung über Uebertragung vom 4. Juni 1895 Zusammenziehungen von Teillöschungen, Cessionen ꝛc. untersagt wurden. Ueber die Anstrengung des Lesens der Einträge wird auch die genaueste Vereinigung nicht hinweghelfen. Käme für das Auge des Hypothekenbeamten ein derartiger Uebersichtsvortrag, so wird er zuerst zu

---

Parteien Sache der Entscheidung des Prozeßrichters Ergbd. XIII S. 384.

Eintragung einer gesetzlichen Hypothek an der durch Rangvorbehalt gesicherten Stelle nur mit Zustimmung des Eigentümers möglich. Die vorbehaltene Befugnis des Eigentümers bildet keinen Gegenstand der Zwangsvollstreckung und es kann eine Zwangshypothek an der vorbehaltenen offenen Stelle nicht eingeräumt werden. (C. S. XIV 368.)

Rangausweichung (Eintragung in's Hypothekenbuch) C. S. XIII S. 632. Protestationen gegen Veräußerung und Verpfändung (XIII S. 509).

prüfen haben, ob es eine neue Hypothek ist und bei Teillöschungen oder Cessionen doch die früheren Vorträge wieder überlesen und nach den Urkunden prüfen müssen.

Wohl aber läßt sich durch übersichtliche Zusammenstellung in den Anmerkungen, die ja lediglich diesen Zweck haben, viel für schnelle Uebersicht über das Folium insbesondere für die mündliche Auskunftserteilung und schriftliche Bestätigungen über Einträge thun, wenn zu diesem Zweck der Vortrag intra lineas nicht eng geschrieben wird, damit sich auch für die Anmerkungen entsprechender Platz ergiebt.

Eine erhöhtere Uebersicht über noch bestehende Einträge gewährt meines Erachtens auch die Praxis, derzufolge bei Pfandentlassung eines Grundstücks auf Verbandsfolien die Verweisung auf dem stehengebliebenen Folium nicht unterstrichen, (cf. Keidel S. 98) sondern als ein nicht mehr bestehender Eintrag, der für das Hypothekenamt nicht weiter in Betracht kommt und unnütz nachgeschlagen würde, ausgestrichen wird, ähnlich der Berichtigung des Sachregisters, da ja auch bezüglich des stehengebliebenen Kapitals keine Teillöschung vorliegt. Ist das Folium nur unterstrichen, so kann bei einem in einem anderen Gerichtsbezirk liegenden Verbandfolium Anlaß zu einer zwecklosen Korrespondenz gegeben werden. Mängel der Buchführung liegen vor bei der Fortsetzung der III. Rubrik 2 mal auf verschiedenen Seiten, wenn das Wort „Auszug" nicht ausgeworfen und der jährliche Wert in Ziffern bei einem Auszuge nicht eingetragen wurde, wenn der ausgeworfene Betrag einer gelöschten Hypothek nicht zweimal unterstrichen wurde, wenn bei der Löschung einer in einem anderen Gerichtsbezirke verbandweise eingetragenen Hypothek die Verständigung des anderen Gerichts unterlassen wurde; wenn die Kaution einer Hypothek ganz weggelassen oder bei Verbandfolien verschieden eingetragen wurde; wenn statt des Gläubigers der Besitzer bei Eintragung der Hypothek aufgeführt wurde; wenn der Rang nicht ersichtlich gemacht ist, während in der Urkunde die Einschreibung der Rangverschiedenheit beantragt wurde; wenn Hypotheken nicht auf sämtlichen Folien gelöscht wurden.

Wie in zweiter, so auch in dritter Rubrik dürfte die Methode, vorher durch kurze Auszüge Erhebungen bei den Beteiligten zu pflegen und dann die Aufträge zur Beibringung der Zeugnisse gleichzeitig mit der Vorladung zu erteilen, in den meisten Fällen der kommissarischen Vernehmung gelegentlich einer Tagfahrt in die betreffende Gemeinde vorzuziehen sein. Denn von den einfachen Fällen abgesehen, in denen der in derselben Gemeinde wohnende Gläubiger sofort die nötige Erklärung abgeben kann, werden meist erst bei verzweigten Erbstämmen die Beteiligten zur Beibringung von Familienstandszeugnissen für

Herstellung der Erbschaftszeugnisse zu veranlassen sein; es werden wie stets in I. Rubrik ohnehin die Rechtshandlungen, die etwa von den Notaren vorzunehmen sind, an der Hand des Hypothekenbuchs zu besprechen sein und oft erst durch Nachschlagen von Verbandfolien, Protokollen, Protokollbeilagen und Vertragsbänden sich Gesichtspunkte bei der Besprechung der Sachlage gewinnen lassen, die den Schlüssel zur Lösung des Rätsels geben, weshalb die Löschung der Hypothek, die beispielsweise mit einer anderen gleichzeitigen aber gelöschten im Konkurs oder Subhastationsverfahren zur Berücksichtigung kam, unterblieb. Mannigfache Fälle dieser Art eignen sich nicht für eine Kommission; dabei gehen die Grundbesitzer, besonders wenn sie in einem gewissen Zeitraum auch gelegentlich erscheinen können, gerne an die Bereinigung der Verhältnisse und erscheinen am Gerichtssitze oft, ohne eine Vermögenseinbuße zu erleiden. Ist ein größerer Fall bis zur Vorladung aller Beteiligten verschiedenen Wohnorts bereift, so dürfte, zumal das Bereinigungsverfahren von der Offizialmaxime beherrscht wird, bei Nichterscheinen eine nochmalige Vorladung unter Strafandrohung eventuell Verhängung einer Ordnungsstrafe wegen ungehorsamen Ausbleibens wie in den übrigen Gegenständen der freiwilligen Rechtspflege möglich sein (cf. B. S. 1250 und Litteratur; Wagner S. 37). Es wird diese Notwendigkeit übrigens ebensowenig eintreten, wie die, daß das Rentamt bezüglich der Bereinigung der I. Rubrik um Anwendung des § 74 des Grundsteuergesetzes angegangen, über die Strafandrohung hinaus thätig werden muß.

6. Die Umlegung von Folien.

a) Die Uebertragung.

Das Verfahren und die Methode, für welche für den laufenden Dienst § 127 des Hyp.Ges., die h. J.M.E. vom 9. August 1869 (S. 179 J.M.Bl.), J.M.E. vom 15. Juni 1877 S. 131 und vom 1. Mai 1891 (J.M.Bl. S. 89) seither allein maßgebend war, richtet sich auch für die Hypothekenbereinigung insbesondere nach der höchsten J.M.E. vom 8. Juni 1895, welche durch Präsidialerlaß den Hypothekenämtern zur Benützung zu deren Generalakten gegeben wurde.[1])

Hienach ist die Registrierungsmethode, Präsentation des Protokolls und Eintrag ins Tagebuch vorgeschrieben, um den Anlaß des Abschlusses des alten Foliums und der Hypotheklöschungen auf dem seitherigen Folium zu ersehen.

a) Das neue Folium.

Als oberster Grundsatz gilt hienach, wie seitens der höchsten

---

[1]) Nunmehr abgedruckt Not.Ztg. 1896 S. 64 ff.

Stelle in früheren in Bezug auf Bereinigung ergangene Entschließungen eingeschärft, daß die I. Rubrik des neuen Foliums wohl mit Eintragungen früheren Datums als die II. und III., die II. mit früheren Einträgen als die III., die I. aber nie mit Eintragungen aus späterer Zeit als die II. und III., die II. nie mit Eintragungen aus späterer Zeit als die III. Rubrik beginnen darf. Es erklärt sich dies daraus, daß mit der Beschreibung des Objektes gleichzeitig ein Besitzer eingetragen werden muß, dagegen die Konstituierung der Hypothek später erfolgen kann, während eine Hypothek ohne gleichzeitig dinglich und persönlich haftenden Schuldner nicht denkbar ist.

Soweit daher nicht Bedenken in Ausnahmsfällen entgegenstehen, wird bei der Uebertragung zunächst gesucht werden müssen, wann die I. noch zurechtbestehende Hypothek eingetragen wurde. Nach diesem Datum richtet sich der 1. Vortrag in den 3 Rubriken. Frühere Einträge in II. und I. Rubrik können zusammengefaßt werden, spätere nicht. Damit sind oft bei alten Hypotheken eine Reihe von Ummessungsvorträgen, Abschreibungen 2c. einzutragen, die dann eine Abschrift des alten Foliums wiedergeben. Der Grundgedanke ist die Aufrechthaltung der historischen Treue, derzufolge die Flächen und Besitzer, wie sie in der der I. Hypothek zu Grunde liegenden Urkunde aufgeführt sind, mit den Einträgen in I. und II. Rubrik übereinstimmen müssen, während die späteren Grundabtretungen, Uebergabsverträge 2c. aus dem Folium hervorgehen müssen, um den jetzigen Einklang von Hypothekenbuch und Sachregister zu rechtfertigen. Es gilt dies unbedingt für die Zeit seit Einführung des Notariats, während die Einträge vor Einführung des definitiven Katasters auf Grund der landgerichtlichen Vertragsprotokolle in I. Rubrik allerdings wenig bedeuten, weil sie keine Fläche, oft nicht einmal eine Besitznummer enthalten. Durch die Zugrundelegung der I. Hypothek wird auch erreicht, daß für dieselbe auch der persönliche Schuldner noch aus dem Hypothekenbuch ersichtlich ist.

Derselbe Grund zwingt zu der Vorschrift, solange eine Hypothek noch besteht, diese nicht mit Rücksicht auf später eingetragene Rechtsgeschäfte, wie Cessionen, Teillöschungen, Zinsfußänderungen, Rangänderungen, Hypothekenneuerung abzuändern. Würden diese Vorträge nicht wortgetreu und etwa mit Aenderung der Reihenfolge der Einträge in das neue Folium übernommen, so würde das ursprüngliche Bild verändert, die Identität der Hypothek bei Vorzeigung des Hypothekenbriefes für den Hypothekenbeamten und bei Subhastationen für den Vollstreckungsbeamten erschwert und eine Gefährdung der Rechte ermöglicht sein. Dazu kommt, daß man nicht zu einer Zeit etwa einen Betrag in Markwährung umgeändert eintragen kann, zu der noch Guldenwährung existierte, oder eine Fläche nach ha zu einer

Zeit zu der noch das bayer. Maß nach Tagw. und Dez. oder gar lediglich die Besitznummer ohne Fläche galt. Derartige Einträge würden die Glaubwürdigkeit der neuen Folien beeinträchtigen. Dagegen werden gänzlich gelöschte oder inzwischen gegenstandslos gewordene Vorträge, wie z. B. gelöschte Beschlagnahmen, Dispositionsbeschränkungen, Protestationen, Eigentumsvorbehalte, Hypotheken, Pfändungen von Hypotheken, Rangrücktrittserklärungen in das neue Hypothekenbuch nicht aufgenommen. Die Einträge werden dann unter Berücksichtigung der weggelassenen unter einer dem jetzigen Stand entsprechenden Nummer fortlaufend vorgetragen. (1/I) Dadurch kommt die vielseitig geübte Praxis „1/I—3/II erloschene Besitzvorträge" in Wegfall. Der Tag der Uebertragung ist auf dem neuen Folium nicht beizufügen, weil das Uebertragungsdatum für die materiellen Hypothekrechte unwesentlich ist. Es genügt, in der Kolumne der Anmerkungen bei jedem Eintrage anzugeben, von woher übertragen wurde. Das Eintragsdatum dagegen ist wortgetreu als zum wesentlichen Text der Eintragungen (Priorität, Zinslauf) gehörig, ins neue Folium aufzunehmen.

Wenn Keidel in seinen Hypothekbuchseinträgen (1896) auf die teilweise früher schon geübte Praxis zurückkommt, indem er vorschlägt, man solle der Platzersparnis halber die erste Rubrik oder alle Rubriken überschreiben: „übertragen aus Bd. IV S. 1", so steht dem, wie in der höchst. Entschl. vom 25. September 1894 Nr. 20656 und in den Bemerkungen zu Rubrik I in der genannten Anweisung hervorgehoben ist, entgegen, daß die Ueberschreibung des num. zu dem irrigen Schluß führen würde, daß alles was unterhalb jenes Vermerks steht, übertragen wäre, während dies bezüglich derjenigen Folien nicht zutrifft, welche in dem neuen Hypothekenbuche nach dem Tage der Uebertragung folgen.

Bei der Anlegung des neuen Foliums ist auf entsprechenden Raum für die Fortführung der einzelnen Rubriken Bedacht zu nehmen; es werden also für Rubrik I und II je eine Seite, bei größeren Folien mehr und bei der III. Rubrik stets zwei Seiten zu nehmen sein; dabei erhält in erster Rubrik jede Pl.Nr. eine eigene Zeile, um Vermessungen, Abschreibungen rc. neben in den Anmerkungen sofort zu ersehen. Die Beschreibung der I. und II. Rubrik auf die gleiche Seite nach § 34 Instr. hat vielfach zu Fortsetzungen geführt.

Als numerus wird die fortlaufende Nummer des Hypothekenbuchbandes, nicht die Nummer des früheren Foliums, auch nicht unter Andeutung des auf die Vereinigung bezüglichen in Bruchform $^{120}/_{500}$ genommen. Es setzt dies allerdings voraus, daß der die Folien räumlich von einander scheidende und die Zusammengehörigkeit der darauf eingetragenen Objekte unter sich andeutende num. seither in den früheren Bänden richtig angeführt wurde und nicht etwa auf 859 plötzlich mit 590 wie nach 589 fortgefahren wird und so die gleichen num. in einer und derselben Steuergemeinde wiederholt vorkommen.

Die beregte J.M.E. stellt ein einheitliches Verfahren her, demzufolge jedes Folium ein wortgetreues Bild der zur Zeit noch bestehenden Einträge nach ihrer Entwicklung abgiebt.

Sie beseitigt dabei die vielfach geübte Praxis, bei Uebertragungen wegen Fortsetzungen in I. und II. Rubrik nach einem Vortrage: „Gegenstandslos gewordene Vorträge" die Pl.Nr. nach dem letzten Katasterstand, neuem Flächenmaß und lediglich den letzten Besitzer aufzuführen, während bezüglich der III. Rubrik wohl meist die vorgeschriebene Praxis schon herrschte.

Folien der letzteren Art, daß die I. Rubrik bereits im ersten Eintrag das Metermaß ersehen läßt, sind nur möglich, wenn die erste Hypothek seit dem 1. Januar 1878 (J.M.Bl. 1877 S. 257) eingetragen ist oder ein hypothekfreies oder im Wege der Hypothekenbereinigung hypothekfrei gewordenes Folium zu übertragen ist. Fälle, in denen das Eintragsdatum der I. Rubrik nicht maßgebend ist für das Uebertragsdatum in I. und II. Rubrik, sind insbesondere das Vorhandensein von Reallasten oder als solche eingetragene Realdienstbarkeiten, Vermessungsvorträge von nicht katastermäßigen Flächen: □' in I. Rubrik, Verfügungsbeschränkungen in II. Rubrik. Hier ist dann vom Datum dieser Einträge in der I. oder II. Rubrik auszugehen.

b) Das alte Folium.

Nach erfolgter Uebertragung wird das alte Folium abgeschlossen (aufgehoben):

a) nach Löschung der Hypotheken wegen Uebertragung auf den neuen Band,

b) nach Abschreibung der in I. Rubrik vorgetragenen Pfandobjekte,

durch Ziehung von Doppelstrichen in jeder Rubrik, Daruntersetzen des Wortes „abgeschlossen" in allen Rubriken, in II. mit dem Zusatze der Verweisung auf die Rubrik I: „Abgeschlossen s. Rubr. I Nr. 8" und in III. mit dem gleichen Zusatze, falls das Folium hypothekfrei war.

Nach diesem formellen Abschluß wird der noch vorhandene leere Raum der Seite bezw. des Foliums durch Ziehen von Linien von links nach rechts der Benützung entzogen.

Während die Art des Abschlusses wohl der Praxis der meisten Gerichte bisher schon entspricht, wird durch diese Vorschrift den oft bis zur Unübersichtlichkeit hergestellten Fortsetzungen auf halben Seiten entgegengetreten und der Anlage des Grundbuches vorgearbeitet.

Die Vereinigungsvorträge selbst werden in der Regel auf

dem alten Folium vorzunehmen sein, außer in denjenigen Fällen, in denen wegen älterer Hypotheken ihre Uebertragung auf das neue Folium mit erfolgen muß (z. B. Beifügung des Metermaßes, wenn die erste Rubrik wegen der I. Hypothek vom Jahre 1838 noch mit der Besitznummer beginnt; dagegen Löschungsvorträge in III. Rubrik, durch welche diese Bereinigungsvorträge mit der Hypothek für das neue Folium nicht mehr in Betracht kommen; Regelsberger S. 54). Bezüglich der früheren Art s. Not.Ztg. 1882 S. 88. Ein Konzept zuerst anzufertigen, auf dem sämtliche Pl.Nrn. des Foliums vorgetragen werden und dann nach den evident gestellten Registern die Kulturart, Benennung und Fläche beigeschrieben, mit dem Hypothekenbuch und Sachregister nochmals verglichen wird, bevor sie übertragen werden, ist eine unnötige Doppelarbeit, da der Blick für das, was nach der Bereinigung und wie zu übertragen ist, sowohl beim Bereinigungsbeamten wie beim Aktuar so geübt sein muß, daß er auch ohne Konzept die Sachlage übersieht und sofort richtig überträgt.

Uebrigens sind, wie gezeigt, auch die älteren Vorträge mit zu übertragen, und dann ist ein Nichtgeübter, der im Hypothekenwesen noch nie gearbeitet hat, für den Dienst nicht geeignet, da er auch bei Abschrift des Konzeptes sich verschreiben oder sonst unzutreffende Einträge machen könnte. Folien allerdings so herzustellen, daß man sie glatt ablesen kann, ist, wenn man die historische Glaubwürdigkeit aufrecht erhalten will, nur möglich, wenn man den Vortrag intra lineas etwas breiter und die Anmerkungen mit übersichtlichen Bemerkungen anlegt. Allein lesen wird man immer müssen, schon wegen der Teillöschungen, Cessionen und Vermessungen (gegenüber Not.Ztg. 1885 S. 219).

Nach Durchführung der Arbeiten werden zur Kontrolle zweckmäßig die Tagebücher der letzten 2 Jahrzehnte nach den unvollziehbaren Operaten und unvollziehbaren Urkunden durchforscht und geprüft, ob dieselben inzwischen im laufenden Dienste oder durch die Bereinigung vollzogen wurden und bezüglich der auch jetzt noch nicht vollziehbaren, dann der nicht zur Löschung gebrachten löschungsreifen Hypotheken, die in verschwindender Zahl übrig bleiben werden, dem laufenden Dienst unter Hinweis auf die Bereinigungsakten ein Verzeichnis übergeben. Anlage V, VI.

Das Verzeichnis über die außerbayerischen Grundbesitzer im Amtsgerichtsbezirk und die Erwerbsurkunden werden zu den Bereinigungsakten genommen, wodurch der Notar bei Aufnahme weiterer Urkunden Anhaltspunkte über den Erwerbstitel gewinnt und Recherchen ersparen kann. Anlage VII.

b) Die Zusammenlegung.

Die Uebernahme von Folien in die neuen Bücher ist auch

in der Weise denkbar, daß Objekte, für die seither besondere Folien bestanden und die gleichheitlich belastet waren, demselben Besitzer gehörten, von diesem einheitlich mit dem Hauptgute seither bewirtschaftet wurden und für die nächste Zeit nach dem Willen des Besitzers einheitlich verbunden bleiben, auch nicht einzeln veräußert oder einzeln belastet werden sollen, durch Zusammenlegung mit dem Hauptgute auf ein Folium vereinigt werden. In dieser Hinsicht ist in obiger Anweisung über das Umlegungsverfahren vorgeschrieben, die Zusammenlegung in der Regel zu vermeiden und jedenfalls nur als Ausfluß der Verfügungsmacht des Eigentümers, d. h. mit dessen Zustimmung und auf dessen Antrag nach § 39 und 40 Hyp.Ges. zu bewirken. (J.M.E. v. 5. Juli 1887 Nr. 10893. Rgb. S. 53 A. 7. C. S. XIV S. 713; IX 474; VIII 312; XII 38; XIII 503.)

Der Besitzer muß den Antrag auf Zusammenlegung überall da stellen, wo er seither sein Gut schon einheitlich wie im Kataster vorgetragen glaubte und die Anlage von zahlreichen gleichen Folien desselben Besitzers nacheinander nicht etwa im Sinne des Realfolienprinzips des Hypothekenbuchs, sondern wegen der für den Aktuar früher mit der Anlage eines Foliums verbundenen Sporteln geschah. Hier wird der Antrag zu Hypothekenprotokoll oder etwa um den Parteien Zeit, Mühe und Anlage XII. Kosten zu ersparen durch Unterzeichnung des Formulars unter Bestätigung der Unterschrift durch die Gemeindebehörde und Beidrückung des Siegels erfolgen können. Ausgeschlossen ist der Antrag überall, wo durch Kauf oder Erbteilung in nächster Zeit über das Grundstück verfügt wird und wo nicht der gleiche Besitzer, z. B. Ehemann allein auf dem einen, Ehemann und Ehefrau zusammen als Miteigentümer auf dem anderen Folium eingetragen sind. Kommen die Formulare mit Antrag auf Vereinigung von Grundstücken in Einlauf, so wird der Antrag in das Tagebuch eingetragen und im Hypothekenbuche vollzogen; die nicht vollziehbaren werden zu den Vereinigungsakten, die vollzogenen zu den Hypothekenprotokollbeilagen genommen.

c) Der Abschluß.

Ist ein Folium hypothekfrei und ohne Eintrag von Lasten in II. Rubrik, so darf dasselbe demnach nicht etwa deshalb nach § 149 Hyp.Ges. durch Abschluß kassiert werden, weil aus den Rubriken ein Interesse irgend eines Beteiligten für den Fortbestand nicht hervorgeht. Es wäre hiezu der Antrag des Besitzers selbst nötig. Zweckmäßigkeitsgründe sprechen überdies für die prinzipielle Aufrechterhaltung jeden Foliums: es würde die Neuanlage für das Hypothekenamt und Notar Zeit und Mühe, eine wiederholte Prüfung der Besitztitel, und für die Beteiligten Kosten im Gefolge haben und die Prüfung vereiteln, ob eine Flächendifferenz, die auf dem abgeschlossenen Folium besteht, gehoben wurde und die Verbriefung der folienfrei gewordene Pl.No. in Ordnung ist, s. Musterplan für Osterhofen Ziff. 10; Anweisung zum Umlegungsverfahren vom 8. Juni 1895 Ziff. VI und Literatur: Das durch Bekanntmachung vom 20. Juni 1869 mitgeteilte Erkenntnis des vormaligen k. Obersten Gerichtshofes in Bayern vom 25. Januar 1869 J.M.Bl. S. 150; Regelsberger Hypothekenrecht S. 75, 82 C. S. Bd. VIII, 75, 348, IX 144, 265.

Es sind daher nicht nur nicht die Vertreter Minderjähriger Besitzer oder mehrere Besitzer, bei denen Güterzertrümmerung zu erwarten steht, sondern es sind überhaupt die Besitzer hypothekfreier Grundstücke zum Abschluß nicht aufzufordern, und diese Folien, nach dem Flächenmaß bereinigt, zu übertragen.

Es trifft dies auch da zu, wo die betreffenden Folien früher angelegt wurden und die vorgerufenen Besitzer erklären, sie könnten nicht im Hypothekenbuche stehen, weil sie keine Hypotheken hätten. Werden hier die Besitzer belehrt, sie sollen ihr Folium stehen lassen, da dieses kostenlos übertragen wird, so wird hiedurch wie durch die obige Vorschrift überhaupt dem Grundbuche vorgearbeitet.

d) Das Collationieren.

Eine große Sorgfalt und viel Zeit beanspruchende Thätigkeit bildet nach der Uebertragung das Collationieren (C. S. XV S. 349). Während der Hypothekenbeamte des laufenden Dienstes den Vollzug der vom Aktuare erledigten Urkunde an der Hand der letzteren im Hypothekenbuche prüft, ist bei dem Vereinigungsdienste das gleichzeitige Zusammenwirken von Beamten und Aktuar nötig. Um zu sehen, daß nur gestandslos gewordene Einträge weggelassen, die anderen wörtlich übertragen oder in zulässiger Weise zusammengefaßt wurden, wird der Hypothekenbeamte sich das neue Folium wörtlich vorlesen lassen und dabei die Einträge im alten Hypothekenbuch nachlesen und wiederholt prüfen, womit jedes Folium beginnt ꝛc. daneben wird der Hypothekenbeamte beim Verlesen jeder Pl.No. nochmals Fläche und Beschrieb im Sachregister nachlesen und sehen, ob auch das Folium beigefügt ist. Es gilt dies in gleicher Weise von den vom Aktuare, wie den vom Vereinigungsbeamten selbst übertragenen Folien.

Das Collationieren wird zweckmäßig nach der Uebertragung, eventuell nach Fertigstellung einer Steuergemeinde vorgenommen. Der Ausweis findet sich in der letzten Rubrik des oben angeführten Tagebuches, da hier nach dem Collationieren bemerkt wird, ob das Folium zusammengelegt oder übertragen wurde und nach Collationierung des ganzen Distrikts das Tagebuch mit dem Vermerk „collationiert am ꝛc." abgeschlossen wird, der vom Vereinigungsbeamten und dem Aktuare unterzeichnet ist.

Eine unerläßliche Thätigkeit des Collationierens besteht darin, nach Fertigstellung jeder Steuergemeinde genau das alte und neue Sachregister darauf Pl.No. für Pl.No. zu vergleichen, ob jede Pl.No., die im alten ein Folium hat, auch ein Folium im neuen hat, ob folienfreie auch im neuen folienfrei sind, ob auch im neuen diejenigen Pl.No., welche mit dem Gutskomplexe in einer anderen Steuergemeinde einzutragen sind, im Sachregister den Beisatz enthalten: „Bd. I S. . . für . . . ." (andere Steuergemeinde) und ob auch diejenigen Pl.No. das richtige Folium enthalten, die mit dem Hauptbesitz in den letzten stehengebliebenen Bänden von Steueraemeinden vorgetragen blieben und für die nunmehr ein Sachregister ihrer Steuergemeinde existiert, während sie bisher in dem vereinigten Hypothekenbuch und kombinirten Personal- und Realregister eines aus mehreren Steuergemeinden zusammengesetzten Distriktes eingetragen waren. Z. B. Selbitz und Dörnthal bildeten seither einen Hypothekendistrikt, Pl.No. 105 in Dörnthal stand in Band V für Selbitz; Bd. V blieb für Selbitz bestehen. Es muß das Sachregister für Dörnthal nunmehr den Beisatz enthalten: „Bd. V für Selbitz", während die in Selbitz gelegene Pl.No. in das neue Sachregister für Selbitz nunmehr eingetragen werden und auch die Namen der Besitzer in das Personalregister für Selbitz kommen müssen.

Im alten Sachregister wird zum Zeichen der Uebertragung die Pl.No. selbst durchstrichen; am Folium wird nichts geändert, um zu ersehen, daß das Folium noch besteht. Sind alle Pl. No. durchstrichen, welche seither ein Folium hatten, so ist der Distrikt übertragen. Es werden sich dabei im alten Sachregister Pl.No. mit einem Folium versehen finden, das, wie sich beim Nachschlagen im Hypothekenbuche zeigt, in früherer Zeit schon abgeschlossen wurde und daher im Sachregister auszustreichen gewesen wäre.

Nach Durchführung der Vereinigung ist es überdies nötig, nochmals die beiden Sachregister daraufhin zu vergleichen, ob jede Pl.No. die im alten ein Folium enthält, auch ein solches im neuen hat, um auszuschließen, daß im laufenden Dienst aus Versehen ein Folium im alten Sachregister statt im neuen eingetragen wurde, wie dies nach der Uebertragung und während der Uebertragung bei Neuanlage eines Foliums in einem neuen Bande aus Versehen vorkommen kann, und um Doppelfolien für später zu vermeiden.

Das Collationieren umfaßt ferner das Nachschlagen der Verbandfolien, die Mitteilung an auswärtige Hypothekenämter über die nunmehrige Eintragsstelle von Verband- oder Sperrfolien, ferner zufolge Ziff. 4 der höchsten Anweisung, betreffend die Folienumlegung, die Mitteilung an die Gläubiger. Letztere Mitteilung geschieht durch Formular (Anlage) mittelst geschlossener Schreiben, die der Gemeindebehörde zur Aushändigung gegen Nachweis übersendet werden und in denen die Gläubiger von den seitherigen und nunmehrigen Eintragsstellen ihrer Kapitalien verständigt und gleichzeitig darauf hingewiesen werden, daß sie, falls sie auf der Ausfertigung der Schuldurkunde eine besondere amtliche Bestätigung wünschen, diese Schuldurkunde mit Antrag auf Erteilung einer solchen Bestätigung einzusenden oder vorzulegen haben, daß diese Bestätigung aber, die in hypothekenamtlichen Einlauf zu nehmen ist, mit einer Gebühr zu bewerten wäre. Diese Mitteilungen führen in vereinzelten Fällen noch dazu, daß ein Gläubiger zur Abgabe der Löschungserklärung erscheint, wenn sein Kapital inzwischen heimbezahlt wurde; zu erfahren, daß der Gläubiger verstorben und der Hypothekenbrief an einen Miterben des nunmehrigen Gläubigers einfach ausgehändigt wurde; daß ein Vermerk auf dem Hypothekenbrief und Hypothekenbuchsauszug nach dem neuen Folium gewünscht wird. Diese Mitteilungen sind keine Rekognitionsscheine, denn sie bestätigen nicht den Inhalt des Hypothekenbuches sondern lediglich die Veränderung der Eintragsstelle. Da die Aenderung die Einträge selbst nicht betrifft, so werden auch die Grundbesitzer nicht benachrichtigt, sondern lediglich die Gläubiger in die Lage versetzt, zur schnelleren Auffindung des Foliums bei Zustellungen auf Grund vollstreckbar erklärter Urkunden an den dinglichen Schuldner oder dessen Erben das neue Folium angeben zu können. C. S. XV 349 Gönner I 274. Nach Fertigstellung des Distrikts werden auch die alten Hypothekenbücher mit dem Vermerk versehen: „Gegenwärtiger Band wird gegen weitere Einträge abgeschlossen und außer Gebrauch gesetzt,“ die im Gebrauch gebliebenen letzten Bände auf dem Titelblatt mit dem Vermerke: „Wegen Ausscheidung der Folien nach Steuergemeinden enthält gegenwärtiger Band nur noch die Folien für die Steuergemeinde A.“; desgleichen werden die Sachregister mit dem Vermerke: „Gegenwärtige Einträge werden außer Gebrauch gesetzt“ abgeschlossen und die Repertorien bezüglich der kassierten alten, der angelegten neuen Bände und Register unter Berücksichtigung der Neubildung von Steuergemeinden, dann bezüglich der Vereinigungsakten und sonstigen Spezialakten (über Doppelfolien Grunderwerbungen anläßlich der Bahnbauten) ergänzt.

e) Statistik.

An das Collationieren reiht sich zweckmäßig die Anfertigung der Statistik. Dieselbe wird am schnellsten und zuverlässigsten durch Eintragung der Striche sofort nach dem Collationieren des einzelnen Foliums hergestellt, während die Herstellung in der Weise, daß in den alten Büchern Folium für Folium nach der Reihe der Bände nach erfolgter Uebertragung des ganzen Distrikts nachgeschlagen wird, mehr Zeit beanspruchen würde. Das zu fertigende Verzeichnis ist folgendes:

Beilage

Hypothekendistrikt N. N. Gesamtzahl der Folien:

Verzeichnis der Folien.

Fortl. Nr.	Numerus des Foliums	1 Revidiert	2 Abgeschlossen	3 Richtig befunden	4 Bereinigt	5 Uebertragen
1	1	|	—	—	|	|
2	17	|	|	—	—	—
3	18	|	—	|	—	—
4	19	|	—	|	—	|
5	20	|	—	—	|	—

Abgeschlossen unter Bestätigung des obigen Resultates und der geschehenen Evidentstellung sowohl des Sach- als Personalregisters.

N. den

Das k. Hypothekenamt.

k. Amtsrichter.

Der num. ist der des alten Foliums. Wo derselbe seither verschrieben wurde, doppelt vorkam, mit der Seite identificiert wurde oder auf eine höhere Ziffer überspringt, ist dies aus der Statistik ersichtlich.

Der vertikale Strich in Spalte eins bestätigt, daß jedes Folium an der Hand des Katasters revidiert wurde, die Spalte 2 enthält diejenigen Folien, welche infolge beantragter Zusammenlegung (§ 39, 40) oder infolge Abschlusses auf Antrag des Besitzers als Doppelfolien oder zu Unrecht früher angelegte Sperrfolien im gleichen Bezirke oder Folien mit nicht mehr bestehenden Hypothekobjekten abgeschlossen wurden; die Spalte 3 bezeichnet dagegen Folien, bei denen ein Vereinigsvortrag nicht nötig war, Spalte 4 diejenigen, welche bereinigt und Spalte 5 diejenigen, welche übertragen wurden. Es müssen sonach sämtliche Folien revidiert sein. Die Summe der übertragenen und der in den letzten Bänden für die gleichnamige Steuergemeinde stehen gebliebenen als „revidiert und richtig befunden" und bezw. als „revidiert und bereinigt" aufgeführten Folien gibt die Summe der nunmehr bestehenden Folien.

Zählt man in den neuen Bänden die nun vorhandenen übertragenen Folien der neuen Steuergemeinde, dann die in dem alten letzten Bande der einen Steuergemeinde stehen gebliebenen zusammen und hiezu die Zahl der abgeschlossenen an der Hand des Hypothekenbuches, so muß sich die Gesamtsumme der früheren Folien und damit die Probe die Richtigkeit der Statistik ergeben. Enthält die Statistik ein übertragenes mehr als neue Folien vorhanden sind, so ist ein zusammengelegtes als „übertragen" in der Statistik aufgeführt, was sich bei nochmaliger Durchsicht der alten Folien sofort ergeben wird.

Umgekehrt ist die Anlage eines Doppelfoliums durch Anlage der Statistik ausgeschlossen, da der betreffende num. schon den Uebertragungsvermerk trägt.

Die Anfertigung einer weiteren Statistik, welche durch J.M.Bk. vom 6. Oktober 1894, J.M.Bl. S. 190 mit Bekanntmachung vom 10. November 1894 J.M.Bl. S. 223 und 28. November 1894 J.M.Bl. S. 239, autogr. J.M.E. vom 22. Dezember 1894 No. 28168, dann vom 24. Februar 1896 No. 5191[1]), und 26. März 1896 No. 4610[2]) angeordnet wurde, betrifft die Darstellung

[1]) Behandlung der Umwandlung von Vormerkungen in einen Eintrag nach Ablauf des Geschäftsjahres und bei Löschung im folgenden Geschäftsjahre.

[2]) Oeffentliche Kassen öffentlicher Korporationen und öffentlicher Stiftungen in Spalte II, 2 der Nachweisungen: staatliche und kommunale Kassen und Fonds; kommunale Spar- und Leihkassen (städtische Sparkassen; Distriktskassen); unter öffentlicher Verwaltung oder Aufsicht stehende Stiftungen (Wohlthätigkeits; Unterrichts- und Kultusstiftungen); dagegen nicht: Vorschuß-, Kreditverein; Aktiengesellschaften; Bodenkreditinstitute (Hypothek- und Wechselbank, süddeutsche Bodenkreditbank) und Privatbanken; private Pen-

der Bewegung im Hypothekenverkehre. Dieselbe ist als besondere Nachweisung über die aus Anlaß der Vereinigung der Hypothekenbücher gelöschten Hypotheken zu führen und durch den Amtsvorstand des Amtsgerichts an den k. Landgerichtspräsidenten einzusenden der nach Prüfung der Schlußziffer die Ein-
Anl. XIV. reichung beim k. Staatsministerium der Justiz vermittelt. (cf. Anlage.)

f) Beispiele.*)

Wiewohl die Kombinierung je nach der Art der materiellen Vereinigung eine derartig vielfältige ist, daß die Art der Umlegung von Folien nicht in ein Schema gezwängt werden kann, lassen sich doch für die Hauptfälle folgende 4 Arten aufstellen:

I. Art. Alte Einträge in I., II. und III. Rubrik:	Uebertragung des alten Foliums nach Maßgabe des Alters der ältesten Hypothek.
II. Art. Alte Einträge in I. und II. Rubrik, in dritter neue Hypothek:	Zusammenfassung nach Maßgabe des Alters der ältesten Hypothek.
III. Art. Aeltere Einträge in I. oder II. Rubrik (Reallasten; als solche eingetragene Realdienstbarkeiten; Verfügungsbeschränkungen; Vermessungen und Verbriefungen solcher bei nicht katastermäßigen Flächen nach □') und in III. Rubrik Hypothek jüngeren Datums als die obigen Einträge in I. oder II. Rubrik:	Uebertragung in I. und II. Rubrik nach der Zeit dieser Einträge; in III. Rubrik Hypothek nach ihrem Datum. (Das Folium muß mindestens aus einer I. und II. Rubrik bestehen.)

sions-Sterbeverein; Lebensversicherungs- und Ersparnisbanken. Dann in Spalte V: Wohnungsrechte und Ansprüche auf wiederkehrende Leistungen Eintrag derselbe nach Schätzungs-, Ablösungs-Entschädigungswert; bei Löschungsanträgen ermittelter Wertsanschlag; endlich in Ermangelung solcher die Wertsangabe, welche gemäß Art. 147 des bayer. Gebührengesetzes vom 18. August 1879 / 26. Mai 1892 behufs der Gebührenbewertung erfolgt sind. Fehlt es an allen diesen Anhaltspunkten, so sind in Spalte V an Stelle der Ziffer je nach Lage der Sache kurze Vermerke über den Inhalt der Rechte zu machen. (Lebenslängliches Wohnungsrecht; Wohnungsrecht bis Standesänderung; Wohnungsrecht bis 21. Lebensjahr; lebenslänglicher Naturalauszug). Bei der Jahresziffer der Spalte ist sodann beizufügen. Dazu 1 (2, 3) Wohnungs-; 1, (2, 3) Austragsrechte von nicht ermitteltem Werte.

*) Die roten Einträge bezeichnen die Thätigkeit der Vereinigung.

III. Art. Alter Vertrag in I. und II. Rubrik, III. Rubrik entweder keine oder im Vereinigungsweg gelöschte Hypothek:	Vortrag in I. und II. Rubrik nach dem letzten Vortrag in II. oder auch I. Rubrik.

Hieran ließen sich die Fälle reihen, in denen ein Folium überhaupt nicht übertragen wird, sondern nach § 149 Hyp.Ges. auf Antrag des Eigentümers oder von Amtswegen abgeschlossen wird: z. B. ein Doppelfolium nach Vereinigung; ein seither im gleichen Gerichtsbezirk geführtes Sperrfolium (während die Pl.-No. jetzt im Sachregister dieser Steuergemeinde mit dem betreffenden Hinweis auf den Hypothekenband der anderen Steuergemeinde sich befindet); ein wegen nicht mehr Bestehens des Objekts abgeschlossenes Folium (Feuerrecht, Backrecht, Badstubengerechtigkeit cf. autograph. J.M.E. vom 27. Juli 1827, heute durch die Gewerbeordnung als Realrechte gegenstandslos geworden, oder weil die Pl.No. mit einen anderen vereinigt wurde und nach der Flächenbereinigung nunmehr cessiert.

I. Art.

Altes Folium.

Culmitz Bd. IV S. 1000.

No.	Numerus 850.	Anmerkungen.
1.	Ein halber Hof zu Neuengrün Haus No. 60, Besitz Nr. 118. Bei der Brand-Versicherungsanstalt mit 2500 fl. (Zweitausend fünfhundert Gulden) das ganze Haus assekuriert. Königliches Lehen und belastet mit 10 Prozent Handlohn und 3 fl. Erbzins das ganze Haus.	s. No 2.
2.	17. August 1858. Obiger Besitzstand rektifiziert sich nach dem definitiven Steuerkataster: Ein halber Hof Haus No. 60 in Neuengrün, bestehend in: Plan No. 193a: 0,11 Dez. Wohnhaus mit Keller, Stall nebst angebautem Gang, Schweinstall, Scheune und Hofraum. " " 193b. 194 zu 0,08 Dez. Gärten. Plan Nr. 322 0,10 Dez. Oedung. " " 296. 315. 319. 321. 355. 361. 366. 394. 1010 zu 21,95 Dez. Wiesen. " " 301. 304. 306. 311. 314. 357. 360. 364. 367. 368. 370. 388. 392 zu 19 Tgw. 07 Dez. Aecker. Gemeinderecht zu einem ganzen Nutzanteil. Steuergemeinde Neuengrün. Belastet mit: 80 fl. $24^{2}/_{8}$ Kr. Handlohnsfixum. 2 fl. $^{4}/_{8}$ Kr. Gefällsbodenzins zur Staatskasse.	Hyp.-Prot. Bd. VIII S. 245. Plan-No. 321. 322 u. 1010 abgeschrieben; s. No. 3. s. No. 4.
3.	24. Dezember 1866. Die Plan-No. 321. 322 und 1010 werden als vom Pfandverbande freigegeben und verkauft hiemit abgeschrieben; laut Hypothekenverbandsentlassung vom 21. Dezember 1866 (G.-RNo. 869 des k. Notars Müller in Erlangen) und Kaufvertrags vom 27. November ds. Js. (GRNo. 740 desselben Notars).	Tageb. Nr. 1730 und 1731 zu No. 2.
4.	13. Oktober 1884. Die Plan-No. 368 ist der Hypothek in No. 6/III nicht mitverpfändet; laut Schuld- und Hypothekenbriefs des k. Notars Huber in Erlangen vom 1. ds. Mts. GRNo. 1260.	Tageb. Nr. 1490 zu No. 2.
5	1. August 1896. Die in No. 2 aufgeführten Objekte werden wegen Uebertragung auf Band I S. 380 für Neuengrün abgeschrieben und das Folium aufgehoben.	Hyp.-Prot. Bd. XVI S. 100.

Abgeschlossen!

No.	Besitzer, Besitztitel und Beschränkungen der Disposition.	Anmerkungen
1/I.	26. April 1827. Meyer, Johann Conrad, Bauer in Neuengrün, verheiratet mit Anna, geb. Spörl. Vom Vater Heinrich Meyer übernommen laut gerichtlichen Vertrags vom 28. August 1817.	
2/II.	17. August 1842. Wölfel, Heinrich Theodor Johann, Bauer und Webermeister in Neuengrün. Laut Vertrags vom 13. Juni 1842 erkauft.	Hyp.-Prot. Bd. IV S. 201.
3/III.	23. Januar 1860. Wölfel, Johann Heinrich Carl, zu Neuengrün. Uebernommen laut Vertrags vom 11. Januar 1860.	Prot. Bd. VIII S. 505. f. Nr. 4.
4.	18. Februar 1882. Der Besitzer Bauer Johann Heinrich Carl Wölfel zu Neuengrün lebt in Gütergemeinschaft nach Bayreuther Recht mit Christiana, geb. Spörl; laut Schuld- und Hypothekenbriefs des k. Notars Huber in Erlangen vom 10. ds. Mts. GRNr. 107.	Tageb. Nr. 186 zu Nr. 3/III.

Abgeschlossen: f. Rubrik I, Nr. 5.

No.	Hypotheken, deren Cessionen und Löschungen.		Anmerkungen
1/I. **Gelöscht.**	26. April 1827. Dreihundert fünfundsiebenzig Gulden rheinisch mit fünf Procent verzinsliches Vorlehen für die Stadt-Kämmerei zu Erlangen, laut Dokuments vom 12. Juni 1802 und vierzig Gulden Kaution für allenfallsige Kosten laut Protokolles vom 25. November 1825.	fl. ~~375~~ ~~40~~	Neuengrüner Consensbuch Fol. 87. Hieran 35 fl. Kapital gelöscht: s. Nr. 2. Nun an Johann Simon cediert: s. Nr. 3. Löschungsreife u. Rangeinräumung: s. Nr. 4. Rangrücktritt: s. Nr. 7. **Gelöscht: s. Nr. 11.**
2.	28. April 1829. An der Hypothek in Nr. 1/I werden 35 fl. (Dreißig fünf Gulden) als bezahlt gelöscht; laut Protokolles vom heutigen.		Prot. Bd. II, S. 380 zu Nr. 1/I.
3.	11. November 1838. Die Resthypothek in Nr. 1/I wurde mit allen Rechten und den Zinsen von Walburgi ds. Jrs. an an den Bergmann Johann Simon in Füssen cediert.		Hyp.-Prot. Band III, 149 zu Nr. 1/I.
4.	14. Februar 1878. Die Hypothek in Nr. 1/I ist durch Bezahlung löschungsreif geworden. Der Rang dieser Hypothek wurde dem Kaufmann Eduard Rudolf in Berg für ein gleichhohes von Martini 1877 an mit fünf vom Hundert verzinsliches Darlehenskapital zu fünfhundert zwei und achtzig Mark fünf und achtzig Pfennig mit einer Zinsen- und Kostenkaution von acht und sechzig Mark sieben und fünfzig Pfennig eingeräumt; laut Schuld- und Hypothekenbriefs vom 8. Januar 1878 GRNr. 32 des k. Notars Müller in Erlangen.		Tageb. Nr. 160, zu Nr. 1/I.

Nr.	Hypotheken, deren Cessionen und Löschungen.	ℳ	Anmerkungen
5/II. Gelöscht	5. Januar 1880. Siebenhundert Mark vom 1. ds. Mts. an mit vier vom Hundert verzinsliches Darlehenskapital und siebzig Mark Kaution für nicht bevorzugte Zinsen, Kosten und Schäden, für den Oekonomen Johann Hohenberger in Neuengrün; laut Schuld- und Hypothekenbriefs vom 2. ds. Mts. GRNr. 19 des k. Notars Müller in Erlangen.	700 70	Tageb. Nr. 23. Erste Hypothek s. Nr. 7. Auf die Erben umgeschrieben: s. Nr. 8 **Gelöscht: s. Nr. 10.**
6/III. Gelöscht	13. Oktober 1884. Zweitausend Mark, vom 15. vor. Mts. an mit viereinhalb vom Hundert verzinsliches Darlehenskapital und zweihundert Mark Zinsen- und Kostenkaution für die Firma J. A. Eichler in Fürth; laut Schuld- und Hypothekenbriefs des k. Notars Huber in Erlangen vom 1. ds. Mts. GRNr. 1260.	2000 200	Tagebuch Nr. 1490. Zweite Hypothek s. Nr. 7. **Gelöscht: s. Nr. 11.**
7.	13. Oktober 1884. Mit der Hypothek in Nr. 1/I ist der Gläubiger hinter jene in Nr. 5/II und 6/III zurückgetreten; laut Rangrücktritts vom 8. September c. GRNr. 940 des k. Notars Müller in Füssen.		Tagebuch Nr. 1491 zu Nr. 1/I, 5/II u. 6/III.
8.	8. Juni 1895. Die Hypothek in Nr. 5/II wird auf die gesetzlichen Erben des verstorbenen Gläubigers, nämlich: 1. die Oekonomenwitwe Elisabetha Hohenberger in Neuengrün, 2. die Weberswitwe Anna Herpich, geb. Hohenberger in Schönbrunn, 3. Den Wagner Nikol. Hohenberger in Neuengrün, 4. die 5 Kinder der † Oekonomeneheleute Johann Heinrich und Carolina Schmidt in Kempten, a) Johann Carl, Bäcker in Brooklyn, b) Johann Christof, Schreiner in Brooklyn, c) Anna Barbara, verheiratet an den Oekonomensohn Johannes Preußner in Neuengrün, d) Emil, Sattler von Kempten, z. Zt. landesabwesend,		Prot. XIV, 380 zu Nr. 5/II. **Gelöscht!** (1.–3.) **Gelöscht:** s. Nr. 9. (4. a, b) **Gelöscht!** (c) **Gelöscht:** s. Nr. 10. (d)

No.	Hypotheken, deren Cessionen und Löschungen.	M.	Anmerkungen
	c) Sofie Johanna, verehelicht an den Büttner Langheinrich in Marlesreuth, auf Grund diesgerichtlichen Erbschaftszeugnisses vom 18. Juli 1893 hiemit umgeschrieben. Hieran werden die Anteile der unter 1. 2. 3. 4. c) und e) Aufgeführten als bezahlt gelöscht; laut Antrags vom Heutigen.		**Gelöscht!**
9.	21. September 1895. Die Anteile der unter No. 11: Ziffer 4 a) b) aufgeführten Personen werden wegen Bezahlung gelöscht: laut Antrags vom Heutigen.		Prot. Bd. XV, S. 30 zu No. 8.
10.	15. April 1896. Der Anteil des landesabwesenden Emil Schmidt in No. 8 wird als bezahlt gelöscht; laut Ersuchens des k. Amtsgerichts Kempten vom 9. ds. Mts.		Tagebuch No. 745 zu No. 8.
11.	1. August 1896. Die Hypotheken in No. 1 I und 6/III werden wegen Uebertragung der Objekte auf Band I S. 380 für Neuengrün gelöscht.		H. Prot. Bd. XVI S. 100.

Abgeschlossen!

I. Art.

Neues Folium.

Neuengrün Bd. I S. 380.

No.	Numerus 1020.	Anmerkungen.
1.	26. April 1827. Ein halber Hof zu Neuengrün Haus No. 60 Besitz-No. 118.	s. No. 2. Uebertragen von Bd. IV, S. 1000 für Culmitz.
2.	17. August 1858. Obiger Besitzstand rektifiziert sich nach dem definitiven Steuerkataster: Ein halber Hof Haus No. 60 in Neuengrün, bestehend in: Plan No. 193a: 0,11 Dez. Wohnhaus mit Keller, Stall nebst angebautem Gang, Schweinstall, Scheune und Hofraum. " " 193b. 194 zu 0,08 Dez. Gärten. " " 322: 0,10 Dez. Oedung. " " 296. 315. 319. 321. 355. 361. 366. 394. 1010 zu 21,95 Dez. Wiesen. " " 301. 304. 306. 311. 314. 357. 360. 364. 367. 368. 370. 388. 392 zu 19 Tgw. 0,7 Dez. Aecker. Gemeinderecht zu einem ganzen Nutzanteil. Steuergemeinde Neuengrün.	Hyp.-Prot. Bd. VIII, S. 245. (Uebertragen wie vor.) Plan-No. 321. 322 und 1010 abgeschrieben: s. No. 3. Bezüglich Plan-Nr. 368 s. No. 4. 8. Belastung: s. No. 5. Meterfeldmaß: s. No. 6. Brandversicherung s. No. 7.
3.	24. Dez. 1866. Die Plan-No. 321. 322 und 1010 werden als vom Pfandverbande freigegeben und verkauft hiemit abgeschrieben; laut Hypothekenverbandsentlassung vom 21. Dezember 1866 G.-RNo. 869 des kgl. Notars Müller in Erlangen und Kaufvertrags vom 27. November ds. Js. (GRNo. 740 desselben Notars).	Tageb. No. 1730 und 1731. (Uebertragen, wie vor.) zu No. 2.
4.	13. Oktober 1884. Die Plan-No. 368 ist der Hypothek in No. 5/II nicht mitverpfändet; laut Schuld- und Hypothekenbriefs des k. Notars Huber in Erlangen vom 1. ds. Mts. (GRNr. 1260).	Tageb. No. 1490. (Uebertragen, wie vor.) zu No. 2. s. No. 8.
5.	5. Mai 1895. Auf obigem Anwesen lastet ein Lehenbodenzins von 1 *M* 40 *₰* (Einer Mark vierzig Pfennig); laut Mitteilung des k. Rentamts Erlangen vom 2. ds. Mts.	Tageb. No. 400 zu No. 2.

No.	Zu Numerus 1020.	Anmerkungen
6.	30. Mai 1895. Die in No. 2 aufgeführten Objekte sind nach dem Grundsteuerkataster-Auszug beschrieben, wie folgt: Plan No. 193a 0,038 ha Wohnhaus No. 60 in Neuengrün mit Keller und Stall nebst angebautem Gang, Schweinstall, Scheune und Hofraum. „ „ 193b 0,003 ha Garten, Pflanzgärtchen neben der Scheuer. „ „ 194 0,024 ha Garten, Grasgarten hinter dem Hause. „ „ 296 0,215 ha Wiese beim Seifengraben. „ „ 315 1,687 ha Wiese, die Scheibenwiese. „ „ 319 0,269 ha Wiese, die Wechselwiese. „ „ 355 0,804 ha Wiese, die Hügelwiese. „ „ 361 1,111 ha Wiese, das alte Feld und die Huth. „ „ 366 0,709 ha Wiese, die Tagwerkwiese. „ „ 394 1,056 ha Wiese, die Hügelwiese. „ „ 301 0,620 ha Acker, der lange Weg. „ „ 304 0,521 ha Acker, das Leithleinsfeld. „ „ 306 0,383 ha Acker, das Stockbauernfeld. „ „ 311 0,450 ha Acker, der hintere Rain. „ „ 314 0,450 ha Acker, der mittlere Rain. „ „ 357 0,613 ha Acker, das Hempelsfeld. „ „ 360 0,014 ha Acker, das Lehmäckerlein. „ „ 364 0,692 ha Acker, das obere Feld. „ „ 367 0,598 ha Acker, das Winkeleisenfeld. „ „ 368 0,201 ha Acker, die Spitze. „ „ 370 0,641 ha Acker, das lange Feld. „ „ 388 0,331 ha Acker, der steinige Acker. „ „ 392 0,961 ha Acker, das alte Feld.	Tageb. No. 490 zu No. 2.
7.	2. Juni 1895. Obiges Anwesen ist nunmehr mit 8800 M (Achttausend achthundert Mark) gegen Brandschaden versichert; laut Schreibens der k. Brandversicherungskammer vom 28. Mai ds. Jrs.	Tageb. No. 520 zu No. 2.
8.	6. Juni 1895. Die Plan-No. 368 ist nun auch der Hypothek in No. 5/II mitverpfändet und hat die Hypothek in No. 1/I auch bezüglich dieser Plan-No. jetzt die zweite Rangstelle; laut Nachverpfändung mit Rangrücktrittserklärung vom 1. ds. Mts. GRNo. 800 des k. Notars Huber in Erlangen.	Tageb. No. 580 und 581 zu No. 2 und 4.

No.	Besitzer, Besitztitel und Beschränkungen der Disposition.	Anmerkungen
1/I.	26. April 1827. Meyer Johann Conrad, Bauer in Neuengrün, verheiratet mit Anna, geb. Spörl. Vom Vater Heinrich Meyer übernommen laut gerichtlichen Vertrags vom 28. August 1817.	(Uebertragen von IV, 1001) für Culmitz.
2/II.	17. August 1842. Wölfel Heinrich Theodor Johann, Bauer und Webermeister in Neuengrün. Laut Vertrags vom 13. Juni 1842 erkauft.	Hyp.-Prot. Bd. IV, S. 201. (Uebertragen wie vor.)
3/III.	23. Januar 1860. Wölfel Johann Heinrich Carl, zu Neuengrün. Uebernommen laut Vertrags vom 11. Januar 1860.	Prot. Bd. VIII, S. 505. (Uebertragen wie vor.) Güterstand: s. No. 4. Umschreibung: s. No. 5/IV.
4.	18. Februar 1882. Der Besitzer, Bauer Johann Heinrich Carl Wölfel zu Neuengrün, lebt in Gütergemeinschaft nach Bayreuther Recht mit Christiana, geb. Spörl; laut Schuld- und Hypothekenbriefs des k. Notars Huber in Erlangen vom 10. ds. Mts. GRNo. 107.	Tageb. No. 186 zu No. 3/III. (Uebertragen wie vor.)
5/IV.	4. Mai 1896. Wölfel Henriette Christiana, geb. Spörl, Oekonomenwitwe in Neuengrün, und deren 4 Kinder: a) Johann, Bäcker in Neuengrün, b) Georg Wilhelm, Oekonomensohn dortselbst, c) Wilhelmine Johanna, verehelicht an den Weber Conrad Friedrich in Erlangen, d) Rosine Georgine, ledig und großjährig in Neuengrün, erworben als gesetzliche Erben des Vorbesitzers auf Grund diesgerichtlichen Erbschaftszeugnisses vom Heutigen.	Prot. Bd. XV, S. 900.

No.	Hypotheken, deren Cessionen und Löschungen.		Anmerkungen
1/I.	26. April 1827. Dreihundertfünfundsiebenzig Gulden rheinisch, mit fünf Prozent verzinsliches Vorlehen für die Stadt-Kämmerei zu Erlangen; laut Dokuments vom 12. Juni 1802 und vierzig Gulden, Kaution für allenfallsige Kosten; laut Protokolles vom 25. November 1825.	fl. 375 40	Neuengrüner Consensbuch Fol. 87. Hieran 35 fl. Kapital **gelöscht**: s. No. 2. Nun an Johann Simon: s. No. 3. Löschungsreife u. Rangeinräumung: s. No. 4. Rangrücktritt s. No. 6. (Uebertragen von IV, 1002) für Culmitz. **Zweite Hypothek.**
2.	28. April 1829. An der Hypothek in No. 1/I werden 35 fl. (Dreißig fünf Gulden) als bezahlt gelöscht; laut Protokolles vom Heutigen.		Prot. Bd. II, S. 380. (Uebertragen wie vor) zu No. 1/I.
3.	11. November 1838. Die Resthypothek in No. 1/I wurde mit allen Rechten und den Zinsen von Walburgi ds. Jrs. an an den Bergmann Johann Simon in Füssen cediert.		Prot. Bd. III, S. 149. (Uebertragen wie vor) zu No. 1/I.
4.	14. Februar 1878. Die Hypothek in No. 1/I ist durch Bezahlung löschungsreif geworden. Der Rang dieser Hypothek wurde dem Kaufmann Eduard Rudolf in Berg für ein gleichhohes von Martini 1877 an mit fünf vom Hundert verzinsliches Darlehenskapital zu fünfhundert zweiundachtzig Mark fünf und achtzig Pfennig mit einer Zinsen- und Kostenkaution von achtundsechzig Mark siebenundfünfzig Pfennig eingeräumt; laut Schuld- und Hypothekenbriefs vom 8. Januar 1878 GRNo. 32 des k. Notars Müller in Erlangen.		Tageb. No. 160. (Uebertragen wie vor) zu No. 1/I.

No.	Hypotheken, deren Cessionen und Löschungen.		Anmerkungen
5/II.	13. Oktober 1884. Zweitausend Mark, vom 15. vor. Mts. an mit viereinhalb vom Hundert verzinsliches Darlehenskapital und zweihundert Mark, Zinsen- und Kostenkaution, für die Firma J. A. Eichler in Fürth; laut Schuld- und Hypothekenbriefs des k. Notars Huber in Erlangen vom 1. ds. Mts. (GRNo. 1260).	ℳ 2000 200	Tageb. No. 1490. (Uebertragen wie vor). Erste Hypothek s. No. 6.
6.	13. Oktober 1884. Mit der Hypothek in No. 1/I ist der Gläubiger hinter jene in No. 5/II zurückgetreten; laut Rangrücktritts vom 8. September 1884 GRNo. 940 des k. Notars Müller in Füssen.		Tageb. No. 1491. (Uebertragen wie vor) zu No. 1/I und 5/II.

II. Art.

Altes Folium.

Culmitz Bd. IV, S. 1100.

No.	Numerus 8.	Anmerkungen
1.	Der hintere Teil des ehemals gräfl. Rau'schen Schlosses zu Neuhaus mit fünf Achtel oder 53 Fuß 2³/₄ Zoll, worauf im Jahre 1823 a) ein Wohnhaus mit No. 35 bezeichnet, b) ein Nebengebäude (Farbhaus), c) ein Nebengebäude (Holzlage)) erbaut wurden. Die Lasten und Abgaben sind: 8 fl. 11⁷/₈ Kr. Erbzins zum k. Rentamte Neuhaus. Brandversicherungswert: 3000 fl. (Dreitausend Gulden) rhn.	S. No. 2.
2.	20. Oktober 1858. Nach dem Grundsteuerkataster-Auszug rektifiziert sich vorstehender Besitz: Ein Haus Hs.No. 35 in Neuhaus mit Eingehörungen: Plan No. 128 0,26 Dez. Wohnhaus mit Keller und Stall, Farbhäuschen, Holzremise und Hofraum am Schloßgraben. " " 126* 0,15 Dez. Weiher, der Schloßgraben (⁵/₈ Anteile, ganze Fläche 0,24 Dez. mit Hs.No. 43). " " 129 0,06 Dez. Gemüsegärtchen mit Bienenhäuschen vorm Hause. Steuergemeinde Neuhaus belastet mit: 7 Kr. ⁶⁸/₁₀₀ einfache Grundsteuer. 2 fl. 15 Kr. einfache Haussteuer.	Hyp.-Prot. Bd. X, S. 85 s. No. 3. 4. 5. 6. 7.
3.	25. September 1865. Das Brandversicherungskapital der Holzlege zu 100 fl. (Einhundert Gulden) wurde ex officio gestrichen.	Prot. Bd. XI, S. 450 zu No. 2.
4.	4. Juli 1871. Nach Ummessungstabelle No. 86 pro 1867 enthält Pl.No. 128 nun 28 Dez. Wohnhaus mit Keller und Stall, Holzremise, Scheune und Hofraum, indem diese Plan-No. durch 2 Dez. von Plan-No. 130 vergrößert wurde.	Hyp.-Prot XIII, S. 456 zu No. 2 s. No. 6.

No.	Zu Numerus 8.	Anmerkungen
5.	11. August 1882. Die Brandversicherungssumme von Hs.No. 35 wurde von 6170 ℳ auf 5110 ℳ infolge Offizialschätzungsrevision abgemindert.	Tageb. No. 900 zu No. 2.
6.	12. September 1887. Nach Ummessungstabelle No. 43 rot der Steuergemeinde Neuhaus pro 1887 enthält Plan-No. 128 mit der bisherigen Fläche zu 28 Dez. = 0,095 ha Wohnhaus mit Keller und Stall, angebauter Schupfe und Hofraum.	Prot. Bd. XIII, S. 534 zu No. 2 u. 4.
7.	22. November 1889. Nach dem Grundsteuer-Kataster-Auszug enthält: Plan-No. 126*: 0,015 ha und Plan-No. 129: 0,020 ha. Bezüglich der Plan-No. 128 ist die Fläche und Beschrieb in No. 6 mit dem Kataster übereinstimmend.	Tageb. No. 1680 zu No. 2. Berichtigung: s. No. 8.
8.	1. April 1896. Der Eintrag in No. 7 wird dahin berichtigt, daß die Plan-No. 126* nicht 0,015 ha sondern 0,051 ha enthält, mit welcher Fläche diese Plan-No. auch erworben und verpfändet wurde; laut Beschlusses von heute.	Prot. Bd. XVIII, S. 30 zu No. 7.
9.	10. April 1896. Die in No. 2 aufgeführten Objekte werden wegen Uebertragung auf Bd. I S. 385 für Neuhaus abgeschrieben und das Folium aufgehoben.	Prot. XVIII, S. 34.

Abgeschlossen!

No.	Besitzer, Besitztitel und Beschränkungen der Disposition.	Anmerkungen
1/I.	20. Juni 1839. Becher Georg Heinrich, verehelicht mit Catharina, eine geborene Raab zu Neuhaus; übernommen laut Vertrags vom 10. Mai 1838.	Hyp.-Prot. Bd. III, S. 592.
2/II.	18. August 1860. Becher Georg Heinrich Erben von Neuhaus: 1) die Witwe Catharina Becher, geb. Raab, 2) deren Kinder: Franziska Elise, Georg Andreas, Johann Franz Veit, Florentin August Christof } Becher. Laut Besitzzeugnisses vom 25. Juli 1860.	Prot. X, S. 742.
3/III.	8. Januar 1887. Becher Johann Veit, lediger Weber in Neuhaus; erworben durch Annahmsvertrag vom 28. Dezember 1886 (GRNo. 960 des k. Notars Emmer in Fürth).	Tageb. No. 50. Güterstand: s. No. 4.
4.	22. November 1889. Der Besitzer ist verehelicht mit Christiana, geb. Müller, mit welcher er in Gütergemeinschaft nach Bayreuther Recht lebt; laut Schuld- und Hypothekenbriefs des k. Notars Emmer in Fürth vom 18. ds. Mts. (GRNo. 1290).	Tageb. No. 2000 zu No. 3/III.

Abgeschlossen: s. Rubrik I. No. 9.

No.	Hypotheken, deren Cessionen und Löschungen.	ℳ	Anmerkungen
1/I. Ge- löscht.	22. November 1889. Viertausend Mark, von Martini ds. Js. an mit vier vom Hundert verzinsliches Darlehenskapital und vierhundert Mark, Zinsen- und Kostenkaution, für den Privatier Lorenz Lang in Fürth; laut Schuld- und Hypothekenbriefs des k. Notars Braun in Neuhaus vom 18. ds. Mts. GRNo. 1290.	4000 400	Tageb. No. 2000. **Gelöscht:** **s. No. 3.** **Berichtigung:** s. No. 2.
2.	1. April 1896. Der in No. 1/I erwähnte Schuld- und Hypothekenbrief wurde nicht vom Notar Braun in Neuhaus, sondern vom k. Notar Emmer in Fürth beurkundet. cfr. Rubrik II No. 4; laut Beschlusses von heute.		Prot. Bd. XVIII, S. 30 zu No. 1/I.
3.	10. April 1896. Die Hypothek in No. 1/I wird wegen Uebertragung der Objekte auf Band I, S. 385 für Neuhaus gelöscht.		

Abgeschlossen!

II. Art.

Neues Folium.

Neuhaus, Bd. I, S. 385.

No.	Numerus 1021.	Anmerkungen
1.	22. November 1889. Steuergemeinde Neuhaus: Plan No. 128: 0,095 ha Wohnhaus Hs.No. 35 in Neuhaus mit Keller und Stall, angebauter Schupfe und Hofraum. „ „ 126*: 0,051 ha Weiher, der Schloßgraben, (⁵/₈ Anteil). „ „ 129: 0,020 ha Gemüsgärtchen mit Bienenhäuschen vorm Hause. Die Brandversicherung obigen Anwesens beträgt 5110 ℳ (Fünftausend einhundert und zehn Mark).	Prot. X, 85. Prot. XI, 450. Prot. XIII, 456. Tageb. 900/1882. Prot. XIII, 534. Tageb. No. 1680/1889. Prot. XVIII, S. 30. (Uebertragen von Bd. IV, S. 1100) für Culmitz. **Brandversicherung.**

No.	Besitzer, Besitztitel und Beschränkungen der Disposition.	Anmerkungen
1/I.	22. November 1889. Becher Johann Veit, Weber in Neuhaus, welcher zufolge Schuld- und Hypothekenbriefs des k. Notars Emmer in Fürth vom 18. ds. Mts. GRNo. 1290 mit seiner Ehefrau Christiana, geb. Müller, in Gütergemeinschaft nach Bayreuther Recht lebt; erworben laut Annahmsvertrag vom 28. Dezember 1886 GRNo. 960 desselben k. Notars.	Tageb. No. 50/1887. Tageb. No. 2000/1889. (Uebertragen von IV, S. 1101) für Culmitz.

No.	Hypotheken, deren Cessionen und Löschungen.		Anmerkungen
1/I.	22. November 1889. Viertausend Mark, von Martini ds. Jrs. an mit vier vom Hundert verzinsliches Darlehenskapital und vierhundert Mark Zinsen- und Kostenkaution, für den Privatier Lorenz Lang in Fürth; laut Schuld- und Hypothekenbriefs des k. Notars Emmer in Fürth vom 18. ds. Mts. (GRNo. 1290).	ℳ 4000 400	Tageb. No. 2000. Prot. XVIII, 30. (Uebertragen von Bd. IV, S. 1102).

III. Art.

Altes Folium.

Culmitz IV, S. 390.

No.	Numerus 10.	Anmerkungen
1.	19. Juli 1859. Ein halbes Haus No. 9 in Neuhaus, bestehend aus: Plan No. 779: 0,05 Tgw. Wohnhaus mit Keller, Backofen und Hofraum. " " 779½: 0,06 " Stallung mit Stadel und Hofraum. " " 779⅓: 0,01 " Grasgarten. " " 780½: 0,29 " Garten und Weiherlein; Grasgarten. " " 781: 0,20 " Wiese, das Hofwieslein. Steuergemeinde Neuhaus.	Prot. III, 80. Plan-No. 781 enthält nun 0,17 Tgw. und 781½ in Zugang: s. No. 2. s. No. 3. 5. Servitut: s. No. 4.
2.	8. November 1872. Die Plan-No. 781 wurde vermessen und ist nun beschrieben, wie folgt: Plan No. 781: 0,17 Tgw. Wiese, das Hofwieslein. " " 781½: 0,03 Tgw. wie vor. laut Ummessungstabelle No. 28 rot pro 1871.	Prot. VII, 40 zu No. 1 s. No. 5.
3.	9. März 1881. Die Brandversicherung obigen Anwesens beträgt 4000 ℳ (Viertausend Mark); laut Mitteilung der k. Brandversicherungskammer vom 3. Februar 1881.	Tageb. No. 180 zu No. 1.
4.	13. Februar 1883. Die Verkäufer Johann Thomas Müller und Valentin Meyer haben für sich und ihre Rechtsnachfolger im Besitze der Plan-No. 785½ derselben Steuergemeinde, die Heimatwiese genannt, für ewige Zeiten das Recht vorbehalten, aus dem Abfluß des zu Plan-No. 780½ gehörigen Weihers die vorerwähnte Wiese zu bewässern, der jeweilige Eigentümer der Plan-No. 780½ ist daher nicht berechtigt, Anlagen machen zu lassen, die dieses Wässerungsrecht beeinträchtigen, oder den Weiher gar einzufüllen; laut Kaufvertrags vom Gestrigen (GRNo. 72 des k. Notars Huber in Fürth.)	Tageb. No. 140 zu No. 1.
5.	1. September 1884. Nach dem Grundsteuerkataster-Auszug enthält: Plan-No. 779: 0,017 ha, Plan-No. 779½: 0,020 ha, Plan-No. 779⅓: 0,003 ha, Plan-No. 780½: 0,098 ha, Plan-No. 781: 0,058 ha, Plan-No. 781½: 0,010 ha.	Tageb. No. 2800 zu No. 1 u. 2.
6.	1. August 1896. Die in No. 1 und 2 vorgetragenen Liegenschaften werden wegen Uebertragung auf Bd. I, S. 900 für Neuhaus abgeschrieben und das Folium aufgehoben.	Prot. Bd. VIII S. 9.

Abgeschlossen!

No.	Besitzer, Besitztitel und Beschränkungen der Disposition.	Anmerkungen
1/I.	19. Juli 1859. Müller Johann Thomas, Weber, und Meyer Valentin, Schuhmacher, beide von Neuhaus; erworben laut Vertrags vom 10. März 1840.	Prot. III, 80.
2/II.	13. Februar 1883. Michael Wilhelm, Oekonom in Neuhaus, verehelicht mit Carolina, geb. Müller, mit welcher er in der Gütergemeinschaft nach Bayreuther Recht lebt; erworben durch Kaufvertrag vom Gestrigen (GRNo. 72 des kgl. Notars Huber in Fürth).	Tageb. 140. Verfügungsbeschränkung s. No. 3.
3.	9. September 1884. Der Besitzer darf ohne Einwilligung des Oekonomen Peter Hofmann von Neuhaus die in erster Rubrik eingetragene Plan-No. 781 nicht weiter veräußern und weiter belasten; laut Kaufvertrags des k. Notars Huber in Fürth vom 2. ds. Mts. (GRNo. 900).	Tageb. No. 2900 zu No. 2/II.

Abgeschlossen: s. Rubrik I, No. 6.

No.	Hypotheken, deren Cessionen und Löschungen.		Anmerkungen
1/I. Gelöscht	1. September 1884. Fünftausend Mark, von Jakobi ds. Js. an mit vier vom Hundert verzinsliches Darlehenskapital und fünfhundert Mark, Zinsen- und Kostenkaution, für den Kaufmann Emil Frank in Neuhaus; laut Schuld- und Hypothekenbriefs vom 30. Juli c. (GRNo. 760 des k. Notars Huber in Fürth).	ℳ 5000 500	Tageb. No. 2800. Gelöscht s. No. 2.
2.	1. August 1896. Vorstehende Hypothek wird wegen Uebertragung der Objekte auf Bd. 1, S. 900 für Neuhaus gelöscht.		

Abgeschlossen!

III. Art.

Neues Folium.

Neuhaus Bd. I, S. 900.

No.	Numerus 111.	Anmerkungen
1.	9. März 1881. Steuergemeinde Neuhaus: Plan-No. 779: 0,05 Tgw. Wohnhaus Hs.No. 9 in Neuhaus mit Keller, Backofen und Hofraum. „ 779½: 0,06 Tgw. Stallung mit Stadel und Hofraum. „ 779⅓: 0,01 „ Grasgarten. „ 780½: 0,29 „ Garten und Weiherlein, Grasgarten. „ 781: 0,17 „ Wiese, das Hofwieslein. „ 781½: 0,03 „ wie vor. Die Brandversicherung obigen Anwesens beträgt 4000 Mk. (Viertausend Mark); lt. Mitteilung der K. Brandversicherungskammer vom 3. Februar 1881.	Prot. Bd. III. S. 80. „ VII. S. 40. Tageb.-No. 180/1881. (Uebertr. von IV S. 390) für Culmitz. Bezüglich Pl.-Nr. 780½ **Servitut:** s. No. 2. **Meterfeldmaß** s. No. 3. **bez. Pl.-No. 781:** s. Rubrik II, No. 3. **Brandversicherung!**
2.	13. Februar 1883. Die Verkäufer Johann Thomas Müller und Valentin Meyer haben sich für sich und ihre Rechtsnachfolger im Besitze der Plan-No. 785½ derselben Steuergemeinde, die Heimatwiese genannt, für ewige Zeiten das Recht vorbehalten, aus dem Abfluß des zu Plan-No. 780½ gehörigen Weihers die vorerwähnte Wiese zu bewässern; der jeweilige Eigentümer der Plan-No. 780½ ist daher nicht berechtigt, Anlagen machen zu lassen, die dieses Wässerungsrecht beeinträchtigen, oder den Weiher gar einzufüllen; lt. Kaufvertrags vom Gestrigen G.R. No. 72 des K. Notars Huber in Fürth.	Tageb. No. 140. (Uebertr. wie vor). Zu No. 1.
3.	1. September 1884. Nach dem Grundsteuerkataster-Auszug enthält: Plan-No. 779: 0,017 ha. Plan-No. 779½: 0,020 ha. Plan-No. 779⅓: 0,003 ha. Plan-No. 780½: 0,098 ha. Plan-No. 781: 0,058 ha. Plan-No. 781½: 0,010 ha.	Tageb. No. 2800. (Uebertr. wie vor). Zu Nr. 1.

No.	Besitzer, Besitztitel und Beschränkungen der Disposition	Anmerkungen
1/I.	9. März 1881. Müller, Johann Thomas, Weber und Meyer, Valentin, Schuhmacher, beide in Neuhaus; erworben laut Vertrags vom 10. März 1840.	Prot. Bd. III. S. 80. (Uebertragen von IV. S. 391) für Culmitz.
2/II.	13. Februar 1883. Michel, Wilhelm, Oekonom in Neuhaus, verehelicht mit Karolina, geb. Müller, mit welcher er in der Gütergemeinschaft nach Bayreuther Recht lebt; erworben durch Kaufvertrag vom Gestrigen G.R. No. 72 des K. Notars Huber in Fürth.	Tageb. No. 140. (Uebertr. wie vor). **Verfügungsbeschränkung: s. No. 3.**
3.	9. September 1884. Der Besitzer darf ohne Einwilligung des Oekonomen Peter Hofmann von Neuhaus die in erster Rubrik eingetragene Plan-No. 781 nicht weiter veräußern und weiter belasten; lt. Kaufvertrags des K. Notars Huber in Fürth vom 2. ds. Mts. (G.R. No. 900).	Tageb. No. 2900. (Uebertr. wie vor). Zu No. 2/II.

No.	Hypotheken, deren Cessionen und Löschungen.		Anmerkungezen
1/I.	1. S e p t e m b e r 1884. Fünftausend Mark, von Jakobi ds. Jrs. an mit vier vom Hundert verzinsliches Darlehenskapital und Fünfhundert Mark, Zinsen- und Kostenkaution, für den Kaufmann Emil F r a n k in N e u h a u s; laut Schuld- und Hypothekenbriefs vom 30. J u l i c. GRNo. 760 des kgl. Notars H u b e r in F ü r t h.	ℳ 5000 500	Tageb. No.o. 2800. (Uebertrageren von Bd. IVV, S. 392 für Culmitz)z).

IV. Art. **Altes Folium.**

Culmitz Bd. IV, S. 400.

No.	Numerus 12.	Anmerkungen
1.	29. Juni 1827. Ein Gut Hs.-No. 16 in Steinbach. Erbzinslehen des Rittergutes Schwarzenstein. Wert nach dem Kaufpreis im Jahre 1804 dreitausenddreihundertzwölf Gulden — 3312 fl. Brandversicherungssumme der Gebäude sechshundert Gulden.	s. No. 2.
2.	11. November 1858. Obiger Besitzvortrag rektifiziert sich nach dem definitiven Kataster: Ein Gut Hs.No. 16 in Steinbach: Plan No. 41: 0,27 Dez. Wohnhaus mit Keller, Backofen, Stall, Scheune mit Holz- und Streuschupfe und Hofraum. " " 42. 46: 0,53 Dez. Gärten. " " 60. 74. 189. 192: 9 Tgw. 87 Dez. Wiesen. " " 153. 154. 201: 10 Tgw. 01 Dez. Waldung. Gemeinderecht zu einem ganzen Nutzanteil. Steuergemeinde Steinbach.	Prot. VII, 287 s. No. 3 bezüglich Plan-No. 42 und 60. s. No. 4. 5. 6. 7. 8. 9. Brandversicherung: s. No. 10. Weiteren Besitz: s. No. 11.
3.	9. Oktober 1869. Die in No. 2 vorgetragene Plan-No. 42 beträgt nun 0,30 Dez. und die Plan-No. 60: 0,38 Dez. gemäß Ummessungstabelle No. 7 pro 1863/64.	Prot. VIII, 237 zu No. 2.
4.	17. Oktober 1870. Die Gebäude sind mit 1800 fl. (Eintausendachthundert Gulden) gegen Brand versichert.	Prot. VIII, 303 zu No. 2.
5.	6. Mai 1872. Von der sub. No. 2 mit aufgeführten Plan-No. 42 wurden weiter 9 Dez. wegverkauft und enthält diese daher nur noch 21 Dez.; gemäß Kaufvertrags des k. Notars Meyer in Steinbach vom 4. Mai 1872 GRNo. 443.	Tageb. No. 485 zu No. 2.
6.	20. Dezember 1872. Nach Ummessungstabelle No. 23 pro 1870 wurde Plan-No. 41 vermessen in Plan-No. 41a: 0,23 Dez. Wohnhaus mit Keller und angebautem Stall, Hofraum und in Plan-No. 41b: 0,04 Dez. Wurzgarten. Die Plan-No. 42 enthält 0,20 Dez., indem 1 Dez. zum Weg Plan-No. 80 gemessen wurde.	Prot. VIII, 377 zu No. 2.

No.	Zu Numerus 12.	Anmerkungen
7.	22. November 1882. Nach dem Grundsteuerkataster enthält: Plan-No. 41a: 7,8 a. Plan-No. 41b: 1,4 a. Plan-No. 42: 6,8 a. Plan-No. 46: 10,9 a. Plan-No. 60: 12,9 a. Plan-No. 74: 39,5 a. Plan-No. 153: 1,523 ha. Plan-No. 154: 98,5 a. Plan-No. 189: 2,102 ha. Plan-No. 192: 73,3 a. Plan-No. 201: 90,3 a.	Tageb. 1401 zu No. 2.
8.	9. Februar 1883. Die Plan-No. 189 wurde vermessen in Plan-No. 189: 1,906 ha Wiese, die Teichwiese, und Plan-No. 189½ 0,196 ha wie vor; letztere wird als verkauft und vom Pfandverbande freigegeben abgeschrieben; laut Kaufvertrags vom 26. Januar c. GRNo. 62 des k. Notars Meyer in Steinbach und Pfandfreigabe desselben vom gleichen Tage GRNo. 60.	Tageb. No. 101 und 102 zu No. 2.
9.	14. Mai 1886. Die Plan-No. 46 wurde vermessen in Plan-No. 46 zu 0,106 ha und Plan-N. 46½ zu 0,003 ha; ferner die Plan-No. 189 in Plan-No. 189 zu 1,291 ha l. d. B. und in Plan-No. 189½ zu 0,615 ha r. d. B.; laut Ummessungstabelle No. 46 rot pro 1885.	Prot. IX, 216 zu No. 2, 7 u. 8. **Berichtigung:** s. No. 12.
10.	23. April 1895. Die Brandversicherung obigen Anwesens beträgt 3090 ℳ i. e. Dreitausend und neunzig Mark; laut Schreibens der k. Brandversicherungskammer vom 17. c.	Tageb. No. 554 zu No. 2.
11.	21. Mai 1895. Als durch dieselbe Urkunde erworben, mitverpfändet und in derselben Steuergemeinde gelegen wird zugeschrieben: Plan-No. 171½: 1,094 ha Acker, der Hohlwegacker, — übertragen von III, S. 253 —.	Tageb. No. 847 zu No. 2.
12.	13. August 1895. Der Vortrag in No. 9 wird dahin berichtigt, daß die Plan-No. 189 zu 1,906 ha nicht in Plan-No. 189 und 189½, sondern richtiger wie folgt vermessen worden ist: Plan-No. 189: 1,291 ha Wiese, die Teichwiese, und „ „ 189⅓: 0,615 ha Wiese, wie vor. Die Plan-No. 189½ in No. 9 cessiert daher; laut Operats No. 46 rot 1885.	Tageb. No. 1276 zu No. 9.

No.	Zu Numerus 12.	Anmerkungen
13.	8. September 1895. Nach dem Grundsteuer-Kataster-Auszug sind die hier vorgetragenen Plan-No. beschrieben, wie folgt: Plan-No. 41 a und 41 b, wie in No. 6, Plan-No. 42: Garten, der Pflanzgarten vor dem Hause, Plan-No. 46: Garten, die Peunt, Plan-No. 60: Wiese, die Heimatwiese, Plan-No. 74: Wiese, im Gründlein, Plan-No. 153: Waldung, das schwarze Holz, Plan-No. 154: wie vor, Plan-No. 189: wie in No. 12 angegeben, 189 1/3 wie in No. 12, Plan-No. 192: Wiese, die Scheibenwiese, Plan-No. 201: Waldung, die Reuth, Plan-No. 46 1/2: Garten, die Peunth, Plan-No. 171 1/2, wie in No. 11.	Tageb. No. 1400 zu No. 2.
14.	8. Dez. 1896. Die in No. 2, 9, 11 und 12 aufgeführten Objekte werden wegen Uebertragung auf I, S. 190 für Steinbach abgeschrieben und das Folium aufgehoben.	Prot. Bd. XII, 180.

Abgeschlossen!

Culmitz Bd. IV, S. 401.

No.	Besitzer, Besitztitel und Beschränkungen der Disposition.	Anmerkungen
1/I.	29. Juni 1827. Huber Bernhard, Bauer in Steinbach; übernommen vom Vater Erhard Huber laut Vertrags vom 10. April 1806.	
2/II.	9. Februar 1834. Huber Johann, Oekonom in Steinbach, Sohn des Vorigen. Uebernommen durch Vertrag vom 31. Januar 1832.	Prot. II, S. 30.
3/III.	17. Oktober 1859. Friedrich Jakob, Webermeister und Oekonom in Steinbach; erworben laut gerichtlichen Vertrags vom 3. September 1856.	Prot. VII, 400.
4/IV.	11. November 1863. Erhard Nikol, Bäcker in Steinbach, verehelicht und in Gütergemeinschaft nach Bayreuther Recht lebend mit Margaretha, geb. Friedrich; erworben laut Uebergabsvertrags des k. Notars Meyer in Steinbach vom 8. Oktober 1863.	Tageb. No. 1900.
5/V.	21. November 1895. Tittmar Georg, Wagnermeister in Steinbach, welcher mit seiner Ehefrau Anna Rebekka, geb. Schmidt, die Gütergemeinschaft des Bayreuther Rechts ausgeschlossen hat; erworben laut Kaufvertrags vom 4. Oktober 1884 (GRNo. 940 des k. Notars Helpold in Steinbach).	Tageb. No. 1860.

Abgeschlossen: s. Rubrik I, No. 14.

No.	Hypotheken, deren Cessionen und Löschungen.		Anmerkungen
1/I. Gelöscht.	29. Juni 1827. Siebenundvierzig fünfsiebentel Gulden, mit vier Prozent verzinsliche Erbteilsforderung der Schwester des Besitzers Huber, Namens Anna Margaretha, welche nach Amerika ausgewandert ist; laut Protokolles vom 29. Juni 1827.	fl. 47 5/7	Prot. I, 28. Gelöscht: s. No. 2.
2.	18. November 1895. Die in No. 1/I eingetragene Erbteilsforderung der Anna Margaretha Huber zu Siebenundvierzig fünfsiebentel Gulden wird als durch diesgerichtliches Ausschlußurteil vom 12. ds. Mts. für erloschen erklärt gelöscht; laut Antrags und Beschlusses von heute.		Prot. Band I S. 2 für Neuhaus zu No. 1/I.

Abgeschlossen: s. Rubrik I, No. 14.

Neues Folium.

Culmitz Bd. V, S. 190.

No.	Numerus 120.	Anmerkungen
1.	21. November 1895. Steuergemeinde Steinbach: Plan-No. 41a 0,078 ha Wohnhaus No. 16 in Steinbach mit Keller und angebautem Stall, Hofraum. „ „ 41b 0,014 ha Wurzgarten. „ „ 42 0,068 ha Garten, der Pflanzgarten vor dem Hause. „ „ 46 0,106 ha Garten, die Peunt. „ „ $46^{1}/_{2}$ 0,003 ha wie vor. „ „ 60 0,129 ha Wiese, die Heimatwiese. „ „ 74 0,395 ha Wiese im Gründlein. „ „ 153 1,523 ha Waldung, das schwarze Holz. „ „ 154 0,985 ha wie vor. „ „ $171^{1}/_{2}$ 1,094 ha Acker, der Hohlwegacker. „ „ 189 1,291 ha Wiese, die Teichwiese. „ „ $189^{1}/_{2}$ 0,669 ha Wiese, wie vor. „ „ 192 0,733 ha Wiese, die Scheibenwiese. „ „ 201 0,903 ha Waldung, die Reuth. Gemeinderecht zu einem ganzen Nutzanteil. Die Brandversicherung obigen Anwesens beträgt 3090 ℳ (Dreitausend neunzig Mark); laut Schreibens der k. Brandversicherungskammer vom 17. April 1895.	Prot. VII, 287. „ VIII, 237. „ VIII, 303. Tgb. No. 485/1872. Prot. VIII, 377. Tgb. No. 1401/1882. Tgb. No. 101 und 102/1883. Prot. Bd. IX, 216. Tgb. No. 554/1895. Tgb. No. 847/1895. Tgb. No. 1276/1895. Tgb. No. 1400/1895. (Uebertragen von Bd. IV, S. 400.) **Brandversicherung!**

No.	Besitzer, Besitztitel und Beschränkungen der Disposition.	Anmerkungen
1/I.	21. November 1895. Dittmar Georg, Wagnermeister in Steinbach, welcher mit seiner Ehefrau Anna Rebekka, geborenen Schmidt, die Gütergemeinschaft des Bayreuther Rechts ausgeschlossen hat; erworben laut Kaufvertrags vom 4. Oktober 1884 (GRNo. 940 des k. Notars Helpold in Steinbach).	Tageb. No. 1860. (Uebertragen von Bd. IV, S. 401).

No.	Hypotheken, deren Cessionen und Löschungen.		Anmerkungen

7. Unvollziehbare Anträge.[1]) — Notariatsurkunden.

Wagner S. 107 ff.

Die Beteiligten haben nicht nur ein Interesse daran, daß bei Neuanlage eines Hypothekfoliums alle auf dem alten kassierten Folium eingetragenen, noch bestehenden Rechtsverhältnisse auf das neue Folium mit übernommen werden (cf. § 25 Hyp.Ges. Oberst.L.G. XV S. 349), sondern auch daran, daß die Rechtsgeschäfte auch hypothekenamtlich vollzogen werden können.

Inwieweit hier durch die Hebung von Differenzen zwischen den Einträgen im Kataster und den Hypothekenbüchern, bezw. den Realregistern späteren unvollziehbaren Urkunden vorgebeugt wird, ergibt sich aus den obigen Erörterungen zu den drei Rubriken. Wie regelmäßig der Notar die Beteiligten auf die Vollzugshindernisse aufmerksam zu machen hat und letztere zu heben sucht, den Parteien, wenn sie auf der Aufnahme der Urkunde bestehen, die Schuld für entstandene und durch Mangel an Verfügung, insbesondere Aufnahme von Hypotheken, erwachsende Schäden überlassend (autogr. Min.Entschl. vom 19. Oktober 1865 Nr. 875 lit. A I bei Enderlein S. 409, ferner J.M.Bl. 1864 S. 210), so ist es auch Aufgabe des Vereinigungsbeamten, zu dem geordneten Vollzug späterer Anträge dadurch beizutragen, daß die seither unvollzogenen Urkunden in den Tagebüchern aufgesucht und durch Hebung der Vollzugshindernisse vollzogen werden. Werden die aufgefundenen Urkunden mit den jetzigen Einträgen im Hypothekenbuche verglichen, so wird sich zeigen, inwieweit sie späterhin zum Vollzuge gelangten, gegenstandslos ge-

---

[1]) Dem Erwerber eines Grundstücks steht, solange dieses nicht auf ihn im Hypothekenbuche frei von nicht übernammenen Hypotheken eingeschrieben wird, gegen die Ansprüche des Veräußerers die Einrede des nicht erfüllten Vertrags zur Seite und zwar auch dann, wenn er seinerseits das Grundstück weiter veräußert hat (C. S. XIV S. 568). Solange ein Käufer eines immobile in den öffentlichen Büchern nicht als Eigentümer oder Besitzer vorgetragen ist, ist er nicht in der Lage, dieses immobile zu verpfänden; es mangelt ihm sonach eine wesentliche Verfügungsbefugnis bezüglich dieser Realität. Abgesehen hievon können gegen den im Hypothekenbuche eingetragenen Besitzer noch Hypotheken auf dem Objekte errichtet werden, für die der nicht eingetragene Eigentümer wenigstens mit dem Werte des Objektes haftet. Auch hieraus ergiebt sich, daß der Käufer eines Grundstücks ein wesentliches Interesse daran hat, daß dieses in den öffentlichen Büchern auf ihn umschrieben wird (XIV S. 572). Wirkung der Abschreibung im Hypothekenbuche rücksichtlich des Pfandverbands; für die Frage, ob sich ein Grundstück noch im Hypothekverbande befindet oder nicht, ist lediglich die Thatsache der formell korrekten Abschreibung maßgebend; unerheblich ist, ob dasselbe mit oder ohne rechtlichen Grund im Hypothekenbuche abgeschrieben wurde (C. S. XII 38). Von einem Gutskomplexe, auf welchem Reallasten im Hypothekenbuche eingetragen sind, können einzelne Grundstücke auch ohne Einwilligung der Realberechtigten abgetrennt werden (C. S. XIII S. 503).

Der Eintrag ins Hypothekenbuch nach Ordnung der Anmeldung bezieht sich nur auf solche Urkunden, die zum Eintrage bereift sind (C. S. X 576).

worden sind (z. B. durch Aufnahme anderweitiger Darlehen) oder noch des Vollzugs bedürfen. Letzterenfalls werden von dem Notare des Gerichtssitzes die Urkunden zu erholen und an auswärtige Notare Anfragen zu richten sein.

Allgemeine Bestimmungen lassen sich hier deshalb nicht aufstellen, weil die Hindernisse nach den Zivilrechten sich verschieden gestalten. Es werden daher nur einige Hauptgruppen erwähnt, die wohl am häufigsten wiederkehren.

Eine Reihe der bei der Folienrevision und Uebertragung und Durchsicht der früheren Tagebücher aufgefundenen Urkunden wird vom laufenden Dienste in kurzer Zeit infolge Wegfalles der Mängel gehoben worden sein. Hieher gehören diejenigen Fälle, in denen die Zustimmung Beteiligter mangelte oder der Vollmachtspunkt nicht in Ordnung ging. Z. B. die Frau ist als Besitzerin eingetragen; der Ehemann veräußert das Grundstück allein bei allgemeiner Gütergemeinschaft nach Bamberger Recht und beantragt Besitztitelberichtigung. Mangelnde Zustimmung der Mitbesitzerin zur Verpfändung, wenn die beiden überdies nicht mit Stern bezeichneten Hälfteanteile als eine Pl.Nr. auf einem Folium vereinigt und nicht auf verschiedenen Folien vorgetragen sind. Mangelnde Verzichtserklärung des Berechtigten zu Besitztitelberichtigung, wenn ein Einstandsrecht eingetragen ist. Realabteilung zwischen A. und B. Teil des A. ist hypothekfrei, des B. belastet; B. macht sich verbindlich, die Zustimmung der Gläubiger zu dieser Teilung binnen Frist nachzubringen. Unvollziehbar, nachdem die Zustimmungserklärung der bezüglich des Anteils des B in Betracht kommenden Gläubiger erforderlich ist. Cession eines für den Vater und die Kinder eingetragenen Kapitals Namens des Vaters: Unvollziehbarkeit, weil der Vater nicht ohne Kollision zwischen seiner Vertretungsbefugnis und den Interessen der Kinder, z. B. bei einem Kaufvertrage, letztere nicht vertreten kann. (J.M.Bl. 1867 S. 226, pr. L.R. Teil II Tit. 18 § 29.) Mangel der obervormundschaftlichen Genehmigung, z. B. Teil II Tit. II § 171 pr. L.R., Teil II Tit. 18 § 550 pr. L.R., Cession eines Kapitals des verstorbenen Gläubigers auf einen der Miterben seitens der übrigen Miterben Teil I Tit. 13 § 21 ff. pr. L.R., Dispensation Minderjähriger durch das k. Staatsministerium der Justiz von der öffentlichen Feilbietung von Grundstücken (und Uebernahme nicht unter der Taxe) Teil II Tit. 18 § 586, cf. auch 556. Unvollziehbarer Antrag auf Eintragung einer Hypothek auf Eisensteinzechen, die nach Eröffnung des Foliums vorgemerkt wurde; endgiltiger Eintrag unthunlich mit Rücksicht auf Art. 85, 88, 91, 226—228 des Berggesetzes. Kaufvertrag: Besitztitelberichtigung auf Schulgemeinden. Unvollzogen, weil der Schulgemeinde eine selbständige Rechtspersönlichkeit nicht zukommt. (C. S. VI S. 719, XV 862.) Unvollziehbarer

Antrag auf Eintragung einer Zwangshypothek auf ideellem Anteile des B (Art. 40, 26, 3, 33 II G.O.). Unvollziehbarer Antrag auf Eintragnng einer Hypothek an I. Stelle, weil außer dem gelöschten Annuitätendarlehen noch weitere Hypotheken eingetragen sind, eine Rangeinräumung nicht vorliegt, auch nicht statthaft wäre.

In anderen Fällen gründet sich die Unvollziehbarkeit darauf, daß der Besitztitel noch nicht oder nicht mehr (C. S. XIV S. 730) auf den über das Hypothekenobjekt Verfügenden lautet oder daß eine Dispositionsbeschränkung, bezw. ein anderer Gläubiger eingetragen ist, die Liegenschaften unrichtig bezeichnet sind. Hier werden meist Urkunden von außerhalb des Gerichtssitzes amtierenden Notaren in Frage kommen, die das Hypothekenbuch nicht einsehen konnten und einen evident gestellten Kataster nicht vorgelegt erhielten (C. S. XII S. 603). Vollzug einer Cession, einer Hypothekaufnahme, während nicht im Besitz des Schuldners befindliche Liegenschaften verpfändet werden, bezw. Liegenschaften, die dem Schuldner nicht mehr gehören (C. S. XIV S. 730). Antrag der Brandversicherungskammer auf Eintrag der Brandversicherungssumme von Hs.No. 5 des B. in M.; unvollziehbar, weil der Besitztitel des Anwesens Hs.No. 5 in M. noch nicht auf B. berichtigt ist. Unvollziehbarkeit, wenn eine Bruchnummer durch Vermessung neugebildet und veräußert wurde, wenn diese Bezeichnung z. B. Pl.No. 600½ schon mit anderem Beschrieb im Sachregister enthalten ist, wobei sich später herausstellt, daß die neue Pl.No. 600⅓ hätte katastriert werden sollen, was nachgeholt wird, oder weil eine Pl.No. im Sachregister noch gar nicht steht, beziehungsweise cessiert und nicht mehr besteht. Gesuch um Vormerkung einer gesetzlichen Hypothek auf einer Scheune, die abgebrannt ist, für gelieferte Materialien zum Wiederaufbau derselben; unvollziehbar, nachdem auf dem Folium eine Scheune noch nicht eingetragen ist. Unvollziehbare Cession, nachdem ein Teil der Forderung für einen anderen Gläubiger eingetragen ist. Gesuch um Eintragung einer Beschlagnahme zum Zweck der Zwangsversteigerung: unvollziehbar, da die Liegenschaften nicht dem A., sondern dem B. gehören. Eintrag von Beschlagnahmen cf. II. Rubrik. Antrag auf Besitztitelberichtigung, wenn Eigentumsvorbehalt bis zur Tilgung des früheren Kaufschillings eingetragen ist: entweder Löschung oder Einwilligung des Gläubigers nötig.

Ablehnungen von Löschungen werden sich meist darauf gründen, daß die Vorschriften des § 85, 158, 103 Hyp.Ges., Art. 62 Not.Ges. nicht beachtet sind, so, weil unklar ist, welche von mehreren für den Gläubiger eingetragenen Hypotheken gelöscht werden soll, weil der Antrag nicht persönlich bei Gericht oder dem Notar gestellt ist, weil der Löschungsantrag durch Brief erfolgte, ohne daß die Unterschrift in genügender Weise beglaubigt wäre. Eintragung einer Zwangshypothek auf 1/6 Anteil des X. unvollziehbar, weil das Anwesen zum Zwecke der Zwangsversteigerung beschlagnahmt ist und für den ideellen Anteil des X. kein besonderes Folium besteht, überdies der Nachweis der Zustellung des vollstreckbaren Titels fehlt, bezw. die Frist erst später oder im Hinblick auf § 562 C.P.O. und Art. 41 Nov. zur S.O. abläuft (§ 644, 702, 671, 156, 691, 4; 87 C.P.O. Art. 6 Ausf.-Ges. z. C.P.O.)

Dem Vollzug von Grundabtretungen steht der Mangel des Nachweises über Entrichtung der betreffenden Gebühr sowie der Bestätigung des Notars hierüber entgegen. (Art. 261 Geb.Ges. und § 69 Abs. II Instr. z. Not.Ges.; Enderlein S. 363: Autogr. M.E. vom 12. August 1867 No. 15245, C. S. XIV S. 730.)

Verweigerung des Eintrags, weil bewegliche Gegenstände nicht in dem beantragten Umfange als Zugehörungen des Anwesens erklärt werden können (§ 34 Hyp.Ges.) pr. L.R. Teil I Tit. 2 § 43, 44; Bl. f. R.A. Bd. 45 S. 38, 403. Dagegen Bd. VIII S. 423 der Entschdg. des Reichsgerichts in Strafsachen.

Eine weitere Gruppe bilden die Abweisungen nach § 40 des Hyp.-Ges. Hier handelt es sich um die Zertrümmerung eines Gutskomplexes bezw. die Veräußerung einzelner Grundstücke oder Trennstücke von einem Pfandobjekte; oder es liegt ein unrevidiertes Operat der Urkunde zu Grunde oder es ist ein revidiertes Operat im Kataster vollzogen und der Urkunde zu Grunde gelegt, während dasselbe im Hypothekenbuche und Sachregister noch nicht vollzogen ist, oder es stehen auf dem Folium nicht mitübergebene belastete Grundstücke. Anlangend den Fall, daß der Käufer eine Pl.No. miterwarb, auf der eine Hypothek lastet, die nicht mitübernommen und bezüglich deren eine Pfandentlassung noch nicht vorliegt, so wird die Unvollziehbarkeit nach § 40 des Hyp.Ges. zu erfolgen haben. Dasselbe Schicksal trifft diejenige Urkunde, in der das Anwesen hypothekfrei übernommen wird und der Verkäufer sich verpflichtet, binnen Frist die Objekte hypothekfrei zu stellen, während beim Einlauf der Urkunde die Hypotheken noch eingetragen sind.

Ist der Wille der Parteien darauf gerichtet, daß der Uebernehmer das Anwesen ohne Uebernahme einer wegen Zahlung erloschenen aber noch nicht gelöschten, etwa zu amortisierenden Hypothek übernehmen wird und der Verkäufer für die hiedurch entstehenden Kosten aufkommt, so wird die Urkunde vollzogen werden können. Auch derjenigen Urkunde, bezüglich deren sonst Willenseinigung der Parteien vorliegt und in der die Hypotheken vom Erwerber nicht mit übernommen werden, wird der Vollzug nicht versagt werden können, da der Erwerber trotzdem dinglicher Besitzer wird und als solcher in die Lage kommen kann, daß er dem Verkäufer den Kaufpreis bezahlt hat und ihm das Anwesen subhastiert wird. Der

Hypothekenbeamte wird auf den Kaufvertrag die Bestätigung zu seiner Sicherung setzen, welche Hypotheken auf dem Anwesen lasten. (Regelsberger S. 360, 368.)

Zutreffend ist im Jahrg. 1884 S. 125 Not.Ztg. unterschieden, ob das Trennstück veräußert wird oder nicht. Liegt lediglich der Vollzug eines Operates von in gleicher Hand bleibenden und auf dem gleichen Folium vollziehbaren Vermessungen vor, so wird das Recht des Gläubigers nicht geändert. Liegt aber eine Veräußerung oder Zertrümmerung von Teilen an andere Besitzer vor, so sind die Rechte des Gläubigers nach § 40, 39 Hyp.-Ges. gewahrt. Hier hat der Gläubiger zur Pfandentlassung seine Zustimmung zu erklären, wenn anders der Vertrag nicht unvollziehbar sein soll.

Maß gibt die in den Generalakten der Gerichte enthaltene autograph. J.M.E. vom 5. Juli 1887, die daran festhält, daß das Gesetz die Zustimmung des Hypothekgläubigers zur Abschreibung eines einzelnen Grundstückes in allen Fällen verlangt, in welchen mehrere Grundstücke auf dem nämlichen Folium verpfändet sind. Der in Not.Ztg. 1884 S. 13 vorgeschlagene Ausweg, mehrere Folien als Verbandsfolien anzulegen, trifft daher nicht zu. Die betreffende J.M.E. gibt auch Aufschluß über frühere Entstehung und Neubildung von Gutskomplexen nach dem Willen des Besitzers zufolge § 34 und scheidet hievon die Fälle aus, in denen „die Vereinigung mehrerer Grundstücke auf einem Folium zufolge § 13 Nr. 3 der Instruktion über den Vollzug des Hypothekengesetzes rein äußerlich erfolgt ist.“

Fälle dieser Art treten da auf, wo das Hypothekenamt (cf. Not.Ztg. 1884 S. 126) aus Zeit- und Raumersparnis in Jahre langer Praxis gleichverpfändete Grundstücke von Amtswegen beim Urkundenvollzug ohne Antrag des Besitzers zusammenlegte, insbesondere um eine frühere Praxis zu korrigieren, derzufolge der Hypothekenaktuar ebenfalls ohne wenn nicht gegen den Willen des Besitzers für einzelne Grundstücke einzelne Folien wegen der mit der Folienanlage für ihn verbundenen Gebühr nicht etwa aus dem Gesichtspunkt des § 120 Hyp.Ges. anlegte, während die Grundbesitzer später die Annahme verlauten ließen, ihr Besitz sei einheitlich vorgetragen worden. Da die Feststellung für den Hypothekenbeamten im einzelnen Falle nicht unbedingt sicher ist, ob eine einheitliche Hypothek oder Korrealhypotheken (§ 147 Hyp.Ges.) vorliegen, wird sich der Hypothekenbeamte an den bestehenden Eintrag halten und den Parteien überlassen, auf dem Rechtsweg das Rechtsverhältnis feststellen zu lassen.

Es ist jedenfalls nicht zu billigen, wenn seitens der k. Notare die Parteien zu Anträgen auf Zusammenlegung ihrer Grundbesitzungen verschiedener Steuergemeinden auf eines ihrer Folien lediglich mit Rücksicht auf die vereinfachte Führung des Hypothekenbuches veranlaßt werden (§ 39), soferne die Parteien die Tragweite dieses Antrages nicht verfolgen und auch eine seither einheitliche Bewirtschaftung fraglich und Einzelveräußerung und Einzelverpfändung nicht ausgeschlossen ist (Not.Ztg. 1884 S. 126).

Immerhin wird es häufig vorkommen, daß ein Grundbesitzer eine in einer anderen Steuergemeinde liegende Eingehörung mit dem Hauptgute auch im Hypothekenbuche verbunden wissen will und es wird hier der Antrag auf Zusammenlegung (§ 39) auch dann zu vollziehen sein, wenn die Objekte nicht durch die gleiche Urkunde erworben wurden, wenn nur die Hypotheken auch dem Range nach die gleichen sind. (C. S. XIV S. 711.) Daß die Pfandentlassungserklärungen (Not.Ztg. 1894 S. 152) der Gläubiger lediglich versehen mit der Unterschriftsbeglaubigung durch den Bürgermeister als hinreichend auch nicht für die generelle Hypothekenbereinigung gelten können, ist in der Anmerkung zu diesem Aufsatz von der Redaktion unter Anführung von Citaten hervorgehoben. Es liegt eben für die Behandlung der Bagatelle-Flächenänderung, die bei der Bereinigung überaus häufig auftreten, dieselbe gesetzliche Vorschrift vor, wie bei Erbumschreibungen und Löschungen, wenn statt 10000 fl nur 50 kr. eingetragen sind und die Erben nun eruirt und herangezogen werden müssen. Bei der ohnehin selten vorkommenden und ausnahmsweise zulässigen Zusammenlegung dürfte die darauf gerichtete einfache Erklärung des Besitzers über seinen Grundbesitz versehen mit der Unterschriftsbeglaubigung und beigedrücktem Siegel seitens der Gemeindebehörde den gesetzlichen Erfordernissen genügen.

Ueber Zulässigkeit der Sonderverpfändung der auf einem Folium vereinigten Realitäten insbesondere walzenden: für und gegen Anwendung des § 40. cf. Bl. f. R.A. Bd. 45 S. 305, 321 und Literatur daselbst.

Die Fälle des § 40 Hyp.Ges. werden sich dahin lösen, daß

1. die Pfandentlassung und Abschreibung der Pl.No. herbeigeführt wird,
2. oder daß die frühere Vollzugsart, wonach in I. Rubrik beigefügt wurde: „Die Pl.No. 100 haftet nicht für die II. Hypothek, während sie für die I. und spätere III. haftet" dadurch gebessert wird, daß wenn eine allgemeine Pfandentlassung nicht erbracht werden kann, die Nachverpfändung und Ordnung des Ranges des Objekts für diese Hypothek erwirkt wird, damit nicht durch verschiedenen Rang ein Folium in mehrere zerrissen wird, sondern die Rubriken sich entsprechen,
3. oder daß die Folien mit Zustimmung der Gläubiger im Falle 2 geteilt werden, indem für Pl.No. 100 ein Verbandfolium angelegt wird mit den Hypotheken I und III, während die Pl.No. auf dem Hauptfolium abgeschrieben wird.

Letztere Art war früher bei Einträgen von Legalhypotheken nach § 12 Ziff. 9 (Baukostenforderung) häufig nötig, ist jedoch durch die Entscheidung in C. S. 13 S. 358 eingeschränkt (dagegen Not.Ztg. 92 S. 39).

Anders liegt die Sache, wenn der Anwesensbesitzer sich ein Grundstück von vorneherein zurückbehielt, um dieses im Bedürfnisfall mit einer weiteren, nicht einer Verbandhypothek, zu belasten und ein eigenes Folium anlegen zu lassen; oder wenn von vorneherein schon für jede Liegenschaft ein besonderes Folium existiert und Verbandhypotheken eingetragen sind. Hier kommt lediglich das Folium der betreffenden Pl.No. in Betracht.

Insoweit es sich, wie zur I. Rubrik erwähnt, nur um Abschreibungen von Trennstücken infolge Messungsfehler, Elementarereignisse, wie Stromabrisse handelt, ist die Einwilligung der Gläubiger nicht nötig, wohl aber in den zur I. Rubrik oben angeführten Fällen.

Ist das Trennstück des Schuldners auf einem Folium abzuschreiben und dem anderen Folium zugeschrieben und lasten auf beiden Folien die gleichen Hypotheken mit gleichem Rang, so wird die Pfandentlassung des Gläubigers auf dem einen und Nachverpfändung auf dem anderen nicht nötig werden, wohl aber wieder wenn die Rangverhältnisse der Hypotheken auf beiden Folien nicht die gleichen sind. (Wagner S. 67 J.M.E. vom 9. Juli 1888 S. 161 Bl. f. R.A. Bd. 53 S. 280, 33, 396, Bd. 51 S. 346, J.M.E. vom 23. Januar 1889 S. 43).

Eine weitere größere Gruppe bilden die nach § 140 Hyp.-Ges. zurückgewiesenen Urkunden. Das Hypothekenamt hat die Besitztitelberichtigung erst zu vollziehen — abgesehen von Art. 261 des Gebührengesetzes — wenn ihm über den Besitzwechsel die Urkunden in Urschrift vorgelegt sind. Handelt es sich dabei um Urkunden, welche die Beteiligten mit Rücksicht auf die Bestimmung des Art. 82 Abs. 1 Not.Ges. nicht in Urschrift vorlegen können, so wird das Hypothekenamt gemäß § 97 des Hyp.Ges. und Ziff. 6 S. 217 J.M.Bl. 1864 nach Einsicht der Abschrift und etwaiger Akten die Urschrift vom Notare zu erholen haben. Im übrigen ist es Pflicht des Notars, die Erwerbsurkunde des Veräußerers mit vorzulegen.

Nun bezieht sich § 140 nach der herrschenden Judikatur (C. S. XII 63, XIV 239, XV 345) nur auf bereits bestehende Folien, nicht aber auf neuanzulegende. Für die Neuanlage gilt § 4 des Einf.Gesetzes und § 21 der Instruktion.

Es handelt sich bei der Neuanlage nicht um eine Besitzveränderung vom Standpunkt des Hypothekenbuches aus, auch ist das Einführungsgesetz an keine bestimmte Zeitdauer geknüpft oder durch ein späteres Gesetz beseitigt. Es genügen im Kataster Einträge: „erkauft laut gerichtlichen Kaufbriefs vom . . .“ Allerdings muß der den Eintrag Nachsuchende zur Zeit der Anmeldung Eigentum besitzen und der angegebene Besitztitel mit dem von ihm selbst angegebenen übereinstimmen (C. S. XII 66). Diesen Entscheidungen hat sich wohl die überwiegende Praxis nicht angeschlossen.

Die in Bl. f. R.A. Bd. 55 S. 369 mitgeteilte gegenteilige Ansicht unterscheidet zwischen Eintragungen bei der ersten Anlegung und solchen nach dieser. Nun ist allerdings zuzugeben, daß ein Gesetz nicht von selbst aufhört, sondern nur durch einen Akt des Gesetzgebers l. 85 § 1 D 50, 17 (Holzschuher Casuistik Bd. I S. 40). Allein die Rechtssätze können sich auch verbindende Kraft ihrer Natur nach nur für eine gewisse Zeit oder nur für vorübergehende Voraussetzungen beilegen, wohin transitorische Gesetze gehören, die nur bestimmt sind, aus einem Rechtszustande in einen andern überzuleiten (cf. Windscheid 5. Aufl. Bd. I S. 75.)

Hieher gehören teilweise Bestimmungen der Einführungsgesetze. Zwar enthalten auch diese wie die Ausführungsgesetze bleibende Normen, so wenn bestimmt ist, inwieweit das frühere Recht aufgehoben wird. Auch wird derjenige, für den ein Folium bei Anlage des Hypothekenbuches errichtet wurde, verlangen können, daß er bei der späteren Anlegung des Foliums genau so behandelt wird, als wenn das Folium bereits bei der Anlage errichtet worden wäre — soweit nicht eine gesetzliche Bestimmung entgegensteht, und es läßt sich hier auch nicht der Vergleich mit der Anlage des Grundbuches heranziehen, da die Grundbuchordnung davon ausgeht, (Einleitung zu den Motiven der Grundordnung), daß das Grundbuch fertig vorliegt und erst die weiteren Eintragungen eines Antrags bedürfen (§ 12 der Grundbuchordnung), während das Hypothekengesetz überhaupt nur die Anlegung eines Foliums bei gegebener Veranlassung (§ 120) kennt. Aber es will scheinen, als ob derselbe Gesetzgeber nicht gleichzeitig für die Dauer der Durchführung des Gesetzes zwei verschiedene Bestimmungen für den sonst gleichen Fall treffen wollte, von denen die eine im Gesetze selbst und die andere im Widerspruch mit dem Gesetz im Einführungsgesetze steht und daß er, wenn er dies gewollt hätte, dies in einem Absatz II des § 140 des Hauptgesetzes, das doch in einem Gusse entstanden ist, hätte thun müssen und zwar umsomehr als der § 140 mit dem Worte: „außer" an den Fall des § 139 ausdrücklich anknüpft und darnach für die Aufstellung eines weiteren Falls, nachdem das Gesetz selbst nicht weiter unterscheidet, nicht mehr Raum ist. Unterstützt wird diese Anschauung auch dadurch, daß ja auch der § 139 den Fall der Neuanlage, so wenn z. B. wegen Anlage von Mündelgeldern anläßlich einer Verlassenschaft ein Folium anzulegen ist, in sich schließt. Wie hier das Testament, bezw. die Verlassenschaftsverhandlung Maß gibt, so gibt in § 140 der nachgewiesene ursprüngliche Erwerbstitel Maß. Eine Erleichterung ließe sich, wie dies im künftigen Rechte ausdrücklich statuiert ist, eher in Fällen der Universal- als der Singularsuccession denken. Es läßt sich dem gegenüber nicht der Fall anführen, daß das Hypothekenamt in die Lage kommen kann, auf Antrag eines Gläubigers, der lediglich einen Kataster des Schuldners vom Rentamt sich erholen konnte, durch Eintragung einer Vollstreckungshypothek ein Folium anzulegen; denn hier wird der Erwerbstitel lediglich vorgemerkt und zwar um dem Gläubiger zu seinem Rechte zu verhelfen und denselben zur Löschungserklärung wieder zu veranlassen sobald ein anderer als Besitzer der Liegenschaften auftritt — nicht etwa auf Grund des § 4 des Einf.Ges. Der Gesetzgeber hat also hier im Gesetze selbst eine Bestimmung getroffen und bereits dadurch und durch den Zusammenhang der gesetzlichen Bestimmungen gezeigt, daß dem § 4 des Einführungsgesetzes nur eine zeitlich beschränkte Dauer zukommen solle. Daß in beiden Gesetzesstellen Besitzveränderungen vorliegen können, ist in Bd. 55 S. 369 Bl. f. R.A. ausgeführt. Fälle dieser Art sind sehr häufig. Wenn zudem der einer großen Haftung unterliegende Hypothekenbeamte, insoweit bei Kontroversen eine solche gegeben ist (C. S. Bd. 10 S. 8, Bl. f. R.A. 48 S. 72) der Praxis zuneigt, den § 140 auch bei Neuanlage von Folien anzuwenden und die Vorlage der Erwerbsurkunde anzuordnen, so wird er sich dabei davon leiten lassen, daß er bei der entgegengesetzten Uebung in die Lage kommen kann, demnächst für den richtigen Besitzer ein Doppelfolium anlegen zu müssen, da er nicht weiß, ob nicht eine unvollziehbare Urkunde, d. h. eine nicht notarielle Urkunde beim Vorbesitzer vorlag, oder daß der Käufer im Falle der Subhastation nicht nur um den Kaufschilling, sondern auch um sein Gut kommt.

Wendet man den § 4 des Einführungsgesetzes auch auf Urkunden über folienfreie Grundstücke, bei denen ein Erwerbstitel nicht angegeben und vorgelegt werden kann, an, so wird durch die Beifügung der Worte „Kenntnis genommen" für die spätere Folienanlage der Erwerbstitel auch im Sinne des § 140 sanktioniert. Da auch diese Urkunden den Antrag auf Besitztitelberichtigung enthalten, werden auch diese gegebenen Falles unvollziehbar sein können. Auch Regelsberger hat sich nunmehr für diese Praxis entschieden — S. 70. — Er weist auf die Massenanlage von Folien bei der Anlage des Hypothekenbuches und die dadurch begründete mildere Vorschrift des § 4 des Einführungsgesetzes hin. Diesen Eindruck gewinnt man bei der Vereinigung umsomehr, als man sehr oft Gelegenheit hat, auf die ältesten Einträge zurückzugehen und dabei sieht, wie früher rentamtliche Veräußerungskonsense, vom Gerichte nach Steuergemeinden ausgeschiedene Verzeichnisse der k. Steuerliquidationskommission, die Grundakten vor den Hypothekenprotokollen sogar noch zur Zeit der Katasteranlage zur Unterstützung der Katastereinträge und zum Ersatz der Erwerbstitel herangezogen wurden.[1]) Demgegenüber wird die Rechtssicherheit durch die Forderung der Beibringung von Notariatsurkunden und zwar gegenüber Not.Ztg. 1891 S. 154 im Original (cf. § 140 Hyp.Ges., Regelsberger S. 70, 102, 120) bedeutend erhöht. C. S. II 287.

Was insbesondere die gelegentlich der Landesvermessung angelegten Verzeichnisse der Steuerliquidationskommission über Grundstücke, von denen der Erwerbstitel nicht nachgewiesen werden konnte, anlangt, so findet sich darin die angebliche Erwerbsart aufgeführt. Z. B.: „Im Jahre 1850 in Sachen G./H. um 100 fl. erstanden", oder bei einem Gemeindeteil: „Im Jahre 1834 bei der Verteilung durch das Loos erhalten"; oder: „im Jahre 1840 mit Hs.No. 5 von dem Bauern A in B. erkauft, im Kaufvertrag vom 5. Januar 1840 aber nicht aufgeführt" oder: „vom Großvater aus dem Nachlaß des X übernommen, im Erbteilungsrezeß aber nicht aufgeführt"; „durch den verstorbenen Vater im Jahre 1832 von seinem verstorbenen Vater ererbt"; Grundfläche eines Pfarrhauses: „im Jahre 1825 unentgeltlich von der Gemeinde erhalten", „im Jahre 1829 gegen Uebernahme eines jährlichen Bodenzinses abgetreten erhalten", „B gemeinschaftlich mit A erhalten, im Briefsprotokollsextrakt von 1825, demzufolge die Adjudikation im gleichen Jahre 1825 erfolgte aber nur A als Meistbietender aufgeführt", „auf Ableben der A von dieser für Wart und Pflege erhalten". Hier wurde damals vom Gerichte zunächst geprüft, ob nach den vorhandenen Briefsprotokollen, Verlassenschaftsakten ꝛc. die Angaben bezüglich des Erwerbs richtig sind und gegebenen Falls in die Colume: „Datum der gerichtlichen Verbriefung" sofort die Erwerbsurkunde eingesetzt; andernfalls wurde an den früheren Erwerbsbrief angeknüpft und nach Konstatierung der Erbgänge die beteiligten Miterben zur Nachholung einer Urkunde, in der sie dem Realprätendenten, der das Grundstück im faktischen Besitz hatte, dasselbe zubriefen ließen. Hier finden sich nun oft die Bemerkungen: „Erwerbstitel konnte nicht vorgelegt werden". Die Verzeichnisse wurden von der Liquidationskommission gefertigt und seitens des Gerichts mit der Bemerkung: „Bestätigt k. Landgericht" abgeschlossen. Soweit die Verbriefungen durch das Landgericht als Notariat nachgeholt wurden, geben dieselben in den Vertragsbänden 1856—1861 oft wertvolle Aufschlüsse. Wo es bei der Angabe des Erwerbstitels blieb, ist nicht zu finden, daß ein Aufgebot liegender Gründe

---

[1]) Vermutung, daß sich der faktische seit Menschengedanken bestehende Zustand auf einen Rechtstitel stützt. Bl. f. R.A. Bd. 23 S. 156.

veranlaßt wurde. (Teil I Tit. 51 § 100—109 pr. L.R. siehe jetzt Art. 158 Ausf.Ges. zur C.P.O.)

Dennoch wurde diesen Angaben später Giltigkeit als Erwerbstitel beigemessen, wenn sich das Grundstück nur in dem vom Gerichte bestätigten Verzeichnis vorfand.

Nun sind aber diese Verzeichnisse nicht vollständig und nicht einmal nach der Seite hin, daß sie alle Grundstücke enthielten, bezüglich deren damals schon Folien bestanden. Wenn überdies der Erwerbstitel von Gemeinden oder gar von Privaten sich lediglich auf unvordenkliche Verjährung beruft, so ist doppelte Vorsicht geboten, weil einmal diese Erwerbsart überall herhalten mußte, wo eine andere Art nicht mehr nachweisbar war und weil ohne richterliches Erkenntnis gar nicht feststand, ob die rechtsverjährende Zeit auch abgelaufen ist. In diesem Punkte wird erst später eine Grundlage gewonnen werden, wenn 2 Generationen seit der Landesvermessung weggegangen sind, bezw. nach Feststellung der Rechtsverhältnisse der Eintrag in's Grundbuch erfolgt ist und die Bestimmungen des Grundbuches zu Gunsten des eingetragenen Besitzers in Wirksamkeit treten.

Fälle des nachträglichen Vollzugs[1]) von vorhandenen Urkunden werden sich für die Vereinigung nach Beseitigung der Hindernisse in I. und II. Rubrik ergeben. Es leuchtet auch in diesem Zusammenhange ein, welche Bedeutung insbesondere die Evidentstellung von Hypothekenbuch und Sachregister mit dem Kataster für den Grundbesitzer hat, der schnell die Aufnahme und Eintragung eines Hypothekkapitals benötigt.

b) Nachholung von Urkunden.

Nächst dem Vollzuge vorhandener Urkunden kommt die Nachholung notarieller Urkunden in Betracht. Hier sind zur I. Rubrik die Nachverpfändungen und Pfandentlassungen, zur II./III. insbesonders die Löschungsbewilligungen durch auswärtige Notare, die Verlautbarung von Cessionen auf einen Miterben zu erwähnen. Eine weitere Gruppe bildet die Herstellung von Urkunden nach Art. 14 des Not.Ges.: Nachverbriefungen. Fälle dieser Art finden sich gelegentlich der Revision der Ummessungs-

[1]) Wo die Urkunde vollzogen werden kann bezw. die Hindernisse schnell von Amtswegen oder im Benehmen mit dem Notare beseitigt werden können, ist die Beschlußfassung zum Hypothekenprotokoll aufgegeben, wo dagegen die Urkunde nicht ergänzt oder berichtigt werden soll, sondern unvollziehbar ist (cf. Wagner a. a. O. Note 22 und 24) ist durch J.M.E. vom 1. Mai 1891 (S. 89) die Protokollregistratur, die durch J.M.E. vom 26. Juli 1864 mit § 71 Instr. zum Not.Ges. und J.M.E. vom 11. April 1872 S. 130 angeordnet wurde, nicht mehr angeordnet aber nach Lage des Falls dem Hypothekenbeamte anheimgegeben. Nimmt er eine Registratur auf, wenn sich insbesondere die Gründe der Unvollziehbarkeit nicht aus der Urkunde selbst ergeben, so ist im Tagebuch außer der Angabe des Grundes der Unvollziehbarkeit auch auf die Registratur zu verweisen.

operate und Prüfung der Verlautbarung der Besitzveränderungen, insbesondere auch durch Nachprüfung sämtlicher seither ausweislich der Tagebücher vorgelegten und unvollziehbar nach Art. 14 des Not.Ges. zurückgegebenen Ummessungstabellen; ferner die das Messungsergebnis oder die Umnennung der verkauften Pl.-No. in einer Nachtragsurkunde anerkennende Erklärung aller Beteiligten. Enderlein S. 412. Weitere Fälle ergibt die Revision in II. Rubrik (cf. oben), wenn den Erhebungen zufolge ein anderer Besitzer ist, als der im Hypothekenbuche eingetragene und desfalls nicht ein bloßer Erbfall mit Erbumschreibung vorliegt, sondern entweder unter den Erben Auseinandersetzung mit Gutsübernahme seitens eines Miterben stattfindet oder der jetzige Realprätendent das Grundstück nur auf Grund Gemeindeprotokolls oder auf Grund eines Privatvertrags mit einem vor Jahren Ausgewanderten, der Quittung über den Kaufpreis ausgestellt hat, oder auf Grund Rekognitionsscheins eines nichtbayerischen Gerichts oder Vertrags eines nicht bayerischen Notars erworben hat.

In allen diesen Fällen ist die Urkunde nach Feststellung der Erbgänge erst herzustellen. Daß die Urkunde eines außerbayerischen Notars nicht hinreicht, ergibt sich im Gebiete des Preußischen Landrechts aus § 32 Einleitung und Teil I Tit. 5 § 115 pr. L.R.; vgl. Böhm S. 88, Rudorff S. 39 ff., Enderlein zu Art. 14 N.G. und Literatur daselbst, Rehm Not.Ges. zu Art. 14 S. 39, der den Notariatszwang auch auf außerbayerische Immobilien ausdehnt.

Es sind die Verträge über die im rechtsrh. Bayern gelegenen Immobilien nach Art. 14 Not.Ges. durch einen bayer. Notar abzufassen, auch wenn der Eigentümer außerhalb Bayerns wohnt oder wenn ein im rechtsrheinischen Bayern gelegenes Grundstück als Pertinenz mit dem außerhalb Bayerns gelegenen Hauptgute veräußert wird (Böhm Statutenkollision S. 89). Der Bereinigungsbeamte wird daher, soweit nicht die unvollziehbaren Urkunden der Tagebücher Aufschluß geben, in den an den Grenzstaat anstoßenden Gemeinden bezw. beim Rentamte, bei den bayerischen Grenzgemeinden und den vormaligen Aufenthaltsgemeinden des nicht bayerischen Besitzers Nachforschung halten, welche Grundbesitzungen von Nichtbayern unter Außerachtlassung des Art. 14
Anlage. Not.Ges. erworben wurden, dieselben zur Nachholung der Urkunden beschlußmäßig veranlassen und eine Ausfertigung dieses Beschlusses auch dem Notare aushändigen. Hieher gehört auch der Fall, daß die Identität des Vertragsobjekts in der Urkunde nicht so genau bezeichnet ist, daß sie auch ohne die nachträglich zu schöpfende katastermäßige Beschreibung erkannt werden kann; hier muß die Identität von den Beteiligten in einem Nachtrage ausdrücklich anerkannt werden. Enderlein S. 411.

Ist eine Originalurkunde, z. B. durch Brand zu Verlust gegangen und das Gericht ist nicht mehr im Stande, ein Duplikat auszustellen, weil die Urkunde seinerzeit, wie bei Adjudikationsdekreten, im Original hinausgegeben wurde so ist entweder das Aufgebot liegender Gründe zu betreiben, wo und soweit dieses immerhin nur in beschränktem Maße anwendbare Institut überhaupt Platz greift, (Böhm Ausf.Ges. zur C.P.O. und K.O. S. 250 ff.) bezw. soweit die Erbgänge der Besitzvorfahren feststellbar sind, unter den Erben der früheren Kontrahenten eine Anerkennungsurkunde zu rekonstruieren oder auf Anerkennung des Besitzstandes gegen die Erben der Besitzvorfahren, die das Eigentum strittig machen, zu klagen.

c) Ergänzung und Berichtigung vorhandener Urkunden.

Die Herbeiführung von Nachtragsurkunden erfolgt auf Grund der Revision der Rubriken des Hypothekenbuches. Es werden sich Fälle finden, in denen ein Gläubiger falsch aufgeführt, ein Besitzer insbesondere bezüglich des Vornamens, wenn oft sämtliche Geschwister den gleichen mit einem Beisatz führen, ungenau bezeichnet ist; eine Genehmigungserklärung seitens der Erben des Veräußerers zu einem Kaufvertrag, wenn statt der Pl.No. 100 die Pl.No. 101 verkauft werden wollte; ein Messungsanerkenntnis der Kontrahenten, wenn Pl.No. $100^1/_2$ veräußert worden und diese Pl.No. nachträglich mit $100^1/_3$, weil $100^1/_2$ schon bestand, katastriert wurde; ferner, wenn A und C eine Pl.No. besitzen und A an B das Ganze verkauft, während ihm nur die ideelle Hälfte gehörte und B das Ganze nun weiterveräußert hat, nachträgliche Richtigstellung dahin, daß A die Hälfte damals verkaufte und daß C nachträglich seine Hälfte nun verkauft. (Enderlein zu Art. 150 Not.Ges. S. 411, insbesondere S. 412, 279, C. S. IV 283, J.M.E. vom 28. März 1865 Ziff. 1.) Die dem Notar von den Beteiligten im voraus erteilte Ermächtigung, an ihrer Stelle die Identität der Grundstücke durch ein der Urkunde anzufügendes Zeugnis über das Ergebnis der Katasterumschreibung festzustellen, ist unbehelflich. Hieher gehören auch die Fälle, in denen eine Korrektur der Urkunde dadurch notwendig wird, daß dem Notare außerhalb des Gerichtssitzes bei Aufnahme einer Hypothekbestellungsurkunde ein Erwerbstitel vorgelegt wird, während das Grundstück schon weiter veräußert ist und auf schnellen Vollzug gedrängt wird, so daß der Notar weder in der Lage ist, sich einen auf den Tag evident gestellten Kataster vorlegen zu lassen, noch vom Hypothekenbuche Einsicht zu nehmen bezw. die Einträge sich mitteilen zu lassen.

Ist z. B. mit einem Hause des A ein Fischrecht für eine Hypothek von einem am Gerichtssitze nicht wohnhaften Notar verpfändet, während A schon vorher beim Notare am Gerichtssitz das Fischrecht an B, dessen Grundbesitz folienfrei ist, verkauft hat, so legt bei Vorlage der Urkunde des auswärtigen Notars nunmehr das Hypothekenamt auf Grund der *früheren* Erwerbsurkunde Folium an, da bei Vorlage der Erwerbsurkunde des B lediglich Kenntnis zu nehmen war und dies nicht mehr bekannt ist. Auf Grund der vom Rentamte übersendeten Fischrechtsverzeichnisse und darin benannten Berechtigten findet die Hypothekenbuchsbereinigung, daß ein anderer Fischereiberechtigter dort genannt ist. Die Vorladung des B und Erholung des Originalkatasters ergibt die Richtigkeit des Eintrags beim Rentamte. Hier ist die Pfandentlassung des Hypothekgläubigers zu erholen und das Fischrecht vom Folium des A abzuschreiben. Als Präventivmittel kann hier nur ein auf den Tag evident gestellter Kataster in Betracht kommen, nachdem die Notare nicht Sachregister unter Angabe des Namens, der Erwerber und der Nummer der Urkunde bei jeder Pl.No. führen und auch das Hypothekenamt den Originalkataster nicht zur Verfügung hat.[1])

8. Die Gebühren.

Hier kommt der Offizialcharakter der Hypothekenbereinigung wiederholt zum Ausdruck. Die auf Grund einer Registratur ex officio vorgenommenen Berichtigungen, der Vollzug der Operate, Einschreibung des Metermaßes und der Brandversicherungssumme, die veranlaßten Erhebungen bezüglich der Schreibgebühr und teilweise die Portopflicht innerhalb Bayerns unterliegen keiner Gebühr, wie auch die Ab- und Zuschreibungen im

---

[1]) Den Vollzug der Urkunde selbst anlangend, so fragt es sich, ob die Hindernisse *bald* (J.M.Bl. 1891 S. 89) beseitigt werden können oder nicht. Letzterenfalls wird die Urkunde als *unvollziehbar* erklärt und der betreffende Beschluß sofort auf das Original gesetzt (s. auch J.M.Bl. 1866 S. 253, Art. 15 Not.Ges. § 71 Instr. zu letzteren). Lassen sich die Hindernisse in Bälde heben, so wird mit dem k. Notare mündlich oder schriftlich ins Benehmen zu treten sein, ihm die Urkunde durch Beifügung der Gründe der Unvollziehbarkeit auf dem vorgelegten *Mantel* zurückzugeben und innerhalb angemessener Zeit jedenfalls vor Jahresschluß wieder einzufordern sein. Während der Grund der Zurückgabe *zur Ergänzung* zuerst in Spalte X des Tagebuchs vermerkt wird und Spalte VII offen bleibt, wird beim Wiedereinlauf im gleichen Jahre die Urkunde unter der gleichen Nummer erledigt und der Erledigungsvermerk („eingetragen ɪc." bezw. „unvollziehbar") in Spalte VII eingetragen. Würde eine neue Nummer des Tagebuchs im gleichen Jahre (z. B. wegen Raummangels J.M.Bl. 1864 S. 47) oder nach Abschluß des Tagebuches durch Wiedereinlauf im späteren Kalenderjahr nötig werden, so würde die ursprüngliche Nummer als Bruchnummer beizufügen sein. Kommt die Urkunde im gleichen Tagebuch unter verschiedenen Nummern vor, so ist beim ursprünglichen Eintrag statt des Erledigungsvermerks die Spalte VII mit einem *Querstrich* auszufüllen. In den meisten Fällen wird jedoch der Eintrag einer Erledigungsart unter der ursprüglichen Nummer ermöglicht sein.

Hypothekenbuche, welche nur zum Zwecke der Vereinigung des letzteren erfolgen, gebührenfrei sind (F.M.E. vom 19. April 1885).

Gebührenfrei und portofrei werden ferner die Mitteilungen an die Gläubiger über die von Amtswegen erholten Brandversicherungssummen und über die nunmehrige Eintragsstelle der Hypothek (zufolge Ziff. IV der mit höchster Entschließung vom 5. Juni 1895 über Folienumlegung gegebenen Anweisung) behandelt, da dies von Amtswegen geschieht und letztere Mitteilungen erst dann nach Art. 92 gebührenpflichtig werden, wenn der Gläubiger daraufhin die Beifügung der gerichtlichen Bestätigung über die nunmehrige Eintragsstelle auf seiner Ausfertigung eigens beantragt. Ist ein Verschulden eines Gerichts an der Unterlassung der hypothekenamtlichen Handlung unzweifelhaft (z. B. Nichtlöschung einer Hypothek auf einem Folium, wohl aber auf den andern, nach durchgeführter Subhastation, die am gleichen Gerichte anhängig ist oder, falls die Mitteilung des Vollstreckungsgerichts an das andere Gericht bezüglich eines Verbandfoliums unterlassen wurde, Unterlassung der Besitztitelberichtigung und Hypotheklöschungen, soweit nach den früheren Gerichtsverfassungsgesetzen vor 1869 dem Vollstreckungsgerichte die Herbeiführung der Vereinigung des Hypothekenbuches von Amtswegen oblag), so wird beschlußmäßig von der Erholung der Staatsgebühren gemäß § 6 des Reichsgerichtskostengesetzes abzusehen sein und werden, soweit die Zuziehung von bayerischen Notaren außerhalb des Gerichtssitzes nötig wird, auch diese unter Darlegung des Sachverhaltes zur Nichterhebung der Staatsgebühr zu veranlassen sein, während ihnen die Notariatsgebühr für ihre Thätigkeit nicht vorenthalten werden kann.

Handelt es sich dagegen um Porto in eigentlichen Parteisachen, wie Besitztitelberichtigungen, Erbumschreibungen, die den jetzigen Stand herstellen und von den Parteien auch ohne Vereinigung im laufenden Dienste hätten beantragt werden müssen, insbesondere auch um Schreiben nach außer Bayern, so wird die Gebühr auf den pflichtigen Grundbesitzer kontiert und letztrenfalls im Postaufgabebuch für Parteisachen eingetragen. Ebenso werden die Gebühren unter Berechnung des Porto's für Rücksendung seitens der Gerichtsschreiberei von dem kostenpflichtigen Grundeigentümer beigetrieben, bezw. wenn die Zahlung nicht erfolgt, dem Rentamt zur Erhebung überwiesen, wenn auf Grund der Requisitionsschreiben die für die Thätigkeit der auswärtigen Gerichte erwachsenen Kosten zur Erstattung mitgeteilt werden (Protokolle, Schreibgebühr, Ladungen, Erbbescheinigungen, z. B. in Sachsen oder Preußen).

Werden im Interesse einer raschen Durchführung die Requisitionen vom Vereinigungsdienst selbst vorgenommen, sei es auf Grund vorgängigen Protokolls zu den Vereinigungsakten auf Antrag und sohin im Auftrag des beteiligten Grundbesitzers oder doch im Interesse desselben Urkunden von auswärtigen Notaren unter Darlegung des Sachverhalts erholt, so liegt auch hier für die Staats- und Notariatsgebühr eine Parteisache vor, da der Vereinigungsbeamte nur in gleichem Maße ex officio thätig wird, wie z. B. der Verlassenschaftsbeamte. Hier bringen die Notare die Urkunde entweder sofort in den hypothekenamtlichen Einlauf und wenden sich an das Gericht mit dem Ersuchen um Beitreibung der Kosten, welchem, entsprechend dem Offizialbetrieb der Vereinigung, auch durch Schreiben an die Gemeinden über erfolgte Einzahlung binnen einer kurzen Frist zu berichten, stattgegeben werden kann; oder die Notare schicken die Urkunde per Postnachnahme an den Antragsteller, der vorher vom Hypothekenamte benachrichtigt ist, daß er an ihn gelangende Nachnahme annehmen solle. Hier liegt die Gefahr nicht nur in der Nichtannahme und Vereitelung der Vereinigung, sondern auch in der verbreiteten Anschauung, wenn die Urkunde vom Notar übersendet wird, sei sie wie Ausfertigungen von Kaufbriefen aufzubewahren und sei die Löschung im Hypothekenbuche schon erfolgt. Fälle letzter Art, daß die Beteiligten zu Hause Löschungsbewilligungen auf Jahrzehnte zurück aufbewahrt halten, werden sich immer finden. Auch kommt es vor, daß Notare bis zur Bezahlung der Gebühren die Urkunden zurückbehalten. Ein derartiges Retentionsrecht steht ihnen bezüglich der Löschungsbewilligungen, Pfandentlassungen im Gegensatz zu Uebergabsverträgen; (siehe übrigens auch hier Enderlein S. 362)zufolge Art. 12 Abs. 3, 13 und 15 des Not.Ges. nicht zu, umsomehr als ihnen der kostenpflichtige Schuldner bekannt gegeben ist.

De lege ferenda wäre allerdings wünschenswert, daß auch bezüglich der Notariatsgebühren solcher Urkunden, die seitens der Vereinigung erholt werden mußten, die Ueberweisung an das Rentamt wie bezüglich der Staatsgebühren oder der auf Requisition auswärtiger Gerichte erwachsenen Gebühren zulässig wäre.

Kann bei Schreiben nach außer Bayern ein Kostenpflichtiger nicht eruiert werden (z. B. wenn ein Nichtbayer Grundbesitz in Bayern hat und über den Erwerbsakt Ladungen durch Schreiben an außerbayerische Gemeindebehörden zu richten sind, und nur das Grundstück bekannt ist, nicht aber der Name der derzeitigen Besitzer, so ist es empfehlenswert, für diesen Fall zur Bestreitung der Porto für außerordentliches Regie einen kleinen Betrag vom k. Staatsministerium der Justiz gelegentlich der Bedarfsaufstellung kreditieren zu lassen. (cf. auch Wochinger S. 368, 369.)

Bei der Erholung von Erbschaftszeugnissen wird es sich fragen, ob der reine ganze Aktivnachlaß als Maßstab für die Gebührenbewertung in Betracht zu ziehen ist und der Schuldner damit in die Lage gesetzt wird, das betreffende Zeugnis auch anderweit zu verwerten oder ob nur ein Teilnachlaß zu bewerten ist, d. h. eine Quote zu Grund zu legen ist, mit der ein heranzuziehender Erbstamm an einer der Summe nach feststehenden Hypotheklöschung beteiligt ist. (C. S. Bd. XII S. 156.) Gibt ein Verlassenschafts- oder Pflegschaftsakt bereits Aufschluß, wie stets im Gebiete des bayer. Landrechts, so wird eine Abschrift des darin enthaltenen Zeugnisses unter Berechnung der Schreibgebühr oder die Bezugnahme auf den Akt überhaupt genügen. Soweit die Parteien zur Vornahme von Handlungen veranlaßt werden, die seither versäumt und im Interesse der Parteien von diesen ohnehin auf Betreiben des Notars zur Ermöglichung der Aufnahme einer Urkunde hätten vorgenommen werden müssen, finden die gleichen Bestimmungen des Gebührengesetzes wie im laufenden Hypothekengeschäfte Anwendung. (Art. 51, 88, 90—96, 122 Absatz I des Geb.Ges.) Gütl Hyp.Ges. S. 232—240, Wochinger Geb. und Rechnungswesen bei den Amtsgerichten § 32 S. 134—139.

Bezüglich der Amortisation von Hypotheken nach § 82 des Hyp.Ges. in der Fassung des Art. 123 Ziff. 3 des Ausf.Ges. zur C.P.O. und des Auslagenvorschusses cf. Wochinger S. 82 und Not.Ztg. 1881 S. 236 bis 346.

II. Abteilung.

Bereinigung

anläßlich der Grunderwerbungen bei Erbauung von Bahnlinien.

Die Hypothekenbereinigung anläßlich der Bahnbauten trägt wie die anläßlich der Expropriationen überhaupt mehr einen Offizialcharakter. Es wird das Gericht thätig durch Anfragen an die Beteiligten, Vernehmung derselben, Vollzug der Protokollarverhandlungen, Vermittelung der Auszahlung der Entschädigungssumme bei Depositen für Mündel Erteilung von Bestätigungen und Vollzug der Operate in Hypothekenbuch.

Art. 1 Ziffer 11 des Gesetzes vom 17. November 1837, Zwangsabtretung von Grundeigentum zu öffentlichen Zwecken betreffend. G.V.Bl. 1837/38 S. 109 ff. Unterschied zwischen Staatsbahnen, Vizinal-(Lokal-) und Privatbahnen; siehe Henle S. 61, 106 und S. 181 über die rechtserzeugenden Wirkungen der k. Verordnung vom 20. Juni 1855 mangels ihrer Gesetzeskraft.

1. Zuständigkeit
der Verwaltungsbehörden und Gerichte bei Zwangsabtretungen überhaupt.

Ist die Weisung zur Einleitung des Zwangsenteignungsverfahrens gegeben (Art. 14 des Gesetzes, Henle S. 105, Seydel Staatsrecht Bd. III S. 618 ff), so hat die Distriktspolizeibehörde auf gütliche Einigung der Beteiligten bezüglich der Abtretungsfrage und Höhe der Entschädigungssumme hinzuwirken. Das Verfahren ist Verwaltungsrechtsverfahren (cf. Art. 15 des Gesetzes, Art. 27 des Verwaltungsgerichtshofgesetzes und § 7 der Instruktion hiezu Becher S. 596 ff., Henle S. 107.) Ferner Art. 8 Ziffer 10 Verwaltungsgerichtshofgesetz vom 8. August 1878 mit Art. 18 Expropriationsgesetz, wonach bei Mißlingen des Einigungsversuchs die Kreisregierungen in I. als Rechtssenat und der Verwaltungsgerichtshof in II. und letzter Instanz über die Abtretungsfrage entscheiden. (In Flurbereinigungssachen statt Kreisregierung Flurbereinigungskommission; bei Abtretungen und Belastungen zum Zwecke der Landesverteidigung Gesamtministerium über Frage des gemeinen Nutzens und der zur zweckmäßigen Verwirklichung des Unternehmens notwendigen Eigentumsabtretung oder Belastung in erster und letzter Instanz. Art. 47 Verw.Ghofs-Ges. Im übrigen wieder Verwaltungsrechtssache cf. Henle S. 116.)

Ueber Art und Betrag der Entschädigungssumme, wenn die Abtretungsfrage durch Einwilligung des Pflichtigen bezw. verwaltungsrechtlich geregelt ist, befindet die Distriktsverwaltungsbehörde.

Verfahren hiebei (Seydel Bd. III S. 647, Becher S. 602, Henle S. 119 Art. 46—55 Ausführungsgesetz zur C.P.O.) Gegen die Feststellung der Entschädigungssumme durch die Distriktsverwaltungsbehörde steht sowohl dem Abtretungspflichtigen wie dem Abtretungsberechtigten innerhalb einer von Bekanntgabe der festgestellten Beträge an laufenden Ausschlußfrist von einem Monat die Betretung des Rechtsweges behufs richterlicher Entscheidung über den Betrag der zu leistenden Entschädigung offen. (Art. 50 des Ausf.Ges. zur C.P.O.) Zuständig sind in I. Instanz die Land- und bezw. Amtsgerichte als Zivilgerichte mit dem gewöhnlichen Instanzenzug. Henle S. 135—139; Becher S. 604.

Nach Art. 51 des Ausf.Ges. zur C.P.O. kann das mit dem Rechtsstreit befaßte Gericht die Ausübung der Besitz- und Eigentümerrechte am Grundstücke von der Erlage einer Kaution durch den Abtretungsberechtigten nach § 814, 819 im Wege einstweiliger Verfügung durch Beschluß abhängig machen (Henle S. 143 Seydel Staatsrecht Bd. III S. 617—650.)

Die gütliche Einigung der Parteien über die Abtretung und die zu leistende Entschädigung in dem nach Art. 15 Expr.-Ges. bezw. Art. 47 des Ausf.Ges. festgesetzten Termine bezw. in nachträglicher **Protokollarerklärung** vor der **Distriktsverwaltungsbehörde**, bei welcher das Verfahren stattfand, ersetzt die notarielle Urkunde und ermöglicht den sofortigen Eintrag des Eigentumsübergangs im Hypothekenbuch und den Katastern. (Art. 55 Ausf.Ges. C.P.O., Böhm S. 76.) Entscheidungen über die Wirksamkeit dieser Vereinbarung cf. Henle S. 152; über die Redaktion des Textes Abtretung „oder" Entschädigung cf. Bl. f. R.A. 51 S. 401; Henle S. 150. Meist gehen der gesetzlichen Ermächtigung des Staates voraus bezw. werden auf Grund der mit Regierungsentschließung genehmigten Initiativtabelle des Eisenbahngeometers (beglaubigt von der Eisenbahnbausektion) aufgenommen: **Grundabtretungsversprechen** zum Bau der Bahn, welche die Grundabtretungspflichtigen im Beisein der Vertreter der in Betracht kommenden Verwaltungsbezirke und des durch Entschließung der k. Generaldirektion der k. Staatseisenbahnen bevollmächtigten Sektionsingenieurs zu **notarieller** Urkunde abgeben, in welche zweckmäßig die weiteren Bestimmungen aufgenommen werden, eine Servitut des Inhalts zu bestellen, auf der abzutretenden Fläche keine Baumpflanzungen mehr aufkommen zu lassen, ferner zu gestatten, daß längs des bestehenbleibenden Waldsaums Feuergräben in vorschriftsmäßiger Größe hergestellt und unterhalten werden, ferner noch weitere Parzellen für den Bedarfsfall abzutreten und die sofortige Inangriffnahme zuzulassen gegen Verzinsung dieser Grundfläche und nachträgliche Entschädigung oder gegen Herstellung und Ueberweisen einer Privatüberfahrt zur Benützung.

2. Thätigkeit des Gerichts ohne Rücksicht auf das Vereinigungsverfahren.

Das Hypothekenamt wird zur Feststellung der Beteiligten von der Distriktsverwaltungsbehörde beigezogen (Art. 15 des Ges.); die Ladung derselben durch die Distriktsverwaltungsbehörde geschieht u. A. an den Gerichtstafeln der durch abzutretende oder zu belastende Grundstücke in Betracht kommenden Amtsgerichte; der Nachweis der richtig vollzogenen Ladung wird dem Hypothekenamte mitgeteilt. (Art. 16.)

Die Einträge der Dispositionsbeschränkungen auf Antrag des Vorstandes der Distriktsverwaltungsbehörde zum Hypothekenprotokoll sind nach Art. 16 mit Art. 12 des Enteignungsgesetzes (bei folienfreien durch Neuanlage eines Foliums) vorübergehende und sind nach Auszahlung der Entschädigungssumme löschungsreif; oder sie enthalten den bleibenden Eintrag einer Art Zwangsservitut (Art. 1 und 8, 11 Enteignungsges.), z. B. auch bei Kanälen, Wasserleitungen rc. (Henle S. 56, 93, 96, 87 Ziffer 19.)

Nach Art. 53 des Enteignungsgesetzes kann jeder Beteiligte, falls die Entschädigung zur Befriedigung der privilegierten und

Hypothekgläubiger nicht ausreicht, der Versuch einer Einigung zwischen den Beteiligten fruchtlos blieb, 2 Wochen nach endgiltiger Feststellung der Entschädigung die Einleitung eines Verteilungsverfahrens nach Art 97 des Gesetzes vom 23. Februar 1879 (Subh. Ordnung) bei dem Amtsgericht, in dessen Bezirk der Gegenstand der Abtretung belegen ist, veranlassen. (cf. Henle S. 147, 148.) — Daraus wird die Pflicht zur Verteilung des Erlöses durch das Vollstreckungsgericht (nicht Hypothekenamt) abgeleitet. Es wird das Vollstreckungsgericht vor Anberaumung des Verteilungstermines sich durch Schreiben an auswärtige Gläubiger (durch Requisition von Gerichten, Herbeiführung der Beschlüsse beteiligter Magistrate oder Stiftungen und Anfragen bei den Banken) zu vergewissern haben, ob diese die Entschädigungssumme beanspruchen bezw. den Nachgläubigern oder Beteiligten überlassen. Es wird damit zweckmäßig die hypothekamtliche Seite mitberührt und bei diesen Gläubigern angefragt, ob sie in die bedingungslose Abschreibung des Trennstücks willigen oder die Pfandfreigabe gleichzeitig mit der Teillöschung des erhaltenen Betrags an der Hypothek (ebenfalls zu notarieller Urkunde, bezw. Gerichtsprotokoll bezw. durch staatskuratelamtliche Genehmigungserklärung bei Stiftungen) beantragen. Je nach der Aeußerung dieser Hypothekengläubiger wird dann im Termine mit den vorgeladenen übrigen Beteiligten darüber verhandelt werden können, an wen die Entschädigungssumme ausbezahlt werden soll. Die sämtlichen Beteiligten werden desfalls sofort zu Protokoll über die Abschreibung der Flächen bezw. Teillöschung einvernommen und über die Verhandlungen selbst ein Hypothekenspezialakt, bezw. bei durchgeführtem Verteilnngsverfahren ein Vollstreckungsakt angelegt (J.M.Bl. 1879 S. 820) und die Pfandentlassungen 2c. zu den Protokollbeilagen genommen.

Vor dem Termine werden weiter das k. Rentamt und die Gemeinden darüber einvernommen, ob der Auszahlung etwa mit Rücksicht auf rückständige Staatsgefälle bezw. Gemeindeumlagen (Art. 108 Ziff. 1 S.O.) ein Hindernis entgegensteht. Mangels Einigung der Beteiligten würde nach Art. 97 S.O. die Aufstellung eines Verteilungsplans nötig werden.

Das Vollstreckungsgericht erläßt die Mandate zur Auszahlung der Entschädigungssumme an die im Termine festgestellten Empfangsberechtigten durch die Depositenkommission. Würde von einem Beteiligten gegen das Verwaltungsrechtsverfahren Beschwerde zur Kreisregierung erhoben worden sein und somit in dieser Richtung ein rechtskräftiger Beschluß des Bezirksamtes auch im Administrativverfahren nicht vorliegen und möglicherweise bei Stattgabe der Beschwerde ein neues Verfahren nötig werden oder würde seitens der Beteiligten (Abtretungspflichtigen oder auch des Fiskus als Abtretungsberechtigten) der Rechtsweg beschritten worden sein, so wird, falls nicht der Fiskus ausdrücklich die Ausbezahlung des deponierten Betrages beantragt oder eine Summe bezüglich deren Anerkenntnis vorliegt, bezeichnet, die ganze Summe bezw. der im Streite befangene Teil in deposito bis zum Ausgang des Rechtsstreits zu verbleiben haben, umsomehr, als ja auch der Fiskus (Art. 47—49) sich an das Schätzungsverfahren halten muß, von der Rechtskraft des den Verwaltungsrechtsweg und den Administrativweg abschließenden Beschlusses der Verwaltungsbehörde ab den Rechtsweg betreten kann und desfalls ohne Zugrundelegung der Schätzung im Verwaltungsverfahren ein völlig neues Verfahren eingeleitet wird, auf Grund dessen der Fiskus einen Teil der Summe zurückerhalten kann.

Letzternfalls wird der deponierte strittige Betrag bei der k. Bank bezw. einer Sparkassa verzinslich auzulegen sein. Bei den Ladungen zum Termine wird ferner zu beachten sein, ob Bevollmächtigte bereits aus den Administrativakten hervorgehen und ob die Vollmacht ausdrücklich auf Geldempfang und Quittungsleistung in dieser Sache lautet (siehe auch § 77 C.P.O.)

Lediglich bei Expropriationen wird zufolge Art. 11 des Z.C.G. eine Verpflichtung des Vollstreckungsgerichts zur Verteilung und Vermittlung der Ausbezahlung durch das gerichtliche Depositenamt abgeleitet werden können[1]), wie auch lediglich in diesem Falle von einem Offizialbetrieb des Hypothekenamts bezüglich der Herbeiführung der Pfandentlassungserklärungen ꝛc. gesprochen werden kann. Dagegen ist da, wo die Beteiligten sich ohne Expropriation ohne bezirksamtliche Beurkundung über die Abtretungspflicht und über das Schätzungsverfahren in einer Tagfahrt

---

[1]) Es entspricht dies einem auf Kourtoisie beruhenden verbreiteten Verfahren. Eine Verpflichtung des Gerichts hiezu liegt zweifellos da nicht vor, wo überhaupt der Eintrag von Hypotheken oder Dispositionsbeschränkungen fehlt und sofort an den allein in Betracht kommenden Besitzer die Auszahlung erfolgen kann. Dennoch werden auch diese Beträge mit der Konsignation vielfach zur Verteilung übersendet. Es ist aber auch nicht über jeden Zweifel erhaben, ob der Richter verpflichtet und berechtigt ist, auf Grund erhaltener Konsignation die Verteilung der Masse an die Beteiligten — Hypothekgläubiger und seitherige Besitzer — in eigener Zuständigkeit vorzunehmen. Hier dürfte eine Pflicht nur gegeben sein, wenn auch die Voraussetzungen des zweiten Requisits des Art. 53 bayer. Ausf.Ges. zur C.P.O. (Böhm S. 72) vorliegen „und ist auch zwischen den Beteiligten eine Vereinbarung nicht zu Stande gekommen", sobald also der Nachweis des Scheiterns der Einigung im einzelnen Falle vorliegt. Die Zuständigkeit des Vollstreckungsgerichts läßt sich, da das minus (Einigungsversuch) im maius (Verteilungsplan nach Art. 97 S.O.) enthalten ist, auch annehmen, falls die Einigung über Empfangnahme der Entschädigungssumme vor Angehung des Gerichtes nicht versucht wurde.

Die Hinterlegung der Entschädigungssumme soll den Abtretungsberechtigten vor nochmaliger Zahlung (bei Nichteinigung der Beteiligten) und den Gläubiger vor Auszahlung der Summe an den Schuldner ohne gläubigerische

nach Art. 47 des Ausf.Ges. zur C.P.O. mit Art. 15 Z.E.G. Böhm Ausf.Ges. S. 69) ohne Weiteres einigen, die Beibringung der Löschungserklärungen und Pfandentlassungen Sache der Beteiligten (Parteibetrieb), und wohl die Möglichkeit der Uebernahme dieser Arbeiten durch das Hypothekenamt auf Ansuchen des Fiskalats, nie aber ein Zwang gegeben, wie auch die Entschädigungssummen desfalls die Verwaltungsbehörde (auch Magistrate) oder Notare den Beteiligten behändigen, die ja auch über eine Depositalkassa (dort Distrikt, hier Verlassenschaften) verfügen.

Beträge, welche als Auslagen für Zeitversäumnis, Reisekosten, bei dem administrativen Verfahren für die Beteiligten durch Erscheinen zum Kommissionstermine durch den Abtretungsberechtigten bezahlt werden (Art. 52 Ausf.Ges.), werden in der Konsignation der Regel nach nicht mitenthalten, sondern durch die Staatskassen (Oberbahnamtskassen) schon vorweg ausbezahlt sein.

Einwilligung schützen. Solange daher ein gütliches Uebereinkommen möglich ist, kann von einem eigentlichen Verteilungsverfahren im Sinne des Art. 97 ff. S.O. ebensowenig eine Rede sein, als im Falle des Art. 96 S.O. wenn der Ansteigerer selbst die zum Zuge gekommener Beteiligten befriedigt und ausdrücklich den Antrag auf Umgangnahme von der gerichtlichen Verteilung des Erlöses bei der Gerichtsschreiberei stellt.

Uebernimmt der Vollstreckungsrichter dennoch die Verteilung des Erlöses und ladet zu dem anberaumten Termine alle Beteiligten bezw. requierirt ex officio die auswärtigen Gerichte um Einvernahme dort wohnender Beteiligter, so sucht er hiebei lediglich eine Uebereinkunft unter den Beteiligten zu treffen, ohne als Richter im Sinne des Art. 97 S.O. thätig zu werden. Dieser Einigungsversuch und die Ausbezahlung der Summe auf Grund desselben wäre aber zunächst außergerichtlich anzustellen. Dem widerspricht keineswegs die Anordnung des Art. 11 E.G. bezüglich der **Erlage** bei Gericht. Denn selbst wenn die aus dem Jahre 1837 sohin vor Trennung von Justiz und Verwaltung und vor Erlaß der S.O. stammende Diktion „Gericht" sich mit dem heutigen Amtsgericht deckt, während heute auch die Verwaltungsbehörden in einzelnen Fällen Gelder verwahren, — wie ja die Verwaltungsbehörde hier sogar den Privatrechtstitel beurkundet, — so ist damit lediglich eine Thätigkeit des **Depositenamts** geschaffen. Liegt eine Einigung der Beteiligten über Empfangnahme der Summe vor, so bezahlt der vom Fiskal hiezu ermächtigte Beamte am Gerichtssitze an einem den Beteiligten mitgeteilten Termine gegen Quittungsleistung aus. Die diesbezüglichen vorgehenden Erhebungen über Befriedigung der bei den im Administrativakte und den Akten der Bahnverwaltung bezeichneten Beteiligten gehören dem bürgerlichen Rechte an (Seydel Bd. III S. 635 Anm. 4). Als Parteisache wird die k. Bahnverwaltung die Erhebungen durch ihren weitverzweigten Behördenorganismus ebenso wie der Ansteigerer von sich aus giltig vornehmen und gegebenen Falls sich an das Depositenamt bezw. Hypothekenamt wenden können. Kommt eine Einigung zu Stande, insoferne z. B. der erste Hypothekgläubiger sofort die Summe beansprucht, so ist die zur Gunsten der Hypothekgläubiger in Art. 11 Z.E.G. getroffene Sicherheit ohnehin gegenstandslos geworden. Ist die Summe ausbezahlt, so stellt der Fiskus als nunmehriger Eigentümer der Objekte seinen Antrag beim **Hypothekenamt** auf Abschreibung der Flächen unter Vorlage des bezirksamtlichen Besitzeinweisungsbeschlusses, der Ummessungsoperate, der Zahlungsbelege, Pfandentlassungen, Teillöschungen ähnlich dem die Belege vorlegenden Ansteigerer, der den Antrag auf Besitztitelberichtigung und Löschung der

3. Verfahren der Bereinigung bei Erbauung von Bahnlinien und den dazu gehörigen Eisenbahnbauten.

Ist seitens der Bahnbausektion, bezw. der k. Generaldirektion der k. Staatseisenbahnen (Bauabteilung) bezw. des Oberbahnamts oder Fiskalats Ersuchschreiben an das Amtsgericht ergangen, vor Eintritt der definitiven Grunderwerbungen für die zu erbauende Bahn die Hypothekenverhältnisse zu bereinigen, um die sofortige Barzahlung der Kaufschillinge an die Beteiligten zu ermöglichen, so wird nachstehende Tabelle,

---

nicht übernommenen Hypotheken bei der Gerichtsschreiberei nach dem besondere Förmlichkeiten noch vorschreibenden Art. 96 S.O. stellt. Der Art. 53 Ausf.Ges. spricht nur von Art. 97 S.O. (Verteilungsverfahren), schließt also die Einigung aus; er überläßt es den Beteiligten nicht, wahlweise trotz der Einigung einen Verteilungsplan zu verlangen, der ja illusorisch würde, sobald der dem Range nach frühre Gläubiger den ihm im Plane zugewiesenen Betrag dem Expropriaten oder späteren Gläubiger überließe; während der Ansteigerer als Partei nach Art. 96 S.O. ohne Weiteres die zum Zuge kommenden Gläubiger befriedigt und lediglich die hyperocha dem Subhastaten hinauszahlt, zu einer Befriedigung des letztren vor den Gläubigern oder statt derselben also nie kommt.

Uebernimmt der Vollstreckungsrichter die Auszahlung der Entschädigungssumme, so kann er bei fruchtlosem Einigungsversuch im Termine ein Verfahren nach Art. 97 S.O. unter Einhaltung von Form und Frist z. B. Aufforderung zur Liquidierung bezüglich der auf die Zinsen- und Kostenkaution anzurechnenden Beträge, Anfertigung und Niederlegung des Verteilungsplans in der Gerichtsschreiberei vor dem Termine, Zustellungen auf Weg und Gefahr an die nicht erschienenen Beteiligten, Androhung des Präjudizes nach Art. 97 S.O. Ziff. 1 und 2 erst neuerdings einleiten und hiezu den eigentlichen, seiner ausschließlich richterlichen Zuständigkeit zukommende (Art. 53 Ausf.Ges. zur C.P.O. und KO. und Art. 50 Abs. 2 Henle S. 99) Verteilungstermin anberaumen. Voraussetzung ist, daß die Entschädigungssumme entgiltig feststeht, sei es durch gütliches Uebereinkommen der Beteiligten oder Festsetzung durch die Distriktsverwaltungsbehörde oder das Prozeßgericht. (Böhm Kommentar zum Ausf.Ges. S. 73 J.M.Bl. 1879 S. 772, 810 ff.)

Anlangend die in allen Fällen vom Parteibetrieb beherrschte Thätigkeit des Hypothekenamts: so wird auch hier nach Analogie der S.O. die Requisition des Vollstreckungsgerichts nach durchgeführtem Verteilungsverfahren vorausgehen müssen. Hat der Vollstreckungsrichter gleichzeitig in seiner Eigenschaft als Hypothekenrichter bezw. bei verschiedener Dienstsparten aus Zweckmäßigkeitsgründen im Interesse der Beschleunigung der Sache die Herbeiführung der Pfandentlassungserklärungen veranlaßt, so wird auch hier das Hypothekenamt auf Antrag des Vollstreckungsgerichts thätig. Gleichzeitig aber wird der abtretungsberechtigte Fiskus gemäß § 138 Hyp.Ges. den Antrag auf Besitztitelberichtigung d. h. pfandfreie Abschreibung der Objekte stellen. Die Pfandentlassungserklärungen der Gläubiger bezw. deren Teillöschungserklärungen können, da § 71 Ziff. 6 Hyp.Ges. lediglich einen Löschungsgrund abgibt, nicht entbehrt werden.

Nach dem künftigen Rechte wird die Beibringung der Erklärungen durch die Parteien umsomehr geboten sein, als hier die Offizialthätigkeit des Grundbuchamts noch mehr eingeschränkt, die Löschungserklärung zur Berichtigung des Grundbuchs vereinfacht (§ 22 Abs. 1; § 27, 29 Gb.O. Denkschrift S. 25) und die Thätigkeit des Grundbuchamts dadurch erleichtert ist, daß ihm die Nachweise bezw. Urkunden vorgelegt werden müssen (§ 28 ff. Gb.O.)

Ziffer des Protokolls	Ziffer der Initiativtabelle	Name, Stand und Wohnort des oder der Eigentümer nebst Angabe der in Gütergemeinschaft lebenden Ehefrauen	Besitznummer Plannummer — Hs.No.	Bezeichnung und Beschaffenheit des Gutes nach Kulturart und Bonitätsklasse	Walzend oder Zugehör eines Gutskomplexes
I.	15.	Müller, Johann, Ökonom in Steben, Wittwer.	Pl.No. 200. Hs.No. 10.	Acker u. Wiese, der Hausacker VI. Bonität.	Bestandteil des Gutes Hs.Nr. 10 in Steben.
II.	3.	Dörflas, Ortsgemeinde.	Pl.Nr. 20. Bes. No. 1/2.	Straßen, Gassen und öffentliche Plätze in der Ortschaft Dörflas, Gemeindeweg von Steben üb. Dörflas nach Lichtenberg	Walzend.
III.	20.	Tröger, Heinrich, Seifensieder in Lichtenberg und dessen Ehefrau Elisabetha, geb. Müller, in Gütergemeinschaft nach Bayreuther Recht.	Pl.No. 180. Hs.No .12.	Wiese mit Weiher, die Brunnenwiese, XI. Bonität.	Bestandteil des Gütchens Hs.No. 12.

Flächeninhalt: des ganzen Grundstückes, Tgw. ha	des ganzen Grundstückes, Dez. a	der durch die Eisenbahn abgeschnittenen Teile, links, Tgw. ha	links, Dez. a	rechts, Tgw. ha	rechts, Dez. a	der zu erwerbenden Teile, Tgw. ha	der zu erwerbenden Teile, Dez. a	Hypothekenverhältnisse	fl. ℳ	kr. ₰	Benennung der Hypothekenverhältnisse und Attestation der Hypothekenämter
1 0,	95 664	1 0,	43 488	0 0,	26 088	0 0,	26 088	Mit 4% verzinsliches Muttergut für die Kuratelmasse der minderjährigen ersteehelichen Kinder des Besitzers namens Johann, Friedrich, Elisabetha und Christian Müller zu Steben.	4000 fl. u. 500 fl. Kaution = 6857 ℳ 14 ₰ und 857 ℳ 14 ₰		Nun hypothekfrei abgeschrieben. Bd. III S. 60 Steben.
0 0,	83 283	0 0,	80 272	— —	— —	0 0,	03 011	Hypothekfrei.	—	—	Hypothek- und folienfrei. Sachregister berichtigt.
6 2,	09 075	3 1,	79 291	1 0,	96 669	0 0,	34 115	a) für den Pfandbrieffond der bayer. Hypotheken- u. Wechselbank in München, b) Protestation gegen jede einseitige Veräußerung durch die Witwe Elisabetha, geb. Müller eingetragen.	2000 ℳ 200 ℳ Kaution.		Erlös zu deponieren. Nun hypothekfrei abgeschrieben. Bd. III S. 20 und 29 für Lichtenberg.

nach Steuergemeinden gesondert, nach Maßgabe des Hypothekenbuchs und Sachregisters vom Hypothekenamte anzulegen und zur Vereinigung der Hypothekverhältnisse zu schreiten sein. Die von der Sektion übermittelte Tabelle wird in Abschrift zurückbehalten und mit den auf das Hypothekenbuch bezüglichen Einträgen versehen, während das mit gleichen, auf die Hypothekverhältnisse bezüglichen Einträgen versehene Original zurückgesendet wird.[1])

Hinsichtlich der Beteiligten folgen nun die Konstatierungen zu den über die Grunderwerbung anzulegenden, später zu den Hypothekenprotokollbeilagen zu nehmenden oder als Spezialakten zu registrierenden Akten, wer auf Grund der vorhandenen Pflegschafts- und Verlassenschaftsakten als Hypothekgläubiger bezw. Besitzer in Betracht kommt; ob dieselben minderjährig sind, wer Vormund, Kurator über Geisteskranke, Abwesende, Verschwender ꝛc. ist, wer die Erben geworden sind, wo sich diese aufhalten. Stehen die Beteiligten fest[2]) (cf. II. und III. Rubrik

---

[1]) Ist bei kleineren Expropriationen (Bahnhoferweiterungen; Anlegung eines Doppelgeleises ꝛc.) nach Ermächtigung des k. Staatsministeriums des Innern zur Einleitung des Enteignungsverfahrens gegen diejenigen Eigentümer, von denen die Grundabtretung zum Bahnbau beansprucht werden muß, zunächst beim k. Bezirksamte der Antrag auf Anberaumung eines Termins nach Art. 55 und 47 Ausf.Ges. zur C.P.O. bezw. Art. 15 Expropr.Ges. unter Vorlage des Operats mit Plan und Bezeichnung der Objekte nach Kulturart, Fläche und Lage im Antrag gestellt, so wird die Verwaltungsbehörde sich ein Verzeichnis der Beteiligten beim Hypothekenamte erholen. Kommt dann später die Konsignation bei Gericht in Einlauf, so werden zunächst nur die Teillöschungen bezüglich der an Hypothekgläubiger ausbezahlten Beträge erfolgen können und in die Gerichtsakten ein Verzeichnis (cf. Anlage) über die Beteiligten aufzunehmen sein, soferne die Administrativakten in der Beschwerdeinstanz oder nach Art. 50 Ausf.Ges. beim Prozeßgericht vor der Ausbezahlung der Beträge und Vereinigung des Hypothekenbuchs benötigt werden. Kommt später das revidierte Messungsoperat des Eisenbahngeometers mit dem bezirksamtlichen Einweisungsbeschluß, der wie andere Urkunde über Eigentumsübergang von Immobilien dem Hypothekenamte vorzulegen ist, in Einlauf, so wird das Operat mit den bereits erholten Pfandentlassungserklärungen gemäß Art. 55 bezw. 51 Ausf.Ges. zur C.P.O. vollzogen und dem Abtretungsberechtigten Vollzugsbestätigung über die pfandfreie Abschreibung der Objekte erteilt. Im Interesse der Beschleunigung liegt es jedenfalls, wenn die Bahnbehörde eine Abschrift der Tabelle dem Hypothekenamte zum weiteren Gebrauch übermittelt.

[2]) Es ist dies meist aus den Administrativakten zu ersehen, da bereits hier den Beteiligten rite zugestellt werden muß; es wird somit die Adhibierung der Verlassenschaftsakten ꝛc. bereits zum Hypothekenspezialakt erfolgt und werden die Vertreter in diesem Akte konstatiert sein. Andernfalls ist dies im Interesse des geordneten hypothekenamtlichen Vollzugs sowie zur Feststellung der Empfangsberechtigten bei Verteilung der Entschädigungsnachzuholen. Findet sich eine Tabelle über die Beteiligten bereits beim Akt, so ist im Hypothekenbuch nachzusehen, ob durch Löschung, Weiterverpfändung, Besitzwechsel ꝛc. Aenderungen seit Beginn des Verwaltungsverfahrens eingetreten sind.

oben über Erteilung von Vollmachten, Absentenkuratel, Todeserklärung, Kurator über hereritas jacens Vormünder überhaupt, Erholung der Erbschaftsbestätigungen auswärtiger Gerichte), so werden dieselben vorgeladen, Ersuchschreiben an die auswärtigen Gerichte, bezw. die Banken um Pfandfreigabe der in der Tabelle aufgeführten Abtretungsflächen meist unter Ausdehnung auf weitere fünf Prozent der in der übersandten Tabelle namhaft gemachten Größe dieser Flächen mit Rücksicht auf etwaige Nacherwerbungen erlassen. Die zu vernehmenden Beteiligten sind die Eigentümer, Miteigentümer, dinglich Berechtigten, persönlichen Nutznießer, Hypothekgläubiger (cf. Henle S. 108).

Die aufgenommenen Protokolle lauten etwa:

„Als einziger Erbe meiner Schwester Sidonia Meier in Ruhmannsdorf, für welche auf den Grundbesitzungen der Bauerseheleute Friedrich und Johanna Kayser hier ein Hypothekkapital von 4000 fl. mit 400 fl. Kaution eingetragen wurde, gebe ich die hiefür verpfändeten, in der Steuergemeinde Steben gelegenen Objekte

Pl.No. 205 zu 0,066 ha

Pl.No. 206 zu 0,050 ha, welche Flächen in die Bahnlinie Steben-Lichtenberg fallen, hiemit frei; desgleichen entlasse ich für den Fall etwa nötig werdender Mehrerwerbungen weitere 5% über die jetzt schon weggemessene Fläche aus dem Pfandverbande bezüglich der vorerwähnten Hypothek."

Das Protokoll wird entweder am Gerichtssitz oder falls mehrere Erklärungen in einer Gemeinde aufgenommen werden können, auf Requisition der Eisenbahnbausektion, welche die Uebernahme der Kommissionsgebühr seitens der Generaldirektion in Aussicht stellt, im Kommissionswege aufgenommen und ist gegebenenfalls obervormundschaftlich zu genehmigen.

Bei auswärtigen Besitzern erstreckt sich die Requisition darauf, daß dieselben in die Abschreibung des Objekts zu Gerichtsprotokoll willigen unter Verzicht auf nochmalige Einvernahme vor dem Hypothekenamte, vorausgesetzt, daß die Fläche von den Gläubigern aus dem Pfandverband entlassen wird.

Auswärtige Gerichte werden auf die Schreiben des requirirenden Gerichts Bezug nehmen und die Beteiligten dahin einvernehmen:

„Ich gebe die in dem Schreiben vom . . . sowohl nach ha als auch nach % bezeichneten Grundrealitäten, deren Erwerb die Generaldirektion der bayer. Verkehrsanstalten aus dem Grundvermögen der Relikten des Metzgers Wilhelm Meyer vollzogen hat, bezw. zu vollziehen beabsichtigt, unbedingt vom Hypothekenverbande bezüglich der mir zustehenden Hypothekforderung zu . . . . frei und verzichte auf nochmalige Einvernahme vor dem Hypothekenamte; desgleichen beantrage ich, die zu meinen Gunsten eingetragene Dispositionsbeschränkung im Hypothekenbuche zu löschen. Ich erteile ferner meine Zustimmung zu den zum Zwecke des Eisenbahnbaues zwischen mir und den meinigen einerseits und dem kgl. Eisenbahnfiskus andererseits abgeschlossenen Verträgen bezüglich der im gemeinschaftlichen Besitz von mir, meiner Mutter und meinen 2 Geschwistern Johann und Friedrich Schneider stehenden in der Steuergemeinde Lichtenberg gelegenen Grundbesitzungen, indem ich meine Mutter zum Abschluß der fraglichen Verträge hiemit zu Gerichtsprotokoll bevollmächtige. Die allenfalls schon abgeschlossenen Verträge genehmige ich."

Die Freigabe erfolgt entweder bedingungslos oder, wie meist seitens der Bank, unter der Bedingung, von den Pfandentlassungserklärungen erst Gebrauch machen zu lassen, wenn der für das Grundstück erzielte Erlös zur Einsendung an die Bank beim Amtsgericht deponiert wurde, oder unter der Bedingung, daß das für die Spaltobjekte zu zahlende Abfindungsquantum in Abschlag auf die Forderung genommen wird, bezw. wenn die Entschädigung höher sein sollte, gegen Bezahlung der Forderung mit Zinsen, bezw. daß der Erlös für die abzutretenden Flächen voll zur Tilgung der im Range vorgehenden Hypothekforderungen verwendet wird. Seitens des k. Rentamts, bezw. der k. Filialbank zu entlassende Trennobjekte wegen bestellter Kautionen werden von diesen Behörden auf Requisition hin mittels Schreiben freigegeben, bezw. in die Entlassung derselben aus dem Hypothekenverbande gewilligt und auf nochmalige Vernehmung vor dem Hypothekenamte verzichtet. Dabei wird die Kautionsurkunde zur Berichtigung übermittelt. Insoweit nach Bayreuther Recht bei ungeteiltem Miteigentum und Forthausung der Witwe mit den Kindern lediglich im Sinne der J.M.E. vom 13. Dezember 1864 No. 1731 „Besitzveränderungen beim Absterben von Eheleuten, hier den Besitz nach Bayreuther Provinzialrecht betreffend" eine Protestation, das Verbot der einseitigen Belastung und Veräußerung in der Richtung gegen die Witwe, statt der Besitztitelberichtigung mit dem Anfügen, ob und wie die Erbschaft angetreten wurde, sich eingetragen findet, dürfte von einer Vernehmung der Miteigentümer über Freigabe Umgang genommen werden, da die Beteiligten zur Vertragsverlautbarung ohnehin zugezogen werden müssen und die Protestation mit Veräußerung unter Zustimmung aller Miterben als gegenstandslos in Wegfall kommt. (cf. Rgb. S. 297 ff. Bl. f. R.A. Bd. 44 S. 97.) Die betreffende Rechtsverwahrung sichert nur die Eigentümerrechte der Kinder gegen einseitige Handlungen der Witwe ohne ihre Zuziehung, solange infolge der bloßen Papierteilung die Witwe mit den Kindern beim Ableben des Mannes forthaust. (§ 139 Hyp.Ges., § 528,

529 Teil II Tit. 18 pr. L.R., Rosenkranz S. 154, Förster III. Aufl. Bd. III S. 659.) Sind die Hypothekverhältnisse in der Initiativtabelle in der Rubrik „Hypothekverhältnisse“ eingeschrieben, die Verhandlungen mit den Grundeigentümern, Gläubigern und sonstigen Berechtigten gepflogen und in der letzten Rubrik der Tabelle konstatiert, ob die weggemessenen Flächen ohne Vorbehalt oder unter der Bedingung der Deponierung des Erlöses für den Gläubiger freigegeben wurden, so erübrigt noch die Hinausgabe der Deposita an die Berechtigten und die Abschreibung der Flächen im Hypothekenbuch und Sachregister.

Die Hinterlegung erfolgt beim Gericht der belegenen Sache; (nicht beim Hypothekenamte); die Ausbezahlung geschieht an die Hypothekgläubiger, während der überschießende Rest an den Eigentümer als Entschädigung hinausbezahlt wird, (cf. Henle S. 98) bei dem Gerichte selbst (cf. oben) beziehungsweise durch Ersuchen um Aushändigung gegen Empfangsbestätigung und Eröffnung, daß die Abschreibung der Trennstücke nunmehr erfolgen wird, an das requierierende auswärtige Gericht (cf. auch Not.Ztg. 1889 S. 119, C. S. XII S. 210); im Uebrigen vermittelt die Verwaltungsbehörde die Ausbezahlung der Beträge cf. oben.

Es wird deshalb seitens der Bausektion bezw. der Oberbahnamtskasse ein Verzeichnis (Konsignation) der auf Verlangen der Hypothekgläubiger deponierten, nach Art. 11 des Gesetzes der Hinterlegung bei Gericht bedürfenden vereinbarten Grundentschädigungsbeträge an das Amtsgericht mit dem Ersuchen um Behändigung an die Berechtigten übersendet und darnach an einem im Benehmen des Gerichts und der Bahnbehörde bestimmten Termin Mandat an die Depositenkommission zur Annahme der Entschädigungssumme und gleichzeitig Einzelmandate zur Ausgabe der Beträge mit Schreiben an die Gläubiger erlassen, die Bahnbehörde hievon verständigt, die Empfangsbestätigungen der Gläubiger zu den Depositalbelegen genommen und nun die Abschreibung der hypothekfreien Flächen verfügt und Vollzugsbestätigung erteilt. (Eintrag ins Hypothekentagebuch und Vollzug im Hypothekenbuch und Sachregister, Löschung der Verfügungsbeschränkung im Hypothekenbuch nach Zahlung oder Hinterlegung der Entschädigung) cf. Henle S. 87.

Erwähnung verdient hier noch die schließliche Uebersendung der Grunderwerbungsscheine unter Angabe des Wertbetrags durch die Eisenbahnbausektion um Bestätigung der Hypothekfreiheit der erworbenen Parzellen, welchem Ersuchen, wie bei sonstigen Bestätigungen durch Bestätigung über die Hypothekfreiheit auf dem Schein und Eintrag ins Hypothekentagebuch unter fortlaufender Eintragsnummer entsprochen wird.

Die landesgesetzlichen Vorschriften über Zwangsenteignung sind in Art. 109 des Einf.Ges. zum B.G.B. aufrecht erhalten.

Verzeichnis der Beteiligten im Verteilungs-

Fortlaufende Nummer	Steuergemeinde und Plan-Nummer	Abgetretene Fläche ha	Gezogen zur Pl.No. des Abtretungsberechtigten.	Folium	Besitzer, Name, Stand, Wohnort.
1.	110 St.Gde. Helmbrechts	0,060	270	Helmbrechts X S. 100.	Mangold Heinrich und Walburga, Gütlerseheleute in Helmbrechts H.N. 215.
2.	218 219 221 St.Gde. Volkmannsgrün	0,070 0,014 0,090	279 neugebildet.	Volkmannsgrün V S. 80.	Ernst Heinrich und Therese, Webersehelente in Volkmannsgrün H.N. 17.
3.	275 St.Gde. Schauenstein	0,030	189	folienfrei.	Schauenstein Stadtgemeinde.
4.	290 290$^{1}/_{2}$ 291 St.Gde. Weitesgrün	0,008 0,005 0,002	175	Weitesgrün Bd. II S. 18.	Fischer Josef, Händler, H.N. 6a in Weitesgrün.
5.	825 St.Gde. Selbitz (ganze Pl.No.)	0,662	215	Selbitz Bd. XV S. 80.	Meiler Johann, Pfarrmeßner in Selbitz, H.N. 10.

termin der Entschädigungssumme.

Hypothekengläubiger, Nutznießer, Verfügungsberechtigter.	Aenderung in den Verhältnissen der Beteiligten.	Administrativ festgesetzte Entschädigungssumme.	Hypothekenamtlicher Vollzug.
I. Städtische Sparkasse in Asch 4000 ℳ. (I. Rang.) II. Stamm Johann landesabwesend. (200 fl.)	— Für Stamm als Kurator Johann Mainzold in Schauenstein verpflichtet.	421	
I. Kayser Josef, Gütler in Asbach, 4500 ℳ. II. Henias Friedrich in Pollanten, Häusler.	1. Kayser verstorben. Verlassenschaftsakt 1896/195. Dessen Erben: Johann, Josef, Friedrich, sämtlich großjährig in Asbach. Karl minderjährig, Vormund Perl Josef, Metzger dort. 2. Henias wegen Geisteskrankheit entmündigt. Kurator Hausmann Friedrich, Kommissär in Münchberg.	1190	
—	—	60	
I. Markert Friedrich, minderjährig in Bamberg, (500 ℳ). Zinsengenuß berechtigt dessen Mutter Josefine Markert, Gärtnerin in Bamberg. II. Zwangshypothek für Moritz Landgraf, Händler in Laufen. (180 ℳ.)	Kuratel in Bamberg anhängig. Requisition an AG. Bamberg I. Kurator für hered. jacens aufgestellt. Erben noch unbekannt.	140	
I. Außerordentlicher Hilfsfond für Pfarrerswitwen u. Waisen im Königreich Bayern diess. des Rheins. Administration in Nürnberg. 1500 ℳ und 150 ℳ Kaution. II. Rentamt hat 12 ℳ 50 ₰ Grundsteuer angemeldet.	Besitzer hat den Rechtsweg beschritten. Erlös bleibt deponiert.	3690	

III. Abteilung.

Das künftige Grundbuch gegenüber dem jetzigen Hypothekenbuche.*)

Das künftige Immobiliarpfandrecht — von dem Mobiliarpfand im bürgerlichen Gesetzbuch räumlich geschieden, ist nach seiner materiellen Seite im bürgerlichen Gesetzbuch § 1113—1203, nach seiner formellen Seite in der Grundbuchordnung vom 24. März 1897 R.G.Bl. S. 139 ff. geregelt, während das bayerische Hypothekengesetz die Bestimmungen nach beiden Richtungen vereinigt enthielt.

Es ist hier nicht der Zweck, eine systematische Darstellung des künftigen Rechts zu geben, sondern in den Hauptgrundzügen zu erörtern, in welcher Weise das jetzige Hypothekenbuch durch Aenderungen des B.G.B. und der im Entwurfe vorliegenden Grundbuchordnung späterhin ein anderes Gepräge zeigen wird und inwieweit jetzt schon durch die Vereinigungsthätigkeit der Anlegung des Grundbuchs vorgearbeitet werden kann.

1. Bayerisches Hypothekengesetz vom Jahre 1822 und Grundbuchrecht mit Grundbuchordnung.

a) Allgemeine Bestimmungen.

Während nach dem bayer. Recht der Eintrag ins Hypothekenbuch den Schutz der Hypothekrechte hauptsächlich im Auge

---

*) Literatur. Grundbuchordnung: Reichstagsvorlage vom 22. Januar 1897 mit Denkschrift; teilweise citiert. Entwurf ausgearbeitet durch die von dem Bundesrate berufene Kommission, nebst Motiven. Amtliche Ausgabe 1889. (Gb.O.) Reichsgesetz vom 24. März 1897 R.G.Bl. 1897, No. 15. Bürgerliches Gesetzbuch für das deutsche Reich mit Einführungsgesetz. Motive Band III zum B.G.B. 18. August 1896.

Krech: Das Recht an Grundstücken nach dem Entwurfe eines bürgerlichen Gesetzbuchs (Heft 14 der Beiträge zur Erläuterung und Beurteilung des Entwurfs eines bürgerlichen Gesetzbuchs von Bekker und Fischer.) (Kritik: Centralblatt für Rechtswissenschaft Bd. 9 S. 59.)

Daus: zum Hypothekenrechte des Entwurfs (enthalten in Beiträge zur Erläuterung des deutschen Rechts Bd. 35 (1891) S. 53—68.) (Kritik: Centralblatt für Rechtswissenschaft Bd. 10 S. 254.)

Deybeck: Grundzüge des Hypothekenrechts nach dem Entwurfe (enthalten in „Beiträge zur Erläuterung des deutschen Rechts" Jahrgang 34 S. 78—103 und 370—448.) (Kritik: Centralblatt für Rechtswissenschaft Bd. 10 S. 253.)

von Meibom: Zum Hypothekenrechte und Grundschuldrechte des Entwurfs (Archiv für civilistische Praxis Jahrg. 1889 Bd. 74 S. 337—386.) Kritik: (Centralblatt für Rechtswissenschaft Bd. 9 S. 16; Beiträge zur Erläuterung des deutschen Rechts Jahrg. 33 (1889) S. 708—710.) Bayer. Not.Ztg. von 1892 Heft 7 und 8 S. 93. Abhandlung von Tröger.

Henle: Die Hypothekengesetznovelle vom 29. Mai 1886 bayer. Civilgesetze 1889.

Fischer-Henle: Handausgabe des bürgerlichen Gesetzbuchs.

hat, (C. S. XIII S. 507), das Hauptmoment auf die Hypotheken-einträge legt, und die sofortige Eintragung sämtlicher Grundstücke keineswegs Voraussetzung für die weiteren Einträge ist, setzen das bürgerliche Gesetzbuch wie die Grundbuchordnung ein von der landesherrlichen Verordnung als angelegt erklärtes Grundbuch*) voraus, das nicht nur für die Belastung, sondern auch für den Erwerb von Rechten an Grundstücken konstitutive Bedeutung hat. (§ 873 B.G.B.) Außer den Fällen des § 90 Abs. 1 Gb.O. gilt für die Grundstücke die Buchungspflicht, so daß die folienfreien Grundstücke als solche verschwinden. Während nach bayerischem Recht der Art. 14 des Not.Ges. Voraussetzung für den Eigentumserwerb an Immobilien bildet und civilrechtlich Eigentum auch ohne Eintrag in das Hypothekenbuch erworben wird, (cf. auch Bl. f. R.A. 16 S. 406) ist nach § 873 B.G.B. Vertrag und Eintragung als 2 gesonderte Rechtsakte in der Art zur Uebertragung des Eigentums an Grundstücken durch Rechtsgeschäft nötig, daß beide zusammen zur Begründung des Rechts gehören. (Art. 142 Einf.-Ges.) s. auch § 313!)

Ueber die Rechtsänderung muß eine Einigung des Berechtigten und des andern Teils vorliegen. Soferne nicht die Eintragsbewilligung vor dem Grundbuchamte selbst erklärt ist (im Falle der Auflassung und Bestellung des Erbbaurechts 925, 1025) genügt der Einlauf der gerichtlich oder notariell beglaubigten Erklärung der Beteiligten bei dem Grundbuchamte oder die Aushändigung dieser mit der beglaubigten Unterschrift des Berechtigten versehenen Erklärung an den andern Teil und Uebersendung desselben durch letzteren ans Grundbuchamt, jeweils mit der einer besonderen Form nicht unterliegenden Antragstellung auf grundbuchamtlichen Vollzug.

Gegenüber dem § 25 und 26 des Hyp.Ges. ist das Prinzip der Oeffentlichkeit noch weiter ausgebildet (§ 892 B.G.B.) insoferne nunmehr auch die Eigentumsübertragung, die Begründung eines begrenzten Rechts allerdings nur bei rechtsgeschäftlichem Erwerb dann außer dem Fall der Sicherungshypothek die Forderung selbst, „soweit sie zur Stütze des dinglichen Anspruchs dient" außer dem Hypothekrechte und ohne Eintrag wie bei der Briefhypothek unter dem Schutz des öffentlichen Glaubens stehen, während nach bayer. Recht seither nur Rechtsverhältnisse geschützt wurden, bezüglich deren die Beziehung der Handlung zum Hypothekenwesen begründet war und nur insoweit im Einzelfalle die Beziehung zum Hypothekenwesen bestand. (Becher

*) § 1 Abs. 2 und § 2. § 87 Gb.O. und Art. 186, 189 Einf.-Ges. Einleitung zu den Motiven wie der Denkschrift der Reichstagsvorlage Mot. S. 42 Gb.O. Denkschrift S. 16 Abs. 2.

S. 762, Mot. III 211, 214, 602, C. S. IX 367, Blf. R.A. 46 S. 23; C. S. IV 386; Rgb. S. 42.)

Die Oeffentlichkeit erstreckte sich seither allerdings nicht schlechthin nur auf den Erwerb von Hypothekrechten, sondern auch auf den Eigentumserwerb, sofern hiebei die hypothekarische Haftbarkeit des neuen Erwerbers in Frage kam, dagegen als solcher steht der Eigentumserwerb seither nicht unter dem Schutze des Hypothekenbuchs. Das Hypothekenbuch ist kein Grundbuch, das Eigentum und die früheren dinglichen Rechte an den Liegenschaften mit formaler Rechtskraft festzustellen. Der Erwerb des Eigentums unterliegt seither vielmehr lediglich den Bestimmungen des allgemeinen bürgerlichen Rechts. Es kann sich niemand auf den Eintrag im Hypothekenbuche berufen, um den Erwerb des Eigentums zu begründen. (C. S. XII 257, 375.)

Uebereinstimmend mit dem Prinzip der Spezialität nach § 11 des bayer. Hyp.Ges. ist die Bestimmung in § 28 Satz 1 Gb.O. (Mot. hiezu S. 60, Denkschrift S. 27 Abs. 3 und 4 B.G.B. § 1115 Mot. zum B.G.B. III 183.) Das Prinzip der Spezialität fordert, daß die Hypothek der Summe nach (bei der Sicherungshypothek unter Angabe des Höchstbetrages) bestimmt ist. § 11 Hyp.Ges. § 882, 1113 B.G.B.

Das Grundbuchamt soll die Eintragung einer Hypothek oder Grundschuld nicht vornehmen, wenn die Eintragungsbewilligung oder sofern eine solche nicht erforderlich ist, der Antrag auf Eintragung eine Angabe des Geldbetrages nach Reichswährung nicht enthält. (§ 28 Satz 2 Gb.O. Mot. z. Gb.O. S. 64 Denkschrift S. 27, bayer. Hyp.Ges. § 19, 145, J.M.E. vom 13. Dezember 1875 S. 330.)

Die Grundbücher werden von den Grundbuchämtern geführt, die Einrichtung der Bücher erfolgt nach der Anordnung der Landesjustizverwaltung. Darnach bemißt sich auch, ob ein Grundbuchrichter ausgeschlossen oder abgelehnt werden kann. (§ 1 Gb.O.)

Das Grundbuchamt kann auch eine kollegialisch besetzte Behörde sein cf. in Bayern Oberlandesgericht bei F. F. C. die landesgesetzlichen Vorschriften ꝛc. über die Fideikommisse sind aufrecht erhalten in Art. 59 Einf.Ges. *)

Wie seither das Hypothekenamt als verwaltende, nicht rechtsprechende Behörde (Mot. S. 49 cf. § 92 Hyp.Ges.) die Giltigkeit und Richtigkeit eines einzutragenden Rechtsgeschäfts zu prüfen hatte, (§ 96) so hat das Grundbuchamt die Entscheidung, d. h.

---

*) cf. seither Beil. IV zur Verf.Urkd. hinsichtlich der Hypothekenangelegenheiten der Mitglieder des k. Hauses F. F. C. standesherrliche Blf. R.A. Bd. 44 S. 257 und Art. 15 Ziff. 1 Ausf.Ges. zum G.V.G. andernfalls Amtsgerichte zuständig Art. 22 Ausf.Ges. zum G.V.G.

Anordnung der Eintragung nach Prüfung zu treffen (§ 13, 16, 18 Gb.O.) Liegt der Antrag auf Eintragung seitens eines noch nicht eingetragenen Eigentümers vor, so steht dem Verfahren nach § 97, 99, 105 des bayer. Hyp.Ges., wonach der Hypothekenbeamte zur Hebung der Hindernisse beiträgt und dem Notare zur Vervollständigung die Urkunde zurückgibt, in den Motiven das Prinzip gegenüber zu prüfen, ob die beantragte Eintragung gerechtfertigt ist oder nicht und darnach entweder die Eintragung zu bewilligen, oder den Antrag als nicht angebracht unter Angabe der Gründe abzuweisen, bezw. dem Antragsteller eine Frist zu bestimmen, innerhalb deren die Hindernisse zu heben sind. Eine Vorschrift, den Eintragungsantrag in jedem Falle zurückzuweisen, in welchem der, welcher die Eintragung verlangt hat, noch nicht im Grundbuche eingetragen ist, ist von der Grundbuchordnung nicht aufgestellt. (Mot. z. B.G.B. III S. 186 gegenüber Mot. zur Gb.O. S. 57. Denkschrift S. 23 und 24 § 17 Gb.O.)

Der ablehnende Bescheid ist lediglich als Verweigerung einer thatsächlichen Maßnahme, nicht als Feststellung der Unzulässigkeit der Eintragung selbst anzusehen. Denn es kann sogar (Mot. S. 87) zu einer Verbesserung von Amtswegen kommen oder auf erhobene Beschwerde das Grundbuchamt dieser selbst abhelfen. (§ 75 Gb.O.) Werden die veränderten Thatsachen später zur Kenntnis des Grundbuchsamts gebracht, so liegt ein in diesem letzteren Zeitpunkte neu angebrachter Antrag vor. Materiell rechtlich ändert die Zurückweisung an der bereits abgegebenen Erklärung nichts, es wird nur auf die Beibringung der weiter nötigen Behelfe zur Vervollständigung des Antrags hingewirkt. Daß dabei das Grundbuchamt nicht mit der Befugnis ausgestattet wurde, statt zurückzuweisen, ad infinitum zuzuwarten und Nachsicht zu üben, ist vom Standpunkt der Hypothekenbuchsbereinigung aus nur zu begrüßen; denn erfahrungsgemäß ziehen sich verzettelte alte Fälle oft auf Jahre hinaus, und führen, wenn sie sich anhäufen, zur Notwendigkeit einer materiellen Bereinigung.

Entsprechend insbesondere dem § 96 und 146 des Hyp.Ges. enthält § 29 Gb.O. eine Ordnungsvorschrift, wonach bei Einträgen auf Parteibetrieb das Grundbuchamt die Zulässigkeit der Eintragung insbesondere die Erklärungen der Parteien nach Form und Legitimation der Erklärenden mit Rücksicht auf den Grundsatz der Oeffentlichkeit des Hypothekenbuchs zu prüfen und sich dabei auf völlig zuverlässige Quellen zu beschränken hat. (Protokolle des Grundbuchamts, öffentliche Urkunden; Offenkundigkeit beim Grundbuchamt.) Die Erfordernisse der Errichtung der öffentlichen Urkunden und der öffentlichen Beglaubigung bestimmen sich nach den Landesgesetzen (Mot. S. 74 Gb.O. III S. 186, I 157, 185, 186, § 380 C. P. O.; B.G.B. § 129 Abs. I, § 2356 - Denkschrift z. Gb.O. S. 28.) Von Bedeutung sind hier § 32 und 33 Gb.O., welche für den Eintragungsantrag und die Vollmacht zur Stellung eines solchen den urkundlichen Nachweis nach § 29 Gb.O. verlangen, wenn der Antrag eine zur Eintragung erforderliche Erklärung ersetzt oder zurückgenommen bezw. eine Vollmacht hiezu widerrufen wird.

Die Pflicht des Grundbuchamtes zur Aufnahme von Protokollen ist ähnlich dem § 101 Hyp.Ges. in § 29 Satz I der Gb.O. geregelt; sie erstreckt sich auch auf solche Anträge, in denen die Erklärung einseitig nicht oder nicht sofort materiell wirksam ist oder die materielle Wirksamkeit bezweifelt werden kann. Der schriftliche Antrag auf Eintragung bezw. die Vollmacht zu einem solchen Eintragungsantrag bedürfen der Beglaubigung nicht, wohl aber wird Beglaubigung verlangt, wenn der Antrag mit materiell rechtlichen Erklärungen in der Art verbunden ist, daß er die Eintragungsbewilligung ersetzen soll. Weitere Formvorschriften gegen unrichtige Buchungen sind für den Antrag nicht getroffen. (§ 30 Gb.O. Mot. S. 79, 80. Denkschrift S. 28.)

Bei jeder Eintragung soll das Datum vermerkt werden (§ 45 Gb.O.), während § 17 Gb.O. für die Erledigung der Anträge nach deren zeitlichen Reihenfolge Sorge trägt. Mehrere gleichzeitig beim Grundbuchamte einlaufende Anträge haben gleichen Rang (§ 46 Gb.O., § 879 B.G.B. Denkschrift zur Gb.O. S. 33). Es entsprechen diese Vorschriften den Bestimmungen in § 23 und 117 Hyp.Ges., das seinerseits noch den Fall regelte, daß, wenn die Anträge an einem Tage nicht erledigt werden konnten, zur Aufrechterhaltung des Ranges ein Protokoll aufgenommen werden soll, an dessen Stelle späterhin der Eintrag ins Tagebuch trat. (Bl. f. R.A. Erg.-Bd. XII S. 364, Rgb. S. 109. Bl. f. R.A. 53 S. 177 und 369.) Eine nicht datierte Eintragung besteht zurecht, die Eintragung ist jedoch unvollständig und nicht ordnungsmäßig. Jede Eintragung ist auch mit der Unterschrift des Grundbuchbeamten zu versehen (§ 45 Gb.O.), während seither der Handzug des Hypothekenbeamten im Tagebuch nach Ziff. V der h. J.M.Bk. vom 11. April 1872 J.M.Bl. S. 126 nur insoweit zu erfolgen hatte, als ein Eintrag ins Hypothekenbuch ohne Aufnahme eines Hypothekenprotokolls oder einer Registratur stattfand, während andernfalls im Tagebuch auf das Protokoll verwiesen wurde und aus letzterem der Vollzug im Hypothekenbuch wie die Unterschrift des Hypothekenbeamten hervorging, bezw. soferne der Aktuar das Tagebuch führte, die Unterschrift aller Einträge durch den Beamten aus Zweckmäßigkeitsgründen angeordnet wurde.

Von Bedeutung für die Eintragung in das Grundbuch ist die in § 13 ff. getroffene Bestimmung über das Antragsrecht. Als Regel wird aufgestellt, daß eine Eintragung nur auf Antrag erfolgt, und daß das Antragsrecht dem zusteht, dessen Recht von der Eintragung betroffen wird oder zu dessen Gunsten sie erfolgen soll. Dieses Antragsrecht ist teils erweitert in § 14, 15, teils ersetzt (§ 39 Eintragung auf Grund Ersuchens einer Behörde). Dem Eintragungsantrag liegt eine Bewilligung desjenigen zu Grunde, dessen Recht von ihr betroffen wird (§ 19). Diese soll zur Vereinfachung der Buchführung statt des Nachweises der Einigung der Beteiligten (§ 873, 877, 8802 B.G.B.) dienen. Von wem insbesondere ob auch vom Eigentümer die Eintragung zu bewilligen ist, bestimmt das B.G.B. (§ 1116, 1180, 1186, 1198, 875, 928, 1132, 1168, 1188, 1195 siehe Denkschrift S. 24). Ausnahmen hievon statuieren § 20, 21 u. 31. Ersterenfalls wird die Einigung bei Auflassung eines Grundstücks, Bestellung oder Uebertragung eines Erbbaurechts verlangt (§ 1015, 925, 1017), während in § 20 Gb.O. der Dritte nur dann seine Zustimmung zur Aufhebung des Rechts zu geben hat, wenn sein Recht auf dem Blatte des Grundstücks vermerkt ist. Eine Ausnahme von § 19 trifft auch § 22 für die Berichtigung des Grundbuchs bei nachgewiesener Unrichtigkeit für die Eintragung oder Löschung einer Verfügungsbeschränkung.

Dagegen kommt § 23 auf die Regel des § 19 wieder bezüglich der Löschung eines zeitlich beschränkten Rechts zurück, insoferne mit Rücksicht auf allenfallsige rückständige Leistungen die Löschung nur mit Bewilligung des Rechtsnachfolgers erfolgen kann. Eine Ausnahme des § 19 statuiert ferner § 26 für die Eintragung der Uebertragung und Belastung von Briefhypotheken, Grundschulden, Rentenschuld, insoferne hier die Vorlage der Abtretungserklärung des seitherigen Gläubigers statt der Eintragsbewilligung genügt. (S. unten.)

Eine weitere Regel enthält § 40, dahingehend, daß der, dessen Recht geändert werden soll, als Berechtigter eingetragen sein muß. Erleichterungen treffen hier die vorgeschlagenen Ergänzungen der C. P. O. (§ 700a und 779b; Denkschrift S. 30 und 49), während in § 40 Abs. 2 im Zusammenhang mit § 1155 B.G.B. zu Gunsten des Gläubigers, in § 41 Gb.O. zu Gunsten eines Erben, eines eingetragenen Berechtigten, Ausnahmen in § 43, 44 und 42 Vereinfachungen zugelassen sind. (S. III. Rubrik.)

Eine Ausnahme davon, daß der Eintrag des Rechtsverhältnisses zwischen dem Berechtigten, als welcher der Veräußerer sonst eingetragen sein muß, und dem Erwerber nötig ist, besteht bezüglich der Erben des Eigentümers oder des Gläubigers, welche Eigentum bezw. die Forderung weiter übertragen können, ohne sich vorher eintragen lassen zu müssen (§ 41 Gb.O.). Hier wirkt der Eintrag des Erblassers noch hinsichtlich des Rechtsschutzes gegen Einträge Dritter fort; auch hat niemand ein Interesse daran, daß die Auflassung hier grundbuchmäßig festgestellt ist. (Krech S. 75 Motive S. 57 z. Gb.O. Denkschrift S. 31.)

Anlangend den Nachweis der Voraussetzungen zum Eintrage, so sind (cf. oben) in § 29 allgemeine in § 33—36 bezüglich der Vertretungsbefugnis bei Handelsgesellschaften (ähnlich den seitherigen Bestätigungen der Landgerichte K. f. H.) dann bezüglich der Erbfolge, fortgesetzten Gütergemeinschaft und Befugnisse eines Testamentsvollstreckers besondere Bestimmungen getroffen.

In § 36 Gb.O. wird conform dem seitherigen Verfahren der Nachweis der Erbfolge, z. B. zum Zweck der Besitztitelberichtigung, der Erbumschreibung einer Hypothek, bei Eintragungsbewilligungen, welche der Erbe vor seiner eigenen Urkunde erteilt hat, zur Erleichterung der Aufgabe des Grundbuchs für die gesetzliche, wie für die auf Verfügung von Todeswegen beruhende Erbfolge geregelt und die Bewilligung eines Erbscheins, Vorlegung der in einer öffentlichen Urkunde getroffenen letztwilligen Verfügung und des Protokolls über die Eröffnung desselben gefordert. (§ 2260, 2273, 2300, 2353, 2355, B.G.B., Denkschrift S. 28.)

Der Erbschein kann auch dem Fiskus erteilt und auch von ausländischen Nachlaßbehörden verlangt werden. (Mot. zur Gb.O. S. 77, 78, Mot. V S. 557.)

Zweifellos erhöhen diese Vorschriften die Rechtssicherheit bedeutend und erleichtern dem Grundbuchamte die Forschung nach den Erben. Allein die Unterstützung des Grundbuchbeamten den Beteiligten gegenüber wird auch in künftiger Praxis nicht versagt werden können, wenn im Interesse der Beschleunigung der Sache und der Beibringung der Atteste den Beteiligten die Routine fehlt, und erbrechtliche Fragen zu lösen sind. Gerade hier wirkte die Offizialthätigkeit des Vereinigungsdienstes fördernd und sollte diese für den Grundbuchrichter eher ausgedehnt als eingeschränkt sein. Auch seither war hier die Erholung von Erbschaftszeugnissen nötig, dieselben, insbesondere die Gebühren für sie konnten jedoch erspart werden, wenn auf Grund vorhandener Verlassenschaftsakten in die Hypothekenprotokolle die Erblegitimation aufgenommen werden konnte, da ja der Erbattest auch nur als Auszug der Verlassenschaftsbehandlung erscheint.

§ 37 führt für die Ueberweisung eines zu einem Nachlasse gehörigen Rechtes an einen Miterben (insbesondere Hypotheken, Grundschulden) die Erleichterung an, daß an Stelle der Eintragungsbewilligung ein Zeugnis des Nachlaßgerichts darüber genüge, daß die zu der Uebertragung erforderlichen Erklärungen der Erben vor dem Nachlaßgerichte abgegeben oder dem Nachlaßgerichte in öffentlich beglaubigten Urkunden vorgelegt sind. Auf Grund dieses Zeugnisses über die Erbauseinandersetzung ordnet das Grundbuchamt die Eintragung an. (Mot. S. 78, Denkschrift S. 29.) Dasselbe trifft nach § 38 Gb.O. zu, wenn sich die Auseinandersetzung auf das Gesamtgut in ehelicher Gütergemeinschaft oder einer fortgesetzten Gütergemeinschaft bezieht. Ein Vorbehalt für die Landesgesetzgebung ist in § 99 Gb.O. getroffen.

§ 52 Gb.O. bestimmt, daß bei Eintragung eines Vorerben auch das Recht des Nacherben, und soweit der Vorerbe von den Beschränkungen seines Verfügungsrechts befreit ist, (§ 2113, 2114, 2136, 2137 B.G.B.) auch die Befreiung von Amtswegen einzutragen ist. Ist ein Testamentsvollstrecker ernannt, so ist, soferne der Nachlaßgegenstand seiner Verwaltung unterliegt, dies bei Eintragung des Erben von Amtswegen mit einzutragen (§ 53 Gb.O., Denkschrift S. 35).

In den Fällen des § 37 und § 38 wurde seither eine Hypothek auf Grund Verlassenschaftsprotokolls bei Ueberweisung des Nachlasses oder Ausweisung eines Elterngutes umschrieben bezw. der Besitztitel berichtigt, soferne die Nachlaßmasse in den Händen sämtlicher Erben blieb bezw. im Testament Einzelverfügungen getroffen waren. Dagegen wurde, wenn einer von mehreren Erben Gläubiger werden sollte, ein notarieller Erbteilungsantrag oder Ehe- und Erbvertrag verlangt.

Werden mehrere Eintragungen gleichzeitig oder nacheinander beantragt, so darf im Antrage der Vorbehalt beigefügt werden, daß die eine Eintragung ohne die andere nicht erfolgen solle. Bei Anträgen mit anderer Selbstbeschränkung hat das Grundbuchamt den Antrag abzulehnen und den Antragsteller zu bescheiden (Gb.O. § 16 Mot. S. 72, Denkschrift S. 23).

§ 26 regelt die Eintragungen von Rechtsänderungen die außerhalb des Grundbuchs erfolgt sind (§ 1154, 1192 [1] B.G.B.). § 26 hat die Fälle im Auge, in denen Eintragung für die Begründung des Rechts nicht aber für die Uebertragung und Belastung des Rechts erforderlich ist. Es gehören hieher die Briefhypothek, Grundschuld, andererseits (§ 252) das Pfandrecht an eingetragenen Rechten, soweit eine Uebertragung oder Belastung an einer durch Pfandrecht an einem eingetragenen Rechte gesicherte Forderung in Frage kommt; das Pfandrecht teilt hiebei das Schicksal der Forderung, (Mot. S. 71), da für Begründung und Veräußerung des Pfandrechts an einem Rechte die Vorschriften zur Anwendung kommen, welche im Falle der Uebertragung jenes Rechts selbst gelten.

Es wird hier die Eintragsbewilligung ersetzt durch die Abtretungserklärung des bisherigen Gläubigers. Die schriftliche Form der Abtretungserklärung kann durch Eintragung der Abtretung ins Grundbuch ersetzt werden. Die Denkschrift S. 26 hebt zu § 252 ausdrücklich hervor, daß die Eintragung nicht die Wirkung hat, daß der öffentliche Glaube des Grundbuchs sich auf das Bestehen der Forderung oder auf die Person des Forderungsberechtigten erstreckt.

Die Vermutung der Bevollmächtigung des Notars zum Antrage auf Eintragung auf Grund der von ihm beurkundeten Eintragungsbewilligung ist in § 15, 31 geregelt. (§ 103 Hyp.Ges. Art. 12, 15 Not.Ges.)

Die Behandlung der Verbesserung ungerechtfertigter Einträge ist in § 54 Gb.O. verschieden, je nachdem hiebei eine gesetzliche Vorschrift verletzt wurde, oder die Eintragung ihrem Inhalte nach unzulässig ist. Hat das Grundbuchamt durch die Eintragung eine gesetzliche Vorschrift verletzt, so ist von Amtswegen ein Widerspruch einzutragen. Ist der Eintrag als solcher unzulässig, so ist er von Amtswegen zu löschen, um auch die Bedeutungslosigkeit eines Eintrags, der ohnehin öffentlichen Glauben nicht beanspruchen kann, zu zeigen. (Denkschrift S. 36.) Zu jenen Fällen dürften außer den Einträgen auf Grund rechtlich nicht zutreffenden Beurteilungen, auch Versehen, Schreibfehler, Rechnungsfehler gehören. War die Eintragung noch nicht erfolgt, sondern lediglich angeordnet, so kann das Grundbuchamt die Anordnung zurücknehmen. (Mot. S. 92.) Beruht der falsche Eintrag nicht auf einer Gesetzesverletzung des Grundbuchamtes, so sieht § 899 B.G.B. den Eintrag eines Widerspruchs auf Grund einstweiliger Verfügung vor und überläßt die Berichtigung den Beteiligten. (§ 894, 899 B.G.B.) Der Widerspruch ist hier eine andere Maßregel als die in § 883—885 B.G.B. vorgesehene Vormerkung zur Sicherung von Ansprüchen durch Anordnung des Prozeßrichters und Requisition desselben an das Grundbuchamt um Eintragung. (Mot. III S. 243, 244.) Wird die Unrichtigkeit nachgewiesen, so bedarf es zur Berichtigung des Grundbuchs der Bewilligung desjenigen, dessen Recht von der Berichtigung betroffen wird. Dies gilt besonders für die Eintragung oder Löschung einer Verfügungsbeschränkung. (§ 22 Gb.O.) Hier — § 894, 1144, 1145, 1167 B.G.B. — wird das mit der wirklichen Rechtslage nicht mehr übereinstimmende Grundbuch auch ohne Einwilligung des Gläubigers durch den Schuldner berichtigt.

§ 14 Gb.O. mit 40 enthält insoferne eine Bestimmung über Grundbuchsberichtigung, als der Kreis der Antragsberechtigten durch Zulassung des Eintrags auch ohne vorgängigen Eintrag des durch das neu einzutragende Recht betroffenen überall da erweitert wird, wo die Eintragung auf Grund eines gegen den Berechtigten vollstreckbaren Titels verlangt werden kann. In Fällen dieser Art — Eintragung einer Hypothek auf Grund vollstreckbaren Titels, einer Beschlagnahme 2c. — kann der Gläubiger die Eintragung verlangen und auf Berichtigung des Grundbuchs unter Beibringung der Unterlagen des Antrags hinwirken. (Denkschrift S. 22, Mot. S. 82, 83 zum § 45 des Entwurfs von 1889.) Ist die Rechtslage insoferne eine andere geworden, als ein zeitlich beschränktes Recht zur Löschung gebracht werden soll, so kann von vorneherein im Grundbuche der Vermerk eingetragen werden, daß zur Löschung des Rechts der Nachweis des Todes des Berechtigten genügt. Fehlt dieser Vermerk, so fragt sich, ob Rückstände von Leistungen ausgeschlossen sind. Verneinendenfalls wird zur Sicherung des Rechtsnachfolgers ein Widerspruch desselben gegen die Löschung von Amtswegen in das Grundbuch eingetragen und die Bewilligung des Rechtsnachfolgers verlangt, wenn die Löschung vor dem Ablauf eines Jahres nach dem Tode des Berechtigten erfolgen soll. Bei der Todeserklärung beginnt diese Frist erst mit Erlassung des die Todeserklärung aussprechenden Urteils (§ 23 Gb.O., Denkschrift S. 25). Dieselben Grundsätze treffen zu, (§ 24 Gb.O.) wenn das Recht mit der Erreichung eines bestimmten Lebensalters des Berechtigten oder mit dem Eintritt eines sonstigen Zeitpunkts oder Ereignisses erlischt.

Besteht die Bereinigung des Grundbuchs in der Löschung der nach den vorerwähnten § 885 [1] und 899 [2] B.G.B. eingetragenen Vormerkung bezw. des Widerspruchs, so ist die Bewilligung des Berechtigten dann nicht erforderlich, wenn die einstweilige Verfügung durch eine vollstreckbare Entscheidung bezw. eine auf Grund Versäumnisurteils erfolgte Eintragung durch eine vollstreckbare Entscheidung aufgehoben ist, somit der Anlaß der richterlichen Anordnung wegfällt. (§ 25 Gb.O. Denkschrift S. 26.)

Wie nach dem vorstehenden der Eingriff des Prozeßrichters, die Ausdehnung der Offizialmaxime für das bayer. Recht neu ist, so ist andrerseits das Berichtigungs- wie Bereinigungsverfahren in bestimmte Bahnen gewiesen. Zur Herbeiführung des Einklangs der Einträge mit der wirklichen Rechtslage wie der gleichzeitigen Uebersichtlichkeit der Einträge und zur Abwendung der mit Kosten und Weitwendigkeiten verbundenen Vorschrift in § 23 Gb.O., wird es zweckmäßig erscheinen, vor Einführung des Grundbuchs auf die Löschung solcher Rechte ein Hauptaugenmerk zu richten und die Löschung da durch den Besitzer auf Grund beigebrachter Sterbeurkunde vornehmen zu lassen, wo ein rein persönliches Recht des Verstorbenen vorliegt, die Reichnisse verjährt sind und nicht ein Not und Zehrpfennig in Form eines Auszugskapitals eingetragen war. Denn in letzteren Fällen waren ja seither schon die Erben über die Löschung einzuvernehmen.

Wie seither Löschungen, Rangrücktritte, vollstreckbare Titel zu den Hypothekbeilagen genommen wurden, so hat das Grundbuchamt die Unterlagen und Ergänzungen der Eintragungen, die von bleibender Bedeutung sind, aufzubewahren § 9 und nur hinauszugeben, wenn eine beglaubigte Abschrift dafür aufbewahrt wird. Sind die Akten am gleichen Gericht, so kann die Landesjustizverwaltung bestimmen, daß statt der Abschrift die Bezugnahme auf diese Akten genügt. (§ 95 Gb.O.).

Neu ist den bisherigen Rechten gegenüber der Wegfall der Ersitzung an Grundstücken als Erwerbsart an dinglichen Rechten. Als Ausnahme gelten § 900 und 927 B.G.B. bezügl. des Eigentums. Während § 900 die Voraussetzungen einer Ersitzung von Eigentum zu Gunsten des seit 30 Jahren eingetragenen Eigentümers statuiert, tritt in § 927 an Stelle der Ersitzung das Aufgebotsverfahren zu Gunsten des nicht eingetragenen Eigentümers, wenn das Grundstück seit 30 Jahren im Eigenbesitz eines anderen ist oder der eingetragene Eigentümer verstorben oder verschollen ist. (Mot. III S. 329—331.) Hier erfolgt der Erwerb auf Grund Ausschlußurteils und Eintragung. Der Wegfall der Ersitzung erklärt sich daraus, daß er mit dem Grundbuchsystem unverträglich und auch sonst entbehrlich erscheint. (Mot. III 308, 310.)

Mit seitherigen Rechten gemeinsam ist als Art des Eigentumserwerbes das Recht des Fiskus an aufgegebenen, herrenlos gewordenen Grundstücken (§ 928.) Glücklich gewählt ist dabei die Bestimmung, daß der Fiskus die ihm als gesetzlichen Erben zugefallene Erbschaft nicht ausschlagen kann (§ 1936, 1942 B.G.B.), da seither bei Ausschlagung der Erbschaft die Fiktion, einen Erben erhalten zu haben illusorisch werden konnte. (Mot. III 326 V 512), wenn der Fiskus auch seinerseits allgemein und nicht zu Gunsten einer bestimmten Person verzichtete. Wie seither die Eintragung einer Hypothek im Hypothekenbuche die Verjährung unterbricht und bis zur Löschung oder Eintragung eines Löschungsgrundes als Protestation jede Verjährung beseitigt, so unterbricht auch im künftigen Recht die Eintragung der Hypothek die Verjährung und läßt selbst, wenn der Anspruch verjährt ist, die Befriedigung aus dem Pfandobjekt zu. (§ 31, 32 Hyp.Ges., § 902 B.G.B. C. S. 13 S. 369).

Die Vormerkungen sind in § 883—888 B.G.B. geregelt. Sie kommen vor zur Sicherung des Anspruchs auf Einräumung oder Aufhebung eines Rechts an einem Grundstück oder an dem das Grundstück belastenden Rechte oder auf Aenderung des Inhalts oder Ranges eines solchen Rechts; dann aber auch zur Sicherung eines künftigen oder bedingten Anspruchs.

Wie der Ausdehnung nach (§ 27—30 Hyp.Ges. Protestationen und Vormerkungen im bayer. Hypothekrechte) ist auch die Grundlage eine verschiedene, insoferne außer auf Veranlassung desjenigen, dessen Grundstück oder dessen Recht von der Vormerkung betroffen wird, die Vormerkung auf Grund einer einstweiligen Verfügung erfolgt, (§ 885) sohin vom Vollstreckungsrichter ausgeht; die seitherigen Protestationen als solche sind beseitigt. Gegenüber der Vormerkung bezüglich des persönlichen

Anspruchs schützt der Widerspruch (§ 899) das dingliche Recht. (Henle zu § 883.)

Den Bestimmungen der § 18, 45 II Hyp.Ges. bezüglich der Wertminderung des Unterpfands und der Wahl des Gläubigers, entweder die Befriedigung aus dem Grundstück zu verlangen oder beim Gerichte durch einstweilige Verfügung ein Verbot der Vornahme der schädlichen Handlungen zu erzielen, (Rgb. S. 349) treten nunmehr je nach der Gefährdung der Sicherheit oder der bereits eingetretenen Verschlechterung des Grundstückes die Bestimmungen der § 1133 und 1134 B.G.B., wobei in letztem Falle ebenfalls die Zulässigkeit der Erwirkung einer einstweiligen Verfügung nach § 814 C.P.O. statuiert ist. (C. S. IX S. 20, VII S. 74.)

Als Bestimmungen des Einführungsgesetzes sind noch hervorzuheben:

Art. 79 der die Bestimmungen des Landesrechts über Hypothekenschätzer aufrecht erhält (cf. Instruktion hierüber R.Bl. 1823 S. 802), Art. 117, der der Landesgesetzgebung eine Bestimmung von Verschuldungsgrenzen einräumt, über die hinaus die Belastung des Grundstückes untersagt ist, Art. 118, der die landesgesetzlichen Bestimmungen aufrecht erhält, wonach zu Gunsten des Staates bezw. einer öffentlichen Anstalt einer Geldrente, Hypothek, Grundschuld, Rentenschuld wegen eines zur Verbesserung des Grundstücks gewährten Darlehens Meliorationsdarlehens der Vorrang vor anderen Belastungen eingeräumt wird, (cf. in Bayern Art. 7, 12 des Landeskulturrentengesetzes vom 21. April 1884.)

Art. 127 bezüglich der Aufrechterhaltung der Eigentumsübertragung nicht buchungspflichtiger Grundstücke, Art. 119 landesherrliches Verordnungsrecht, bezüglich der Unteilbarkeit bezw. Vereinigung der Grundstücke (§ 4 Gb.O. § 890 B.G.B.) Art. 114 Aufrechthaltung des Gesetzes vom 29. Mai 1886 über Befreiung des Staates von der Eintragung hinsichtlich der Grundgefälle des Staates und der Ablösungskasse und der an deren Stelle getretenen Leistungen und Reallasten, die aus der Oberlehensherrlichkeit des Staats hervorgingen. (Henle Komm. S. 1059.)

Ferner Art. 73 die Bestimmungen über Regalien, Art. 74 über Realgewerbeberechtigungen; Art. 75 die landesgesetzlichen Vorschriften über Versicherungsrecht; Art. 67 die landesgesetzlichen Vorschriften über Bergrecht; Art. 109 die Bestimmungen über Zwangsenteignung.

b) Die seitherige I. und II. Rubrik.

Nach § 3 der Grundbuchordnung ist für jedes Grundstück ein Grundbuchblatt anzulegen bezeichnet zufolge § 2 G.B.O.

nach der Nummer oder den Buchstaben des Flurbuches. Den in der Denkschrift S. 16 genannten Lagerbüchern, Fundbüchern, Meßregistern lassen sich die bayer. Sachregister, die auf Grund der Originalkataster und renovierten Kataster hergestellt sind und die Grundstücke nach Flächen zu 3 Dezimalstellen, Beschrieb und Pl.No. Bezeichnung mit Unterabteilung nach Buchstaben vollständig spezialisiert enthalten, anreihen. Hier erwähnt die Denkschrift, daß selbst wenn das Grundstück nach Lage und Größe im Grundbuch und Verzeichnis enthalten ist, von dem öffentlichen Glauben des Grundbuchs nicht umfaßt wird. (cf. Rubrik I.) Der Inhalt des Grundbuchs soll dem Erwerber nur die Sicherheit gewähren, daß er in Ansehung des dinglichen Rechts mit der wirklichen Rechtslage im Einklang steht. Das Verfahren zum Zwecke der Berichtigung jener Angaben im Flurbuch, insbesondere einer Aenderung des Flurbuchs (Hypothekenbuchsbereinigung in I. Rubrik) bemißt sich nach landesgesetzlichen Vorschriften (Denkschrift S. 17). Die Angaben über Grundstück, Eigentum und sonstige Rechtsverhältnisse müssen vollständig an einer Stelle gebucht sein, (im Einklang mit den jetzigen Folien.) Diese Folien d. h. die Grundbücher werden nach Bezirken (am besten wohl Steuergemeinden oder Stadtbezirken) geführt. Dabei ist die Bildung der Abteilungen (Rubriken) nicht reichsgesetzlich geregelt, (Mot. S. 32 z. G.B.O. Denkschrift S. 17,) sondern der Landesgesetzgebung überlassen worden, wie auch der Zeitpunkt der Buchung und die Einführung des Gesetzes bezüglich solcher Grundstücke, für die der Termin der Einführung ausdrücklich hinausgeschoben wurde. (Art. 189 und 186 Einf.Ges., § 1 Abs. 2, 82 und 94 Gb.O.) Als eine entschiedene Verbesserung ist es zu begrüßen, wenn gegenüber Motive S. 27 zu No. 1 des Entwurfs von 1889 nunmehr S. 17 der Denkschrift die Beseitigung der Mängel von Doppelfolien dem Landesrecht, das ja auch über die Einrichtung und Führung der Bücher, Vorschriften giebt, überläßt und den Satz, daß durch die Anlegung von Doppelfolien kein besonderer Uebelstand drohe, nicht mehr aufgestellt hat. Zulässig ist die Vereinigung mehrerer Grundstücke zu einem Grundstücke und der Antrag des Eigentümers auf Eintragung derselben ins Grundbuch als ein Grundstück. (§ 890 B.G.B.) Der gleiche Eigentümer kann nach § 4 G.B.O. ein gemeinschaftliches Grundbuchblatt erhalten; ein gemeinschaftliches Grundbuchblatt für Grundstücke verschiedener Eigentümer ist nur vorübergehend, d. h. so lange zulässig, bis eine Eintragung bezüglich eines der Grundstücke angeordnet wird, in welchem Falle von Amtswegen die Vereinigung zu lösen ist. Die Zulässigkeit des gemeinschaftlichen Grundbuchblattes ist davon abhängig gemacht, daß die Grundstücke im gleichen Grundbuchamte (vergl. übrigens § 86 Gb.O.) wenn auch nicht im gleichen Bezirke (cf.

Stadtbezirk) (siehe auch § 85 Gb.O.) gelegen sind, demselben Eigentümer gehören, und Verwirrungen von der Buchung, auf einem gemeinschaftlichen Blatt nicht zu besorgen sind. (Motive S. 33 und Denkschrift S. 17).

Die landesgesetzlichen Ausführungsvorschriften können Personalfolien — Gegensatz in Bayern Realfolien Rgb. S. 49 — gänzlich ablehnen (Motive S. 34). Uebereinstimmend mit der in den Motiven genannten preuß. G.B.O. § 13, wonach ein gemeinschaftliches Blatt für mehrere im Bezirk desselben Grundbuchsamts liegende Grundstücke desselben Eigentümers angelegt werden kann, ist die bayer. h. Min.Entschl. vom 5. Juli 1887 zu § 39, 40 Hyp.Ges. Da die Buchsführung vor allem auf Einfachheit und Uebersichtlichkeit der Einträge zu sehen hat, wäre es indessen ein Rückschritt gewesen, wenn auch bei nicht gleichmäßig belasteten Grundstücken eine Zusammenlegung auf ein Folium schlechthin als statthaft statuiert würde, da hiedurch Verwirrungen entstehen können, (§ 36 Hyp.Ges.) welche seither Anlaß zu Vereinigungen durch Notare oder Gerichte bildeten. Die Zulässigkeit der Zuschreibung von Bestandteilen von Grundstücken in § 5 Gb.O. wenn eine Verwirrung hievon nicht zu befürchten ist, ist daher eine bestimmtere Fassung als Motive S. 43 zur Gb.O. Als ein unbedingtes Hindernis der Vereinigung ist die verschiedene Belastung nicht aufgefaßt — im Gegensatz zur bayer. Praxis. Die Vereinigung von Grundstücken und Eingehörungen, die in verschiedenen Steuergemeinden oder sogar in verschiedenen Gerichtsbezirken liegen, war auf Antrag des Eigentümers seither schon nach bayer. Rechte möglich. Aehnlich läßt auch das neue Recht hier eine Zusammenlegung zu, (Art. 119 Einf.Ges.). Es ist übrigens hier der Landesjustizverwaltung vorbehalten, die seitherige Entschließung ausdrücklich aufrecht zu erhalten. Motive S. 33 zur Gb.O. Art. 119 Abs. 3 Einführungsgesetz, ferner Motive z. B. G.B. III, 57 und Arnold § 10. Während nach § 120 Hyp.Ges. die Anlage eines Foliums nur auf gegebene Veranlassung hin erfolgte, ist für das Grundbuch die seitherige Streitfrage, ob späterhin bei Neuanlage § 140 bezw. § 4 Einf.Ges. zum Hyp.Ges. gilt, damit aus der Welt geschafft, daß für jedes Grundstück d. h. gegebenen Falls jeden Komplex (cf. § 40 Hyp.Ges.) ein Grundbuchblatt angelegt wird und erst wenn das Grundbuch als solches angelegt ist die Anträge auf Eintragung in dasselbe (§ 13 Gb.O.) in Frage kommen. Die Bestimmung des Grundbuchamts für in verschiedenen Grundbuchbezirken gelegene Grundstücke kommt der Landesgesetzgebung d. h. Aufsichtsbehörde bei den Grundbuchämtern zu. (§ 5 Gb.O. Denkschrift S. 18.) Die seither in Bayern übliche Anlegung eines Sperrfoliums bezüglich der Pertinenzstücke in derjenigen Steuergemeinde, in der sie liegen, (§ 121, 122 Hyp.Ges.) ist in der Gb.O. nicht ausdrücklich vorgeschrieben. (Motive S. 42 zur Gb.O.) Wie seither nach bayer. Rechte die Verpfändung eines realen Teils einer Pl.No. nicht angängig war, so lange sie nicht katastermäßig eine besondere Buchnummer hatte und mit dieser im Sachregister auf Grund Operates des Geometers eingetragen war, ist auch künftig nötig, daß das einzelne bezw. einheitliche, zusammengesetzte Grundstück im Flurbuch unter einer No. vorgetragen ist, während die selbständige Belastung eines noch nicht abgetrennten Grundstücksteils ausgeschlossen ist (§ 6 Motive III 55—57, 633). Wird ein Flächenteil (§ 6 abgetrennter Grundstücksteil) veräußert, so bleiben die Hypotheken bestehen und werden auf einem eigenen Grundbuchblatt des Bestandteils unter Abschreibung vom Grundstück eingetragen. Würde der Grundstücksteil nur abgetrennt (aus Pl.-No. 840 nun 840 a, b gebildet) sein, und im gleichen Besitze und gleich belastet bleiben, so könnte das gemeinschaftliche Folium auf dem seitherigen Blatte bleiben. Der Flächenteil als solcher ist nicht wesentlicher Bestandteil des Grundstücks (§ 95 B.G.B.) und kann sobald abgetrennt gesondert belastet werden. Wird ein Grundstücksteil mit einer Dienstbarkeit oder Reallast belastet, so kann nach § 6 die Abschreibung überhaupt unterbleiben, wenn Verwirrung hievon nicht zu besorgen ist (Denkschrift 18.) Die Anlage des Grundbuchblatts für den Flächenteil kann wie seither die Landesregierung von der Berichtigung des Sachregisters, Herstellung des Operats (Karte mit Lage und Grenzen des Grundstücks) nach § 96 Gb.O. abhängig machen. (§ 2², 89, 6 Gb.O.) Da die geometrische Aufnahme der Grundstücksgrenzen über Lage und Größe, die Beschaffenheit von Karten, welche die Grundstücke bildlich darstellen und von topographischen Grundstücksverzeichnissen (Flurbuch) die Voraussetzung der Grundbucheinrichtung bilden (§ 2, 89 Gb.O. Mot. III 54) und in Bayern allerdings das Hypothekenbuch zwar im Einklang mit dem Kataster, aber getrennt von der Katasterbehörde geführt wird, so wird es sich fragen, inwieweit hier außer der etwaigen Aenderung, daß die Operate mit Plänen beim Grundbuchamt verbleiben, und über jedes Grundstück die Vermessung durch Einzeichnung der Grenzen und Darstellung der Karte in Einzelplänen fixiert wird, eine organisatorische Aenderung bezüglich des Katasterwesens insbesondere der Geometer eintreten wird. (Not.Ztg. 1889 S. 9 ff.). In Bayern war außer dem Falle des § 37 Hyp.Ges. (bei Grenzregulierungen und Gemeinheitsteilungen) entweder die Pfandentlassung der Realberechtigten bezüglich des Flächenabschnittes vor der Abschreibung nötig, oder es wurde teilweise in der Praxis unter Nichtanwendung des § 40 die Fläche bezw. das einzelne Grundstück vom seitherigen Folium abgeschrieben, ein besonderes

Folium mit den Hypotheken angelegt, und nach Eintreffen der Pfandentlassungen die Hypotheken gelöscht, so daß damit ein nutzlos gewordenes Folium angelegt war. Künftighin ist darauf Bedacht genommen, daß die oft nötige Abtretung von Grundstücksteilen nicht an dem Eigensinn oder der Chicane der Berechtigten, wie dies insbesondere bei auswärtigen Interessenten gegenüber dem Besitzer oft vorkommt, scheitern sollen. Es ist hier im Einführungsgesetz (Art. 120) der Landesjustizverwaltung vorbehalten, Vorschriften über Beibehaltung der Unschädlichkeitszeugnisse bezw. über den Schutz des Rechts der Beteiligten vor der Abschreibung zu treffen, ohne für das ganze Reich die lastenfreie Abschreibung nur von der Einrichtung eines Unschädlichkeitszeugnisses beim Grundbuchamt abhängig zu machen. (Motive III 59). Die Konsequenz der Behandlung der Belastungen von abgetrennten Parzellen ergibt sich aus der Zulassung der Zusammenlegung auch bei nicht gleicher Belastung. Auch ein Erbbaurecht kann nach § 7 Gb.O. ein eigenes Grundbuchblatt erhalten, auf Antrag, wenn das Recht seither auf dem Blatte des Grundstücks eingetragen war, von Amtswegen, wenn es veräußert oder belastet werden soll. Auf dem Blatte des Grundstücks das mit dem Rechte belastet ist, wird die Anlegung des eigenen Grundbuchsblatts vermerkt. Ein ähnliches Verfahren bestand seither bezüglich der selbständig verpfändbaren Kellerrechte.

Sind die Bruchteile eines Grundstücks Rechtsquoten von Miteigentümern, so ist auch die Belastung an Bruchteilen eines Grundstücks zulässig; (§ 48 Gb.O. 741 B.G.B.) Dagegen ist hinwiederum der Bruchteil dieses ideellen Anteils nicht verpfändbar. (§ 1009, 1095, 1106, Motive III 638, 586, 454, 438.) Ist das Grundstück in einer Hand vereinigt, so kann es als einheitliches Grundstück nicht mehr nach Rechtsquoten so wenig wie nach Sachquoten verpfändet werden. Die Neubildung einer Quote durch den Alleineigentümer oder einen Miteigentümer zur Bestellung eines Vorkaufsrechts ist nicht zugelassen (§ 1095), weil dies zu Schwierigkeiten bei der Grundbuchführung und zu verwickelten Rechtsverhältnissen führen könnte (Mot. III S. 454). Seitheriges vertragsmäßiges Recht des Teilhabers an der Gemeinschaft: Landtagsabschied vom 10. November 1861 (Vierling S. 138, § 28 No. 2 Abs. 2b). Es wird darnach auch die nach bayer. Rechte bestehende Kontroverse, ob, wenn ein Hypothekobjekt in ungeteiltem Miteigentum mehrerer steht, der Einzelne auf seinem Anteil eine Hypothek errichten könne, im Sinne einer verbreiteten bayer. Praxis gelöst, (Gütl zu § 3 Hyp.Ges.) insoferne der Entwurf die Gemeinschaft mit rechnungsmäßig bestimmten Anteilen die Regel bilden läßt, (§ 48 Gb.O.) während der Ausnahmsfall darin gefunden wird, daß das Recht ungeteilt, und nur alle Teilhaber darüber verfügen können. Bei der späteren Realabteilung kommen dann wieder die Vorschriften nach § 2 und 89 G.B.O., Bildung einer eigenen Flurbruchnummer zur Anwendung.

Insoweit es sich um die Eintragung von mehreren Personen gemeinschaftlich zustehenden Rechten ohne eine Gemeinschaft nach Bruchteilen handelt, muß daß konkrete Gemeinschaftsverhältnis bei der Eintragung der Eintragsbewilligung bezeichnet oder im Antrag auf Eintragung zu finden sein, andernfalls hat das Grundbuchamt die Eintragung zu unterlassen (§ 48 Gb.O. hiezu S. 63, Motive III S. 156 IV 337). Fälle dieser Art sind die kraft Gesetzes entstehenden Gemeinschaftsverhältnisse der Gesellschaft, allgemeinen Gütergemeinschaft, Errungenschaftsgemeinschaft; Errungenschaft; Miterben. (§ 706, 719, 1438, 1442, 1471, 1519, 741, 742, 747, 1487, 2033 ² B.G.B.)

Für die Anlegung des Grundbuchs für Grundstücke, deren Buchung übersehen wurde oder noch nicht möglich war, oder die früher nach § 90 Gb.O. nicht buchungspflichtig waren, kommen die Vorschriften zur Anwendung, welche auch für die erste Buchung galten, die wie die der ersten Anlegung durch landesherrliche Verordnung erfolgt. (§ 91 Gb.O. und Motive S. 47, Denkschrift S. 47, Art. 186 ¹ Einf.Ges.)

Die Grunddienstbarkeiten setzen ein angelegtes Grundbuch voraus und unterliegen dem Eintragungsprinzip (§ 873, 1018 B.G.B.) soweit sie neubegründet oder aufgehoben werden. Dagegen bedürfen die zur Zeit der Anlegung bereits bestehenden Grunddienstbarkeiten nicht der Eintragung, soferne diese vom Berechtigten oder dem Eigentümer des belasteten Grundstücks nicht verlangt wird. Die Eintragung der bestehendeu Grunddienstbarkeiten kann durch Landesgesetzgebung neu bestimmt werden (Art. 187 Einf.Ges.) Nach § 8 Gb.O. ist der Eigentümer eines andern Grundstücks bezw. jedes dessen Zustimmung nach § 876 Satz 2 B.G.B. zur Aufhebung des Rechts erforderlich ist, berechtigt, den Vermerk von Rechten (Grunddienstbarkeiten) Reallasten, Vorkaufsrechte auch auf das Blatt desjenigen Grundstücks setzen zu lassen, dessen jeweiligem Eigentümer sie zustehen. Eine Berichtigung von Amtswegen tritt ein im Falle der Aenderung oder Aufhebung des Rechts (Denkschrift S. 19).

Auch in den bayer. Hypothekenbüchern findet man bei Reallasten bezw. als solche konstituierten Servituten die Buchung beim Grundstück des Belasteten und Berechtigten. Nach seitherigem Rechte konnten die Realdienstbarkeiten überhaupt nicht eingeschrieben werden (s. Henle Hypothekengesetznovelle S. 26 C. S. XIII S. 74).

Wo die Realservituten den Eintrag mildern und aufheben können, wie Weide-, Streu- und Holzrechte, wurden sie als Reallasten früher behandelt und eingeschrieben (§ 22 No. 5 Hyp.Ges. Jungermann S. 189 C. S. 14 S. 234).

Der Eintrag von Reallasten (§ 225 Hyp.Ges.) ist in § 1105 B.G.B. geregelt; sie entstehen nur durch Eintragung, während seither Reallasten auch ohne Eintragung denkbar waren. Während die Personalservituten (wie die Prädialservituten und Reallasten) auch ohne Eintragung im Hypothekenbuche durch not. Vertrag rechtswirksam begründet werden, erfordert das B.G.B. zur Entstehung der Dienstbarkeit Eintragung. Die Unvererblichkeit der beschränkten persönlichen Dienstbarkeiten und das Erlöschen mit dem Tode des Berechtigten entspricht, abgesehen von der seitherigen Bestimmung über Verjährung dem seitherigen Recht.

Dingliche Rechte außer dem Eigentum (Dienstbarkeiten, Reallasten) bleiben nach Art. 184 Einf.Ges. mit dem sich aus den bisherigen Gesetzen ergebenden Inhalt und Rang bestehen, mit denen eine Sache zur Zeit des Inkrafttretens des B.G.B. belastet ist.

Bis zum Inkrafttreten des Grundbuchs bleiben bezüglich der Uebertragung, Belastung, Aufhebung der Rechte am Grundstücke, Aufhebung des Inhalts und des Ranges die bisherigen Gesetze über Erwerb und Verlust des Eigentums zc. maßgebend (Art. 189 Einf.Ges.)

Nach Art. 190 Einf.Ges. kommt dem Fiskus ein Aneignungsrecht an den Grundstücken zu, die zur Zeit, in der das Grundbuch als angelegt anzusehen, ist herrenlos sind.

Auch für das Vorkaufsrecht hat das Grundbuch konstitutive Bedeutung (§ 873, 1094). Dritten gegenüber hat das Vorkaufsrecht die Wirkung einer Vormerkung zur Sicherung des durch die Ausübung des Rechts entstehenden Anspruchs auf Uebertragung des Eigentums (§ 1098). Seither wurde dieses nicht hypothekfähige Recht in II. Rubrik bemerkt unter dem Abmaße, daß der Käufer schon bei Abschluß des Vertrages darüber, daß diese Vormerkung geschehen soll, seine besondere Zustimmung gegeben oder noch nachher darein eingewilligt hat. (§ 25 Instr. zum Hyp.Ges.; ferner § 5 Abs. 5 Abs. 2 Hyp.Ges. B. S. 826, 706).

Neu ist das Erbbaurecht als veräußerliches und vererbliches Recht, auf oder unter der Oberfläche eines fremden Grundstücks ein Bauwerk zu haben. § 1012—1017 B.G.B. Zur Begründung und Uebertragung ist Auflassungsform nötig; es erhält ein eigenes Grundbuchblatt — ähnlich den selbständig verpfändbaren Kellerrechten auf fremdem Grund und Boden in Bayern. — (Rgb. S. 195.)

Die Pertinenzen sind nach bayer. Hypothekenrecht in § 34, 35, 36 Hyp.Ges. geregelt; sie sind entweder gesetzliche oder gewillkürte Zugehörungen bezw. mit einem Hauptgut verbundene Zubehörstücke.

Während die willkürlichen beweglichen und unbeweglichen Pertinenzen in das Hypothekenbuch eingetragen werden müssen, wenn sie von den hypothekenrechtlichen Wirkungen erfaßt werden sollen, bedürfen die gesetzlichen der Eintragung zu diesem Zwecke nicht, können aber auf Verlangen der Beteiligten eingetragen werden; letztere gelten auch als mitveräußert und verpfändet, wenn sie im not. Vertrag nicht aufgeführt sind. (B. S. 446 A. 11, 450 A. 19 Bl. f. R.A. 52 S. 268.)

Nach § 1120 und 1121 B.G.B. erstreckt sich die Hypothek auf Bestandteile und das Zubehör des Grundstücks mit Ausnahme der Zubehörstücke, welche nicht in das Eigentum des Eigentümers des Grundstücks gelangt sind; die Zubehörstücke werden von der Haftung frei, wenn sie veräußert und vom Grundstücke entfernt werden, bevor sie zu Gunsten des Gläubigers in Beschlag genommen worden sind. Die Zubehörstücke haben für die hypothekarische Haftung keine andere Bedeutung als diejenigen beweglichen Sachen, welche Bestandteile des Grundstücks waren. (Mot. S. 662.) Ein Grundstück kann nicht mehr Zubehör eines anderen werden, sondern zum Bestandteil eines Grundstücks, sofern der Eigentümer es diesem im Grundbuche zuschreiben läßt (§ 890, 95); Zubehöre sind vielmehr bewegliche Sachen (§ 97, 98 B.G.B.)

Ueber die Brandversicherungssumme finden sich die Bestimmungen in § 76 Abs. II Hyp.Ges.; Art. 3 Ziff. 6 und 7, Art. 46, Art. 77 Abs. 1 des Brandversicherungsgesetzes vom 3. April 1875. Gemeinsam mit dem bayer. Rechte ist der Grundsatz, daß mit der Wiederherstellung und Wiederbeschaffung der versicherten Gegenstände letztere ebenso wie die zerstörten dem Hypothekenrechte unterliegen. Neu aber ist die Bestimmung, daß sich die Hypothek auf die Forderung des Eigentümers aus der Versicherung gegen den Versicherer erstreckt. (Mot. III 659 § 1127 B.G.B.) Die Haftung der Forderung erlischt jedoch, wenn der versicherte Gegenstand wieder hergestellt oder Ersatz für ihn beschafft ist. Im übrigen muß der Hypothekgläubiger die Versicherungsbedingungen gegen sich gelten lassen (§ 1124 B.G.B.) Eine Beitrittspflicht des Eigentümers zur Versicherung, wie der weitergehende generelle Ausdruck im B.G.B. lautet, im Sinne des Art. 3 des Brandversicherungsgesetzes ist reichsgesetzlich nicht geschaffen. (cf. den bis zur reichsrechtlichen Regelung des Versicherungsrechts geltenden Art. 75 Einf.Ges.)

Nach § 1136 B.G.B. ist die Vereinbarung, durch die sich der Eigentümer dem Gläubiger gegenüber verpflichtet, das Grundstück nicht zu veräußern oder nicht weiter zu belasten, nichtig. Damit ist § 44 II Hyp.Ges. aufgehoben.

c) Die III. Rubrik.

Die Hypothek als accessorische ist auch im B.G.B. beibehalten. Wie diese Buchhypothek nach bayer. Recht dem Eintragungsprinzip unterliegt und vom Eintrage in ihrem Erwerbe und ihrer Geltendmachung abhängt (Rgb. S. 95), so unterliegt auch die Hypothek ohne Hyp.-Brief dem Eintragungszwang (§ 1113, 1115, 873 B.G.B.) Sie bildet den Normalfall (Motive S. 618) während die Kritik die Sicherungshypothek und bezw. die Briefhypothek als verkehrsfähigste zum Normalfall erhob. Die Formen des Realkredits sind, den verschiedenen Verhältnissen in Deutschland Rechnung tragend, vielfältiger als die des bayer. Rechts. Es treten neben der Hypothek ohne Hypothekenbrief auf die Grundschuld — die Sicherungshypothek — die Rentenschuld — die Verkehrshypothek. —

Besondere Arten sind:

Die Hypothek mit Hypothekenbrief, — die Eigentümerhypothek — die Hypothek des Eigentümers — der Inhabergrundschuldbrief — die Sicherungshypothek bei Forderungen aus Wertpapieren — die Maximalhypothek, die Eigentümergrundschuld. Die verschiedenen Formen kommen dadurch zu Wege, daß außer bei der Sicherungshypothek das Grundstückspfand als Buch- und Briefpfand möglich ist.

Neu ist dem bayer. Rechte gegenüber die Grundschuld, die Eigentümerhypothek und das Briefpfand, neu auch das Prinzip, den Schutz der Rechte des Eigentümers statt der des Gläubigers in Vordergrund zu stellen.

Die Grundschuld setzt ihrerseits keine persönliche Forderung voraus und verbürgt als dingliche Belastung dem Berechtigten die Beitreibung einer bestimmten Summe aus dem Grundstücke (§ 1192, 1191 B.G.B. Mot. III 596, 779, 780.) Die Hypothek dagegen setzt eine Forderung voraus.

Am nächsten steht der Grundschuld die Eigentümerhypothek, d. h. Eigentümerhypothek, wenn der den Gläubiger befriedigende Schuldner der persönliche ist; Hypothek des Eigentümers, wenn der Schuldner nicht mehr der persönliche ist. — Krech; § 1143, 1163, 1168, 1173, 1182 B.G.B., — die ihrer Entstehung nach Hypothek, ihrem Wesen nach Grundschuld ist und die accessorische Natur der Hypothek durchbricht. (Mot. III 603.) Sie kommt zu Stande, wenn die seitherige Forderung erloschen ist und der befriedigende Schuldner der persönliche Schuldner ist (§ 1143); die Forderung geht durch Erfüllung unter, die Hypothek bleibt als Grundschuld bestehen, während nach bayer. Recht, wenn Gläubiger- und Schuldnerseite oder umgekehrt zusammenfallen, die Löschung erfolgte. Dasselbe gilt, wenn die Forderung, für welche die Hypothek bestellt ist, gleichviel aus welchem Grunde, nicht zur Entstehung gelangt. (Henle Komment. zu § 1163 Abs. 1 B.G.B.), wenn der Hypothekenbrief, für welchen die Erteilung des Hypothekenbriefes nicht ausgeschlossen, dem Gläubiger noch nicht ausgehändigt ist (§ 1163 Abs. 2); wenn der Eigentümer eines der mit einer Gesamthypothek belasteten Grundstücke den Gläubiger befriedigt und die Hypothek an seinem Grundstücke erwirbt; während die Hypothek an den übrigen Grundstücken erlischt; ferner, wenn das Gläubigerrecht auf den Eigentümer übertragen wird oder wenn sich Forderung und Schuld in der Person des Eigentümers vereinigen (§ 1173); wenn der Eigentümer als persönlicher Schuldner den Gläubiger befriedigt und Ersatz von seinem Rechtsvorgänger verlangen kann (§ 1182); wenn der Gläubiger auf die Hypothek verzichtet (§ 1168). Während für den Inhabergrundschuldbrief die Ausstellung eines Grundschuldbriefs unerläßlich ist (§ 1195 Henle A. 1), braucht die Eigentümerhypothek nicht notwendig Briefpfand zu sein. Wie bei der Grundschuld tritt bei der Eigentümerhypothek an Stelle des hypothekenmäßigen Anspruchs nunmehr der Anspruch auf Beitreibung einer der früheren Hypothek entsprechenden Geldsumme. Der Hauptwert der Eigentümerhypothek wird darin gefunden, daß sie den Eigentümer in den Stand setzt, den eingetragenen Betrag im Falle der Zwangsversteigerung für sich zu liquidieren und daß dieselbe beim freiwilligen Verkauf eine bequeme Form zur Regulierung des Kaufpreises bietet. (Daus S. 53.)

Es will durch dieses Rechtsinstitut dem Realkredit derjenigen Staaten entgegengekommen werden, in denen die Eigentümerhypothek schon besteht und verhindert wird, daß den nachstehenden Berechtigten ein unberechtigter Vorteil aus der Vereinigung des vorstehenden Rechts mit dem Eigentum erwachse (Mot. III S. 203.) Es ergibt sich dies aus dem Satze, daß der Gläubiger nur einen Anspruch auf Befriedigung aus dem Grundstücke hat in der Reihenfolge, in der seine Hypothek zur Eintragung gelangt ist, während nach bayer. Recht der nachfolgende Gläubiger nachrückte, abgesehen von dem Falle des § 84 und 150 Hyp.Ges., in welch beiden Fällen ein Hypothekrecht des Eigentümers an seiner eigenen Sache nicht vorliegt. (Rgb. S. 274 u. 280.)

Eine Spekulation auf den früheren Rang war wohl auch seither so gut wie ausgeschlossen, da sich ein vorsichtiger Gläubiger fragte, wie viel seinem Darlehen vorausgeht; aber er hatte den Vorteil, daß der nachstehende die letzte Stelle übernehmen mußte, wenn er nicht in die Rangausweichung willigte und konnte sich überdies durch einen Rangeinräumungsverzicht seitens des Schuldners bezüglich der vorgehenden Hypotheken sichern, während er in anderen Fällen wie bei Teilzahlungen von Annuitätenkapitalien ohnehin durch die Rechtsunwirksamkeit und Zwecklosigkeit von Rangeinräumungen an Selle von bezahlten Annuitätenbeträgen eines Hypothekkapitals (cf. Literatur bei Gütl zu § 84) gesichert war.

Demgegenüber wird bezüglich des hypothekarischen Anspruchs des Erwerbers der Eigentümerhypothek darauf hingewiesen, daß eine ungerechtfertigte Benachteiligung des Eigentümers, wenn dieser dem Nachhypothekgläubiger nur mit dem Grundstücke haftet der Löschung der Hypothek abgesehen, auf seinen Rang angewiesen, und eine solche der persönliche Gläubiger des Eigentümers vorliegen würde, da auf das übrige Vermögen desselben die Hypothek ein Vorzugsrecht nicht begründet (Mot. III 203); sodann, daß sich nach eingetragene Gläubiger dem persönlichen Schuldner gegenüber im Wege der Mobiliarexekution an die Hypothek des Eigentümers halten können und ein Grund, sie besser in dieser Hinsicht zu stellen als die nicht durch Hypothek gesicherten Gläubiger nicht vorhanden ist (Mot. III 679). Man ist nun allerdings nicht so weit gegangen, dem Eigentümer den Selbstbetrieb der Zwangsvollstreckung in sein Grundstück zu verschaffen. (Mot. III 679.) Aber in der Kritik findet sich die Meinung vertreten, daß auch die Eigentümerhypothek noch auf halbem Wege stehen geblieben sei und statt des Grundsatzes in einigen Fällen die Einwilligung der Nachhypothekare zu verlangen, im übrigen das Prinzip des Aufrückens zu umgehen, das Prinzip der festen Prioritäten zur Anwendung hätte kommen sollen, das darin gefunden wird, daß dem Eigentümer jede vakante Priorität in jeder Form für sich zu verwerten gestattet wird und daß der Gesetzgeber das Recht des Vorrückens des Nachhypothekars in die Priorität verbietet, da bei der Hypothekbestellung nur über bestimmte Prioritäten kontrahiert wird. (Dagegen Gaupp im Centralblatt Bd. X S. 253), während das bayer. Recht die Hypothek immer noch in einer Abhängigkeit von der untergegangenen Forderung lasse. (Daus S. 56.) Daß die Eigentümerhypothek zur Regulierung des Kaufpreises eine bequeme Form bietet, mag richtig sein, obwohl auch nach künftigem Rechte, wenn der Kaufschilling höher als diese Hypothek ist, mit dem Restbetrage auf eine andere Stelle wird verwiesen werden müssen. Daß der Gläubiger im Falle der Zwangsversteigerung für sich liquidieren kann, ist dem Grundsatz des bayer. Hypothekenrechts, das Hypotheken kennt und damit eine Forderung voraussetzt, neu. Es läßt sich eine res aliena daraus erklären, daß der Eigentümer, sobald die Verfügungsbeschränkung im Grundbuche eingetragen ist, nicht mehr als verfügungsberechtigt und die Sache für ihn als fremde angesehen wird. Die Konstruktion des Rechtsinstituts selbst hat der Entwurf übrigens der Doktrin (Mot. III 205) überlassen. Ob das Rechtsinstitut zur Folge haben wird, daß der Realkredit dadurch solider wird, daß jeder Gläubiger weiß, er ist von dem selteneren Falle seine Hypothek wird nicht besser und er ist an diese Grenze bezüglich seines Darlehens gebunden und ob das Scheingeschäft vermieden wird, bleibt abzuwarten. Möglich ist auch nach neuem Rechte, durch Pfändung der Eigentümerhypothek sich zu sichern; wo dies unterlassen wird, ist der Nichthypothekgläubiger dem seitherigen Rechte gegenüber schlechter gestellt; denn ist dem Eigentümer ein Teil des Strichschillings ausbezahlt, so hat der Nichthypothek- und nicht Pfandgläubiger unter Umständen das Nachsehen, unter Umständen auch der Hypothekgläubiger, insoweit seine Forderung nicht mehr zum Zuge kommt.

Möglicherweise tritt auch darin eine Aenderung ein, daß der Eigentümer nunmehr die früheren Hypotheken zur Löschung bringt, statt wie seither meist der letzten, da die Gläubiger der letzten, oft unsicheren Hypotheken, seither auf Zahlung drängen mußten. Nun kannte das bayer. Recht in § 84 schon das Institut, wegen einer getilgten, aber nicht gelöschten Hypothekforderung dem Eigentümer den Rang einer neuen Forderung einzuräumen und in § 150 für einen zu benennenden Gläubiger mit Rücksicht auf eine spätere Hypothek den Rang der früheren vorzubehalten. Die Offenhaltung der Stelle hat mit der Eigentümerhypothek gemeinsam, daß sie dem Eigentümer ermöglicht, bis zum Betrag der alten Post dem neuen Gläubiger Sicherheit zu verschaffen; er hatte es auch in der Hand, für eine frühere erste Hypothek einen neuen Darlehensgeber zu finden und es dürfte der Fall, daß er nicht sofort eine Hypothek zur ersten Stelle erhält, zu den Seltenheiten gehören. Kommt er erst später wieder in die Lage, eine Hypothek aufnehmen zu müssen, so war allerdings die erste gelöscht; er bekam für einen späteren Rang schwerer ein Darlehen. Allein der Eigentümer suchte die Zeit der Heimzahlung der alten und Rangeinräumung der neuen Hypothek zu vereinigen, sich durch Protestation gegen die Löschung zu schützen (Rgb. S. 276) und da die späteren Gläubiger nachrückten, konnte er für die letzte Hypothek auch dann noch eine Hypothek erhalten, wenn die Wertsgrenze von der Belastung nicht überschritten wurde, während der Ueberschuldung gegenüber eine Sicherung des Kredits nur zum Verlust des Gläubigers führt. In zwei Punkten geht die Eigentumshypothek weiter als das bayer. Recht. Dem Eigentümer und dessen Gläubigern ging das Recht, über die Stelle bei Veräußerung des Grundstücks im Wege der Zwangsversteigerung zu Gunsten der nacheingetragenen verloren; ebenso konnte der Eigentümer sich, wenn er das Grundstück freiwillig veräußerte, wegen des Kaufgeldrückstandes den Rang der Hypothek nicht vorbehalten. (Mot. III S. 201—204, 723—729, 736, 766. Mot. II 148—150.)

Die Motive bezeichnen (III 204) die Offenhaltung der Stelle

der Verfügung über die Stelle verbundene Trennung des Ranges mit der Hypothek denken soll, wenn man im Anschluß an das geltende Recht davon ausgeht, daß die Hypothek das ganze Grundstück ergreift und nicht an einer Wertparzelle haftet (s. § 194 E.G.)

An die Eigentümerhypothek schließt sich die Eigentümergrundschuld an (§ 1196), die der Eigentümer selbst bestellen kann. (Mot. III S. 791—796.) Der Eigentümer hat das Recht zur Beitreibung der Grundschuldsumme und der Zinsen in den Grenzen der Eigentümerhypothek.

Gegenüber der Buchhypothek, bei der sich die Beteiligten auf Ausschluß der Erteilung des Hypothekenbriefs geeinigt haben und der Ausschluß im Grundbuch eingetragen wurde (§ 1116), führt der Entwurf auch die Briefhypothek ein (§ 1116, 1117.) Diese setzt für ihre Entstehung und Geltendmachung außer der Eintragung einen Vertrag und den Besitz des Hypothekenbriefes voraus.

Ist der Hypothekenbrief eingetragen, so hängt die Geltendmachung weiterer Rechte vom Besitze des Hypothekenbriefs ab. Die Aushändigung des Hypothekenbriefs erfolgt zunächst vom Grundbuchamt an den Eigentümer und von diesem an den Gläubiger, wenn die Hypothekforderung entstanden ist.

Die Aushändigung vom Grundbuchamt sofort an den Gläubiger kann vereinbart sein und ersetzt dann die Uebergabe des Briefs. Wie der Gläubiger vom Eigentümer die Aushändigung des Briefes bei gerechtfertigtem Bedürfnis verlangen kann (Mot. zur Gb.O. S. 106. Bürg G.B. § 952) so kann der Eigentümer gegen Befriedigung des Gläubigers die Aushändigung des Hypothekenbriefs und der damit verbundenen Urkunden verlangen, die zur Berichtigung des Grundbuchs oder zur Löschung der Hypothek nötig sind (§ 1144, 1145, 1160, 1163.) Was für den Stammbrief gilt, gilt auch bei Teilung der Forderung für den ausgestellten „Teilhypothekenbrief" (§ 1152). Geht der Hypothekenbrief verloren, so kann er amortisiert werden (§ 1162 B.G.B.)

Die Uebertragung der Briefhypothek ist wie die von Wertpapieren in der Weise geregelt, daß die Abtretungserklärungen — hier öffentlich beglaubigt — in ununterbrochener Reihe von dem eingetragenen Gläubiger aus gerechnet, abgegeben und der Brief ausgehändigt wird. Darnach prüft der Erwerber die zusammenhängende Reihe von ihm bezw. seinem Vormann bis zum ursprünglich eingetragenen Gläubiger. Darin liegt die Verkehrsfähigkeit dieser Hypothek. (§ 1154, 1155.) Die Abtretung selbst vollzieht sich ohne Eintragung, es genügt die Uebergabe und Innehabung; die Eintragung ist jedoch möglich und zulässig. (Mot. III 754); nötig ist lediglich die gerichtliche und notarielle Beglaubigung der Abtretungserklärung, während die Uebertragung der Buchhypothek von der Eintragung ins Hypothekenbuch ab-

für ein noch zu lösendes Problem, wie man sich rechtlich die mit hängig gemacht ist (873, 1153 Mot. III 618) die Uebertragungsform der Briefhypothek ist sohin dem bayer. Hypothekenrechte neu. Neu ist auch das Verbot der Abtretung der Forderung ohne Hypothek; dies war seither zulässig mit der Wirkung, daß das Hypothekrecht erlosch (Becher S. 881.) Dagegen war auch seither schon die Cession des Hypothekrechtes allein nichtig (Becher S. 882, § 1153). Neu ist dem bayer. Rechte gegenüber ferner der Eintragungszwang des Cessionsvertrags der Buchhypothek ins Grundbuch, (873 B.G.B.) wenn die Eintragung auch in Bayern wohl allgemein geschah.

Wird die Grundschuld auf den Inhaber gestellt, so entsteht der Inhabergrundschuldbrief (§ 1195.) Wird die Grundschuld für den Eigentümer bestellt, so entsteht die Eigentümergrundschuld (§1196, 1197) Die Bestimmungen über die Grundschuld finden Anwendung auf die Unterart derselben (§ 1199, 1200): Die Rentenschuld, die ihrerseits Zahlung einer bestimmten Geldsumme aus dem Grundstücke in „regelmäßig wiederkehrenden Terminen", sohin in Renten, nicht Kapital im Auge hat. Von den aufgeführten Arten von Grundstücksunterpfändern unterscheidet sich die Sicherungshypothek, ähnlich der Kreditkautionshypothek des bayerischen Rechts (§ 1184 ff. Mot. III 764—779.) Sie bestimmt das Recht des Gläubigers aus der Hypothek nur nach der Forderung und steht nicht unter dem Prinzip des öffentlichen Glaubens. Die Erteilung eines Hypothekenbriefes ist bei ihr ausgeschlossen, da sie im Gegensatz zu der verkehrsfähigen Hypothek steht. Sie unterliegt dem Eintragungszwang und ist im Grundbuche als Sicherungshypothek zu bezeichnen. Während bei der gewöhnlichen Hypothek der Betrag der Geldsumme bestimmt ist, ist bei ihr die Feststellung des Betrages vorbehalten. Wird ein Höchstbetrag eingetragen, so gilt die Hypothek als Maximalhypothek auch dann als Sicherungshypothek, wenn sie im Grundbuche nicht ausdrücklich als solche bezeichnet ist. Sie kommt außerdem bei indossablen Wertpapieren auch ohne Bezeichnung als Sicherungshypothek vor. (§ 1187). Bei Teilschuldverschreibungen auf den Inhaber oder falls eine Grund- oder Rentenschuld für den Inhaber des Briefs eingetragen und das Recht in Teile zerlegt werden soll, genügt statt der Eintragung besonderer Hypotheken aus der einzelnen Teilschuldverschreibung lediglich Eintrag des Gesamtbetrags der Hypothek unter Angabe der Anzahl, des Betrags und der Bezeichnung der Teile. (§ 51 GO.) Die Motive behandeln ferner als Sicherungshypotheken die seitherigen Zwangs- und Arresthypotheken. (Mot. III 769 –779.) Der Entwurf eines Gesetzes, betreffend die Zwangsvollstreckung in das unbewegliche Vermögen, behandelt in § 170—177 (Mot. S. 305—312 hiezu) Sicherungshypotheken für die gegen den Ersteher verbleibende Forderung und bei Richtigstellung des Grundbuchs.

Die 4 Hauptarten des Grundstückspfandes können außerdem in einander umgewandelt werden; die Sicherungshypothek kann jedoch keine Eigentümerhypothek werden (Mot. III 766). So kann die Sicherungshypothek gewöhnliche Hypothek, die gewöhnliche Hypothek Sicherungshypothek werden; hier ist die Zustimmung der im Range gleichstehenden oder nachstehenden Berechtigten nicht erforderlich.

Anlangend den Rang, so stellt im allgemeinen das B.G.B. das Prinzip der Priorität auf § 23, 59, 60, 117 Hyp.Ges. 879 B.G.B. und § 46 G.O. insoferne für neuangebrachte Anträge der Moment des Einlaufs entscheidet und Rechte mit gleichem Eintragsdatum gleichen Rang haben, während bei der schon vorhandenen Einträgen in derselben Abteilung nicht das Eintragsdatum sondern die Reihenfolge der Eintragungen für den Rang entscheidet. Der Rang (Gleichrang; bezw. Rang nach der am gleichen Tage eingetragenen Hypothek, ist zu vermerken — wie seither nach bayer. Recht. Das B.G.B. läßt eine Rangänderung zu, für welche, wie für eine abweichende Bestimmung des Rangverhältnisses der Eintragungszwang besteht (cf. § 62 des bayer. Hyp.Ges.) statuiert den Rangvorbehalt des Eigentümers in § 881 (cf. § 150 bayer. Hyp.Ges.) und läßt die Rangeinräumung in § 1180 zu. (cf. § 194 des Einf.Ges. und § 84 des bayer. Hyp.Ges.) Beim Rangrücktritt (§ 880 B.G.B.) einer Hypothek, Grundschuld oder Rentenschuld ist die Einigung des zurücktretenden und vorrückenden Berechtigten und die Einwilligung des Eigentümers nötig. Letzteres ist dem bayer. Rechte gegenüber neu.

Für die Briefhypothek, den Grundschuld- und Rentenschuldbrief gilt zufolge § 42, 43 Gb.O. die Vorschrift, daß das Grundbuchamt eine Eintragung durch welche es eine das Recht des Gläubigers beeinträchtigende Handlung vornimmt, sei es mit Bewilligung des Gläubigers oder im Falle des gerechtfertigten Zwangs ohne Willen desselben, nur auf Vorlegung des Briefs hin vornehmen soll. — (cf. hieher Bl. f. R.A. Bd. 2 S. 252 gegenüber seitheriger Bedeutung des Briefs.) Es geht das aus der Natur des Briefes hervor, der außerhalb des Buches von Hand zu Hand geht, ohne daß der derzeitige Gläubiger aus dem Grundbuche ersichtlich ist. Den Ersatz der Eintragung bildet der vorgelegte Brief mit der ununterbrochenen, bis zum Eingetragenen hinaufreichenden Reihe der Berechtigten (Motive zur Gb.O. S. 65—67. Denkschrift S. 31). Eine Ausnahme ist für die Eintragung eines Widerspruchs geschaffen, insoferne es hier der Vorlegung des Briefes nicht bedarf, wenn die Eintragung durch eine einstweilige Verfügung angeordnet ist und der Widerspruch sich darauf gründet, daß die Hypothek oder die Forderung, für welche sie bestellt ist, nicht besteht, oder einer Einrede unterliege oder daß die Hypothek unrichtig eingetragen ist.

Hier wäre es dem Widersprechenden vielfach, wenn er den gegenwärtigen Gläubiger oder Inhaber des Hypothekenbriefs nicht kennt, unmöglich, zur Eintragung zu gelangen und den Schaden ohne Eintrag des Widerspruchs abzuwenden. (§ 54 Gb.O., Motive S. 66. Denkschrift S. 33). Aber auch hier hat das Grundbuchamt den Brief nachträglich zu erholen, und den Widerspruch nachträglich auf dem Briefe zu vermerken (§ 62 Abs. 2 Gb.O. mit § 42 Abs. 1 Satz 2 und § 54 Abs. 1 und 2.) Würde der Widerspruch die Bestreitung der Uebertragung des Rechts auf den Besitzer des Briefes oder eine in § 892 Abs. 1 B.G.B. bezeichneten dem Besitzer entgegenstehenden Verfügungsbeschränkung zum Gegenstand haben, so würde (Denkschrift S. 32) die Vorlage des Briefes sofort nötig sein. § 42 Abs. 2 enthält den Ersatz des Briefes durch ein Ausschlußurteil in den Fällen der §§ 1162, 1170, 1171 B.G.B.: Ist im Sinne der §§ 1189, 1195 für den eingetragenen Inhaber des Briefes ein Vertreter bestellt, so genügt statt der Vorlage des Briefes zur Begründung des Eintragsantrages die Bewilligung des Vertreters oder eine gegen den Vertreter ergangene gerichtliche Entscheidung (§ 43 Gb.O.).

In gleicher Weise und unter gleichen Voraussetzungen ist nach § 44 Abs. 2 die sonst vorgeschriebene Vorlage der Urkunde für den nach § 1189 B.G.B. bestellten Vertreter nicht nötig, da hier mit Rücksicht auf diese Art von Hypotheken als Sicherungshypotheken zwar nicht die Ausstellung eines Briefes möglich ist (§ 1185, 1187 B.G.B.), wohl aber das in der Schuldurkunde enthaltene Recht ohne Eintragung in das Grundbuch übertragen wird ähnlich dem Briefe (Denkschrift S. 32.)

Bei Nichtübereinstimmung von Buch und Brief entscheidet der Inhalt des Buchs. Für den Hypothekenbrief, Teilhypothekenbrief, Grundschuldbrief und Rentenschuldbrief gelten die Vorschriften in § 56—70 Gb.O. Der Hypothekenbrief muß die Bezeichnung als solcher, ebenso müssen die übrigen die Kennzeichen nach ihrer Gattung enthalten, da das den Brief erteilende Grundbuchamt demselben damit zum Hypothekenbriefe ꝛc. im Sinne des bürgerlichen Gesetzbuchs erklärt. Er muß mit Unterschrift und Siegel des Grundbuchamts versehen und den Geldbetrag der Hypothek und das belastete Grundstück zum Inhalte haben (§ 56). Die Zuständigkeit zur Erteilung eines Teilhypothekenbriefs nach § 61 ist auch für Gericht und Notare gegeben. Gegenüber den wesentlichen Erfordernissen, welche der Hypothekenbrief enthalten muß, ist besonders die formelle Bezugnahme auf das Grundbuch hervorzuheben, da der Hypothekenbrief wie die Hypothek durch Eintrag in das Grundbuch entsteht und lediglich seine

Uebertragung sich außerhalb des Grundbuchs vollzieht. Das Reichsgesetz stellt kein Formular auf, da die Einteilung der Grundbücher den Landesregierungen überlassen ist; es bezeichnet in Abs. 1 § 57' Abs. 1 mit 97 was der Inhalt des Briefes sein soll (Gegensatz § 56 „muß") und überläßt es der Landesjustizverwaltung, den Auszug aus dem Grundbuchblatt zu erweitern — eine völlige Abschrift des Grundbuchblattes ist als unübersichtlich und teilweise für die Hypothek bedeutungslos in den Motiven S. 99 für nicht erforderlich bezeichnet.

Die Ergänzung des Inhalts des Hypothekenbriefes bezüglich der Aenderungen insbesondere Verbesserung des Gläubigerrechts. (Löschung von Verfügungsbeschränkungen, vorgehenden Hypotheken 2c.) regelt § 57 Abs. 2.

Für den Teilhypothekenbrief (§ 61 Gb.O.) wird als Erfordernis die Bezeichnung als Teilhypothekenbriefes des Teils der Forderung, für welche er gebildet ist, sowie eine beglaubigte Abschrift der in § 56² vorgesehenen Angaben des bisherigen Briefes und die Unterschrift mit Siegel gefordert. Er soll außerdem eine beglaubigte Abschrift der sonstigen Angaben des Stammbriefes mit Einschluß der nach der Ausstellung gesetzten Vermerke enthalten. Auch soll die Vermerkung der Bildung des Teilhypothekenbriefes auf dem Stammhypothekenbrief erfolgen um auszuschließen, daß ein zweiter Brief über dieselbe Hypothek ausgestellt wird und die Giltigkeit des Stammbriefes bezüglich der Minderung zu fixieren. (Mot. S. 104 Gb.O.) Eine mit dem bisherigen Briefe verbundene Schuldurkunde soll in beglaubigter Abschrift mit dem Teilhypothekenbrief verbunden werden. Für den Grundschuldbrief und Rentenschuldbrief § 70 gelten die Vorschriften des § 56—70 Gb.O. in analoger Anwendung. Der Rentenschuldbrief muß auch die Ablösungssumme angeben.

§ 58 trifft Bestimmungen über die Verbindung des Briefes mit der Schuldurkunde und verhütet dadurch eine verschiedene Verfügung über Forderung und Hypothek und läßt die Verbindung eines öffentlich beglaubigten Auszugs mit dem Briefe zu, sofern sich die Urkunde noch auf andere Angelegenheiten erstreckt. (Kauf, Gutsübergabe, Erbauseinandersetzungsvertrag cf. Denkschrift S. 37). Bezüglich der Hypothekenbriefe über Correalhypotheken enthält (§ 59 Gb.O.) die Ordnungsvorschrift, daß für eine Forderung auch nur ein Brief ausgestellt werden soll, soferne die Verbandfolien bei demselben Grundbuchamt gleichzeitig angelegt werden; wird für die gleiche Forderung bei dem gleichen Grundbuchamt später eine weiteren Hypothek bestellt, so können die Parteien einen neuen einheitlichen Hypothekenbrief verlangen, (§ 63) indem sie den bisherigen dem Grundbuchamt zurückgeben; andernfalls wird die Mitbelastung auf dem seitherigen Briefe vermerkt und der Inhalt des Briefes in Ansehung des andern Grundstücks nach § 57 Gb.O. ergänzt, was mangels Antrags auf Erteilung eines neuen Briefes mit Rücksicht auf die Kosten die Regel bildet. Gehören die Grundstücke zu verschiedenen Grundbuchämtern so erteilt jedes Amt für die Grundstücke seines Bezirks einen besonderen Brief, die dann körperlich mit einander verbunden werden. (§ 59 Abs. 2). Im Falle der Verteilung einer Gesamthypothek auf die einzelnen Grundstücke ist für jedes Grundstück ein neuer Brief zu erteilen § 62. Hier ist die Benützung des bisherigen Hypothekenbriefes oder der mehreren nach § 59 Abs. 2 ausgeschlossen. (Denkschrift S. 39.)

§ 60 der Grundbuchordnung bildet eine Ergänzung zu § 1117, 1163 B.G.B. Solange die Forderung noch nicht existent ist, geschieht die Aushändigung des Hypothekenbriefes an den Eigentümer des belasteten Grundstücks. Hat dieser die Aushändigung an den Gläubiger bewilligt, so erfolgt die Aushändigung an den Gläubiger, da diese Bewilligung eine Ergänzung der Eintragungsbewilligung ist, und den Bestand der Forderung dokumentiert. Ist der Brief dem Eigentümer ausgehändigt und die Forderung entstanden und führt der Gläubiger den Beweis der Entstehung, so kann er vom Eigentümer die Herausgabe des Hypothekenbriefes verlangen. Das Grundbuchamt hält sich bezüglich der Beobachtung abweichender Bestimmungen des Empfangsberechtigten an die Einhaltung der Form des § 29 Satz 1 Gb.O. (Denkschrift S. 38.) Wird der Brief nachträglich erteilt, (853 und 952) und stand zuerst Buchhypothek dem Gläubiger schon von der Eintragung an zu, so ist der Hypothekenbrief dem Gläubiger auszuhändigen (§ 60.)

Wird die Hypothek gelöscht oder die Briefhypothek in eine Hypothek ohne Brief oder in eine Grundschuld, eine Rentenschuld umgewandelt, oder ein neuer Brief erteilt, oder wird die Erteilung des Briefes über eine Hypothek nachträglich ausgeschlossen, so ist der Hypothekenbrief vom Grundbuchamte unbrauchbar zu machen und aufzubewahren. (§ 69 Gb.O.) Die mit dem Brief verbundenen Urkunden (Schuldurkunden, Eintragungsbewilligungen) sind abzutrennen und an den Eigentümer zurückzugeben (§ 69) soferne sie nicht mit dem neuen Hypothekenbrief zu verbinden sind.

Die Art der Unbrauchbarmachung vorzuschreiben ist den Landesgesetzen überlassen. (Mot. S. 105). Die Unbrauchbarmachung tritt auch ein, wenn ein neuer Hypothekenbrief ausgestellt werden soll, und der bisherige dem Grundbuchamte zurückgegeben wird, welches den letzten dann mit dem Vermerke versieht, daß ein neuer Hypothekenbrief ausgestellt wurde, und dann aufbewahrt (§ 67.) Als Fälle der Erneuerung des seitherigen Briefes werden in den Mot. S. 106 erwähnt, giltige Briefe, ein Brief, statt mehrere Teilhypothekenbriefe, ein im Falle der

Korrealhypothek ausgestellter Brief, zufällige oder absichtliche Beschädigungen, Beschmutzung, Verunstaltung, Unleserlichkeit, Vermerkung von Teillöschungen oder Kündigungen, die das Grundbuch selbst nicht enthält; dann kraftlos erklärte Briefe nach § 1162 B.G.B. oder Kraftloserklärung in Ansehung der Hypothek § 1170, 1171 B.G.B. Zur Ausstellung des neuen Briefes ist außer bei Erneuerung eines beschädigten oder verunstalteten Briefes die Einwilligung des Berechtigten, der sie bei gerechtfertigtem Bedürfnis erteilen muß und die Vorlage des seitherigen Briefes nötig. Die Ausstellung erfolgt nach der jetzigen Rechtslage, wobei das Grundbuch den Ausgangspunkt bildet, in Streitfällen jedoch nur insoweit als die Beteiligten einig sind oder ein Urteil erwirkt ist, damit von dem lediglich eine Verwaltungsthätigkeit der Rechtspolizei ausübenden Grundbuchamt ein neuer Brief erteilt werden kann. Die das Rechtsverhältnis zwischen Gläubiger und Eigentümer auf dem Briefe angebenden Vermerke (Teilquittungen 2c.) sind zur Sicherung des Eigentümers auf den neuen Brief mitzuübertragen (§ 68.) Dieser § enthält ferner die Ordnungsvorschrift, wonach der neue Hypothekenbrief den Vermerk enthalten soll, daß er an Stelle eines früheren erteilt ist und wonach die Erteilung des neuen Hypothekenbriefes im Grundbuch vermerkt werden soll.

Gegenüber der seither nötigen bestimmten Bezeichnung von Austragsreichnissen gemäß § 11 des Hyp.Ges., die oft eine wörtliche seitenlange Uebertragung aller Bestimmungen aus dem not. Vertrage ins Hypothekenbuch zur Folge hatten, und bei Verbandhypotheken eben so oft in dieser Weise eingeschrieben wurden, statt unter Benennung der Verpflichteten und Berechtigten, des jährlichen Anschlagswerts, Bezeichnung der Leistung ihrer Gattung nach auf den betreffenden § des not. Vertrags Bezug zu nehmen, läßt § 60 Gb.O. eine Erleichterung des Eintrags der Dienstbarkeiten oder Reallasten als Leibgeding durch Aufführung der Bezeichnung des Rechts und Bezugnahme auf die Eintragsbewilligung zu (§ 874 B.G.B.) die eine Ueberfüllung der Bücher verhütet, und umsomehr sich rechtfertigt, als die Eintragungsbewilligung beim Grundbuchamt bleibt, während die notariellen Verträge ins Archiv des Notars zurückgingen.

Die in § 12 des Hyp.Ges. erwähnten gesetzlichen Titel sind als solche aufgehoben, es treten an Stelle der gesetzlichen Hypotheken Sicherungshypotheken soferne in einzelnen Fällen in Art. 91 des Einf.Ges. die landesgesetzlichen Vorschriften, die dem Fiskus, einer Körperschaft das Recht zur Eintragung einer Hypothek auf den Grundstücken des Schuldners zur Sicherung gewisser Forderungen verleihen, unberührt bleiben. Die Hypothek ist als Sicherungshypothek nicht als Briefpfand möglich und kommt mit der Eintragung zur Entstehung (Mot. III S. 602 Anm.) für den Unternehmer eines Bauwerkes (nicht die Lieferanten) ist ein Sicherungspfandrecht in § 648 B.G.B. begründet. Soweit eine Verpfändung an Rechten nach B.G.B. in Frage kommt, bestimmt § 1273, daß hier die Bestimmungen über das Pfandrecht an beweglichen Sachen zur Anwendung kommen.

Wie oben erwähnt, macht das Erbbaurecht hievon eine Ausnahme, ferner die in Art. 68 und insbesondere Art. 196 des Einf.Ges. erwähnten Nutzungsrechte für die das Landesgesetz die selbständige Buchung einführen kann.

Den in § 53 II und § 155 Hyp.Ges. seither getroffenen Bestimmungen über Zulässigkeit und Eintragung der Pfändung einer Hypothekforderung gegenüber ist in § 1291 bestimmt, daß die in § 1280—1290 über Pfandrecht an Forderungen getroffenen Vorschriften auch für das Pfandrecht an einer Grundschuld und Rentenschuld gelten. Die Bestellung des Pfandrechts am Rechte erfolgt nach den für die Uebertragung des Rechts geltenden Vorschriften; es ist sohin die Eintragung notwendig, je nachdem sie bei dem Rechte selbst nötig ist (Buchhypothek) oder nicht (Briefhypothek). Der hier ergänzend eingreifende § 26 G.O. bestimmt, daß das Pfandrecht am eingetragenen Rechte auch dann zulässig ist, wenn die Eintragung zu der Rechtsänderung nicht erforderlich ist, um den Gläubiger davor zu schützen, daß der noch eingetragene frühere Gläubiger die Löschungsbewilligung bezüglich des eingetragenen Rechtes erteilt, welcher das Grundbuchamt stattgeben müßte. (Mot. zur Gb.O. S. 71.)

Die seitherige Vormerkung in dieser Hinsicht ist daher beseitigt.

Während der Gläubiger die Vormerkung einer Vollstreckungshypothek und des Besitztitels wenn auch in seltenen Fällen seither auf Grund zugestellten Vollstreckungsbefehls oder Urteils auch dann erwirkte, wenn noch kein Folium bestand und ein solches auf Grund des vom Gläubiger durch das Rentamt beschafften und vorgelegten Katasters des Schuldners angelegt wurde, ist dieser Fall künftig dadurch ausgeschlossen, daß späterhin jedes Grundstück eingetragen ist. Im übrigen gilt auch für das neue Recht, wie seither, bei der Beschlagnahme zum Zwecke der Zwangsversteigerung oder Zwangsverwaltung in Bayern der Grundsatz, daß die Eintragung einer Zwangshypothek oder Arresthypothek nur angeordnet werden soll, wenn der Schuldner als Eigentümer des Grundstückes eingetragen ist oder infolge eines gleichzeitig mit dem Antrage auf Eintragung der Hypothek oder früher gestellten Antrags eingetragen wird. (§ 40 Gb.O.).

Nach § 1115, 1118 und 1119 B.G.B. ist bei einer verzinslichen Forderung der Zinssatz, wenn andere Nebenleistungen zu entrichten sind, ihr Geldbetrag im Grundbuch anzugeben. Das

Grundstück haftet kraft der Hypothek außer für das Kapital und die bedungenen Zinsen auch für die gesetzlichen Zinsen der Forderung, sowie für die Kosten der Kündigung und die Kosten aus der Rechtsverfolgung. Bei einer unverzinslichen oder mit weniger als fünf Prozent verzinslichen Forderung kann auch ohne Zustimmung der im Range gleich und nachstehenden Gläubiger der Zinssatz bis 5% eingetragen werden.

Die Schuldübernahme ist insbesondere in § 414 und 415 gegenüber dem bayer. Gesetze vom 29. Mai 1886 (Henle Hyp.-Ges. Novelle S. 9—21, 30—38, 44, 45) nunmehr dahin geregelt, daß ein dritter einen Uebernahmsvertrag mit dem Gläubiger schließt und *an Stelle des bisherigen Schuldners* tritt, oder daß der Schuldner mit dem Uebernehmer einen Uebernahmsvertrag schließt. Im letzteren Falle hängt die *Wirksamkeit* des Vertrages bezüglich der übernommen Schulden von der Genehmigung des Gläubigers ab. Verweigert der Gläubiger die Genehmigung, so gilt die Schuldübernahme als nicht erfolgt; genehmigt er, so wird *der seitherige Schuldner frei*. Die Genehmigung erfolgt erst nach der Mitteilung, welche nicht nur vom bisherigen Schuldner, sondern auch vom Uebernehmer ausgehen kann. *Beide* können unter Bestimmung einer Frist zur Erklärung über die Genehmigung auffordern, in welchem Falle die Genehmigung bis zum Ablauf der Frist erklärt werden kann; wird die Genehmigung nicht erklärt, so gilt sie als *verweigert* und der seitherige Schuldner ist nicht befreit. In diesem Falle und solange der Gläubiger die Genehmigung nicht erteilt hat, ist der Uebernehmer dem Schuldner gegenüber verpflichtet, den Gläubiger rechtzeitig zu befriedigen.

Zur Stellung des *Löschungsantrags* ist nicht der Realberechtigte, sondern der *Eigentümer* berechtigt (§ 27 G.O.). Ein Recht, mit dem eine Hypothek, eine Grundschuld oder eine Rentenschuld belastet ist, darf nur mit Zustimmung desjenigen gelöscht werden, dem die Hypothek, Grundschuld oder Rentenschuld zusteht. Zur Aufhebung des Rechts am Grundstücke ist überdies der vorgehende dingliche Vertrag zwischen Gläubiger und Eigentümer und die Löschung im Grundbuch auf Grund Antrags des Eigentümers nötig. (§ 875 B.G.B. 891.) Bei der Eigentümerhypothek ist der Antrag des Eigentümers und die Löschung im Grundbuche nötig. Dem Eigentümer steht das Recht auf Aushändigung des Hypothekenbriefes oder der sonstigen Urkunden gegen Befriedigung des Gläubigers zu, damit er die Löschung der Hypothek, bezw. Berichtigung des Hypothekenbuchs bewirken kann (§ 1144.) Hat sich der Eigentümer einem anderen gegenüber verpflichtet, die Hypothek löschen zu lassen, wenn sie sich mit dem Eigentum in einer Person vereinigt, so kann zur Sicherung des Anspruchs auf Löschung eine Vormerkung in das Grundbuch eingetragen werden (§ 1179.) Ist ein Recht an einem fremden

Grundstück im Grundbuch zu Unrecht gelöscht, so erlischt es wenn der Anspruch des Berechtigten gegen den Eigentümer verjährt ist (§ 901). Die Löschung wird entweder zum Zwecke der Aufgebung des Rechtsgeschäfts oder zum Zwecke der Buchberichtigung erteilt. Sofern die Unrichtigkeit nachgewiesen wird, ist letzterenfalls eine Zustimmung zur Löschung nicht erforderlich (27.) Die Löschung eines Rechts oder einer Verfügungsbeschränkung erfolgt durch Eintragung eines Löschungsvermerks (45 Abs. 1 G.O.). Wird bei der Uebertragung eines Grundstückes oder eines Teils des Grundstückes auf ein anderes Grundbuchsblatt eingetragenes Recht nicht mit übertragen, so hat die Uebertragung des Grundstücks oder eines Teils die Wirkung der Löschung des Rechts. (§ 47 Abs. 2 G.O.) Es wird also die Nichtmitübertragung des Rechts in denjenigen Fällen, in denen auf die Uebertragung sofort die Löschung folgen würde, als eine zulässige Form der Löschung behandelt, (Mot. S. 69) ein Verfahren, das auch der Praxis in Bayern bekannt ist.

Der Löschung der Hypothek im Aufgebotsverfahren zufolge Art. 123 Ziff. 3 des Ausführungsgesetzes zur C.P.O. und K.O. entspricht der Wirkung nach die Löschung nach § 1171, 1170 B.G.B.; seither jedoch nicht auf Grund Deponierung des Geldes an Stelle der Zahlung (C. S. XII, 209, 231.)

Verzichterklärungen hinsichtlich der Hypothek können nur vor und gegenüber dem Grundbuchamt abgegeben werden und bedürfen der Eintragung (Mot. III 462, § 1168 B.G.B. § 71, 79 Hyp.Ges.) Nach seitherigem Rechte bedarf ein Vertrag über die der Hypothek zu Grunde liegenden Forderung keiner notariellen Verlautbarung, während der Verzicht des Gläubigers auf die Hypothek als dingliches Recht der notariellen Verbriefung bedurfte (Rehm zu Art. 14 Not.Ges., Becher S. 543 und Literatur daselbst). Die Wirksamkeit des Verzichts auf das Hypothekrecht bemißt sich nach den Bestimmungen des Civilrechts über die Notwendigkeit der Annahme durch den Grundbesitzer (Becher S. 909.) Die Löschung der Hypothek wegen Verzichts auf das Hypothekrecht ohne Aufforderung kann nach § 158 Abs. 2 auch bei dem Hypothekenamte erfolgen. (Gütl S. 98 A.) Dieser Bestimmung zufolge nehmen manche Hypothekenämter auch als Löschungen Pfandentlassungserklärungen auf, das Hauptgewicht auf die obligatorische Seite des Rechtsverhältnisses legend, während vom Standpunkt der Aufgabe eines dinglichen Rechts die notarielle Form nötig ist.

Die in dem § 157 insbesondere, dann § 108, 115, 167 des bayer. Hyp.Ges. angeordnete Mitteilung an die Beteiligten über erfolgte Veränderungen an Einträgen findet ein Analogon in § 55 G.O. der die Mitteilung an den Antragsteller, eingetragenen Eigentümer sowie an alle aus dem Grundbuche ersichtlichen Personen vorschreibt, zu deren Gunsten die Eintragung erfolgt oder deren Recht durch sie betroffen wird.

Daß auf Benachrichtigung verzichtet werden kann, entspricht der seitherigen bayer. Praxis, derzufolge bei Requisitionen die durch Protokolle auswärtiger Gerichte oder Verlassenschaftsprotokolle gleicher Gerichte erledigt wurden, dann auch sonst durch Erklärung des Antragsstellers zu Protokoll auf nochmalige Einvernahme vor dem Hypothekenamte und Vollzugsbenachrichtigung verzichtet wurde. Insbesondere bringt die nochmalige Notifikation über Stattgabe des mündlich gestellten Antrags an den Antragsteller viel unnütze Schreiberei mit sich, wenn derselbe zu Protokoll von dem Vollzuge sofort Kenntnis nahm, während die Notifikation bei schriftlich gestellten Anträgen nicht wohl zu umgehen ist.

Der Vorschrift des § 147 Hyp.Ges. mit Instr. § 28 No. 15 über gegenseitige Verweisung der Verbandsfolien entspricht § 49 G.O. bezüglich eingetragener Hypotheken, Reallasten oder Grundschulden. Die materiellen Bestimmungen der Gesamt- (Verbandhypothek), welche mehr auf dem Gebiete der S.O. praktisch werden, treffen § 1132, 1143, 1181, 1182 B.G.B. (Rgb. S. 259.)

Wichtig ist die Bestimmung des Art. 192 Einf.Ges., wonach zur Zeit der erfolgten Anlegung des Grundbuchs bestehende Hypotheken als Buchhypotheken und falls der Betrag der Forderung, für welche das Pfandrecht besteht, nicht bestimmt ist, als Sicherungshypotheken gelten. Die Landesgesetzgebung kann bestimmen, daß ein Gläubiger, dessen Pfandrecht zur Zeit der erfolgten Anlegung des Grundbuchs besteht, die Löschung eines im Range vorgehenden oder gleichstehenden Pfandrechts, falls sich dieses in einer Person mit dem Eigentümer vereinigt, in gleicher Weise verlangen kann, wie wenn zur Sicherung des Rechts auf Löschung eine Vormerkung im Grundbuch eingetragen wäre. Es soll damit die Entstehung der Eigentümerhypothek für seither bestandene Buchhypotheken und Sicherungshypotheken ausgeschlossen werden. (Art. 194.)

d) Bayerisches Notariat.

Einer Lösung sieht ferner die vielerörterte [1]) Frage entgegen, ob bei den Gerichten, wie seither, allein die Hypothekenbuchführung bleibt oder wie vor 1862 einem bei ihnen errichteten Grundbuchamt die Aufnahme der Urkunden mit überwiesen bezw. den Notaren auch die Grundbuchführung [2]) übertragen wird.

In den weitaus meisten Fällen sieht das B.G.B. nunmehr eine gerichtliche oder notarielle Beurkundung vor, in anderen Fällen ist die Erklärung bei dem Grundbuchamt allein abzugeben.

---

[1]) Siehe die ausführlichen Besprechungen in Not.Ztg. 1895 S. 138—206.

[2]) Event. einschließlich des Katasterwesens unter Abtrennung der seither dem k. Rentamte als Katasterbehörde obliegenden Funktionen und An-

Das B.G.B. läßt somit die Beibehaltung des Notariats zu. Zudem ist den Landesgesetzen vorbehalten, bei Beurkundung von Rechtsgeschäften, die gerichtlicher oder notarieller Beurkundung bedürfen, zu bestimmen, daß nur die Gerichte oder nur die Notare zuständig sind. Unberührt bleiben ferner die landesgesetzlichen Vorschriften, welche in Ansehung der im Gebiete des betreffenden Bundesstaates liegenden Grundstücke bestimmen, daß die Einigung der Parteien außer vor dem Grundbuchamt auch vor Gericht, vor einem Notar 2c. erklärt werden können. Der wichtigste Fall ist hier § 925 die Auflassung. (Art. 141—143 Einf.Ges. § 98, 31 G.B.O.)[1]). Eine bedenkliche Klippe bildet für das Notariat die Bestimmung des § 313 Satz 2 B.G.B. bezüglich der Form der Verträge. Derselbe führt voraussichtlich zu häufigeren Streitigkeiten bezüglich der materiellen Grundlagen des Vertrags, als es nach den zufolge Art. 14 des Not.Gesetzes abgeschlossenen Verträgen seither der Fall war und bedeutet für Bayern kaum eine Besserung.

Von derjenigen einschneidenden Bedeutung, auf welche die vielfachen Erörterungen pro und contra schließen ließen, ist die Lösung der Frage für die Rechtssicherheit des Immobiliarverkehrs wohl nicht, weil einerseits das Notariat sich durch Genauigkeit in der Lösung der Geschäftsaufgabe und durch die Integrität des Standes eingelebt hat und das Vertrauen des Volkes genießt, sohin kein Grund vorliegt, es aus denselben Gründen wie 1807 (cf. Regierungsblatt S. 560 und 1489, Rudorff Gerichtsbarkeit und Notariat S. 1) infolge Mißtrauens gegen das Institut aufzuheben; weil ferner die bayer. Notare die Befähigung zum Richterdienste nachweisen müssen und die Geschäftssparte sohin nur unter anderen Namen von gleichgeschulten, überdies gleichen Personen ausgeübt würde; andererseits aber, weil auch die Gerichte vor 1862 dieselbe Thätigkeit im Einzelrichteramt als sogenannte Notariatsbehörde mit Genauigkeit insbesondere seit Einführung der Landesvermessung erfüllen konnten

---

reihung der Ummessungsbehörden, um auch hier eine Vereinfachung eintreten zu lassen und den Grundbesitzern Mühe und Zeit bei Erholung und Evidentstellung der Kataster zu ersparen und schnellere Beurkundung zu ermöglichen.

[1]) Siehe den lichtvollen Vortrag des k. Justizrats und Notars Dr. jur. Friedrich Weber in München über das bayerische Hypothekenrecht und das bürgerliche Gesetzbuch (Not.Ztg. 1896 S. 1 ff.) und die Abhandlung des gleichen Autors in Not.Ztg. 1896 S. 25 ff. Der letztern Abhandlung gegenüber glaubt der Verfasser die obigen Ausführungen umsomehr aufrechthalten zu können, als er im Prinzip der Aufrechthaltung des Notariats nicht widerspricht und nach wie vor der Meinung ist, daß das Zünglein an der Wage „der Kostenpunkt, sei es der Organisation oder der derzeitigen Gebühren im Immobiliarkreditverkehr" bilden wird.

und Gerichte wie Notare von einander gegenseitig in der Zwischenzeit gelernt haben. [1])

Würde daher das Notariat beibehalten, so dürfte auch die vielerörterte Frage bezüglich der Gebührenbeschneidung verstummen; denn die Gebühren bilden für das Notariat die Lebensbedingung, ohne welche der Zugang von solchen tüchtigen Kräften unmöglich wäre, die auch, wenn sie von Anfang an dem Staatsdienste sich zugewendet hätten, zu ähnlichen — in beiden Fällen seltenen — hohen Einkommen hätten gelangen können, während der jüngere Notar, der allerdings einen mehr als doppelten Gehalt im Verhältnis zu seinem gleichstehenden Altersgenossen in anderen Staatsstellungen hat, für den Fall seiner früheren Untauglichkeit und wegen des Mangels einer Pension für sich selbst und seine Familie Sorgen tragen muß und nur etwa wie andere mit Interessen des Fiskus betraute Beamte (Rentamtmänner, Forstmeister, Bahnbeamte) einen Tantiemenbezug voraus hat, so daß der gleiche Fall gegeben ist, wie beim Staatsdiener, bei dem der Staat, einen Teil des Gehalts als spätere Pension zurückbehalten muß.

Wichtiger scheint die Frage, ob nicht abgesehen vom Ideal der gleichen Durchführung im Reiche der freiwilligen Rechtspflege mehr gedient ist, wenn bei einem Grundbuchsystem bei dem der Schwerpunkt auf der Eintragung (cf. § 313 B.G.B. 873, 925) liegt, die beiden Funktionen in **einer** Hand vereinigt werden. Für die Bejahung dieser Frage dürfte sprechen, daß eine bedeutende Vereinfachung regelmäßig da eintritt, wo nur eine Person mit einer Sache betraut ist und nicht zwei den gleichen Gegenstand

---

[1]) Von diesem Gesichtspunkte aus, glaube ich, würde, selbst wenn man dem derzeitigen Hypothekenbeamten nicht die gleiche Fähigkeit zur Behandlung der gleichen Fragen, bezüglich deren ihm die Prüfungspflicht zukommt, zutrauen wollte, der Vergleich mit dem alten Gerichtsnotariat „unseligen“ Angedenkens (Not.Ztg. 1896 S. 31) nicht Platz greifen. Selbständig in dem Sinne, daß der Beamte in seiner Sparte wie heute der Richter in ausschließlicher selbständiger Kompetenz handelt, in der gleichen Sparte verbleibend seine Dienst- und Lebenserfahrungen als Spezialist dieser Sparte zuteil werden läßt und den Jüngern gegenüber in die gleiche Schule wie seither einführt, würde sich auch ein Grundbuchamt denken lassen und eine derartige Selbständigkeit müßte dem Notariat unter allen Umständen trotz des Charakters der Rechtspolizeiverwaltung gewahrt bleiben. Was die Notwendigkeit der Hypothekenbereinigungen betrifft, so bilden diese einerseits kein Hindernis, andererseits sind auch die früheren Hypothekbeamten als Notariatsbehörden nicht allein Schuld, wenn sich wiederholt ein Bereinigungsbedürfnis ergab. Die Gründe liegen, wie oben angedeutet, nicht nur im Katasterwesen Einführung der Pl.No. dann des definitiven Grundsteuerkatasters, des Metermaßes &c. und führten hier zu gleichhäufig ungenauen Vorträgen in den Gerichtsprotokollen, wie den Notariatsurkunden, sondern in Umständen, die unabhängig von der Thätigkeit der Behörden eintreten und trotz Bereinigung nach Ablauf einiger Zeit immer wieder auftreten werden, wie Auswanderung ohne notarielle Verbriefung des Anwesens, ohne Vollmacht, Verschollenheit &c. Mit

behandeln müssen. Der Grundbuchbeamte kann die Angelegenheit von Anfang an verfolgen, auf das Hindernis aufmerksam machen; das Grundbuch wird sofort und nicht von 2 verschiedenen Personen eingesehen, das fehlende von dem Grundbuchbeamten selbst betrieben, sohin der Vollzug der Anträge rascher bethätigt, so daß wiederholte Zwischenverhandlungen vermieden werden. (Min.Bl. 1864 S. 210.)

Die Ergänzung von Urkunden, die mit dem derzeitigen Dualismus verbundenen Anfragen und Meinungsverschiedenheiten, die Notwendigkeit besonderer Vorlage der Urkunden, der mit der Art der Vorlagen verbundene Zeitverlust hören auf. Ein solcher tritt z. B. für die Vereinigung schon durch den Apparat ein, daß dem Notare bei Nachholung kleiner Urkunden Mitteilung gemacht, mit ihm, bei seiner Einsichtnahme des Hypothekenbuchs gesprochen, im Benehmen mit ihm den Parteien Termin bestimmt werden muß, während die Urkunde vom gleichzeitigen Grundbuchs- und Beurkundungsbeamten in kürzester Zeit aufgenommen und vollzogen ist. Als dem Instanzenverhältnisse unterworfen und in eine bestimmte Staatsdienerkategorie eingereiht, kann er nun auch die Prüfung der Urkunden und Erklärungen selbst vornehmen, wie dies auch früher der Fall war, (Arnold S. 20) wobei dann auch die Frage der selbständigen Beschwerde des Notars wegfällt. Dabei wird für das rechtsuchende Publikum Mühe und Zeit bezüglich der Gänge zu verschiedenen Behörden erspart die Urkunde einfach und kurzgefaßt, das Grundbuch einer unvollziehbaren Urkunde wie bei Nichteinsichtnahme eines auswärtigen Notars seltener ausgesetzt und auch dadurch den Parteien weitere Zeit und Kosten erspart, (cf. die bei Arnold § 29 und Anm. mitgeteilten Erfahrungen); Kosten werden aber zweifellos[1]) für die Beteiligten durch die geringeren Gebühren erspart. Denn selbst wenn unter Wegfall der Notariatsgebühr die Staatsgebühr erhöht würde, um die Notare und ihre seitherigen Buchhalter zu übernehmen, so würde doch zweifellos eine beachtenswerte Ermäßigung der Gebühren für die Parteien eintreten. Dazu käme, daß auch dem jungen Juristen die Praxis der Notariatsschule, die sich in dem mit dem Gerichte verbundenen,

---

der Vornahme der Vereinigungen selbst werden seit Jahren die Beamten des laufenden Hypothekengeschäfts und bei Vereinigungen größern Stils eigne Beamte beauftragt, die dem Notare unter Darlegung des Sachverhalts den Inhalt der Urkunde mit dem Operat an die Hand geben, während der Notar selbst doch nur in verhältnismäßig vereinzelten Fällen zur alleinigen Durchführung größrer Vereinigungsfälle kommt. Gerade hier kann der gleiche Beamte mit beiden Kompetenzen dem Realkredite schneller dienen.

[1]) Es ist dabei an die Herabsetzung der Parteigebühren im Verhältnis zu den Gebühren für anderweitige Rechtshandlungen in der freiwilligen Rechtspflege und an die Bewertung gleicher Verhandlungen bei Gericht und Notar gedacht.

an diesem als für sich rangierende und mit selbständigen Kompetenzen ausgerüsteten Grundbuchamte ausbilden würde, zu gute kommen würde und daß von dieser Seite der freiwilligen Rechtspflege auch die Rechtsprechung gewinnen würde. Denn das Hypothekenamt allein läßt den Notariatsdienst doch nur mittelbar und nicht vollständig erkennen. Damit scheint auch Rudorff übereinzustimmen, wenn er das ganze Beurkundungswesen also auch die Eintragung selbständigen Notaren (Grundbuchrichtern) zuweist (Vorwort S. 10) denn es kommt vom Standpunkt der Vereinigung beider Zuständigkeiten auf dasselbe hinaus, ob die jetzigen Notare auch die Eintragung vorzunehmen haben oder ob sie als Grundbuchrichter die Beurkundung beibehalten. Die Bevölkerung wird sich daran umsomehr gewöhnen, als sie seither schon bei Notariatsurkunden als „gerichtlich" gekauft spricht. Bedenken gegen die Aufhebung des Notariats (Not.Ztg. 1892 S. 138) darin zu finden, daß gewisse Funktionen sich mit der Eigenschaft als Richter nicht vereinigen lassen, scheinen nicht ausschlaggebender Natur zu sein. Denn die mit dem Richterdienste nicht vereinbaren vorbereitenden und ausführenden Handlungen (Verschaffung von Darlehen 2c., Verwendungsschreiben) könnten wie in anderen Staaten nichtjuristische Notare oder Kommissionäre besorgen — eine willkommene Versorgung für eine Anzahl von seitherigen Buchhaltern — daß das Notariat aber als ein von der Rechtsanwaltschaft getrenntes nicht mehr denkbar ist, falls es beibehalten würde, ist nach den nunmehrigen Bestimmungen des Einführungsgesetzes nicht mehr zu besorgen, denn im Falle der Aufrechthaltung wird die Kompetenz nur in vereinzelten Fällen eingeschränkt, wenn die Landesgesetzgebung dieselben Funktionen, wie seither, dem Notariate wieder ausschließlich zuweist. Würden aber die Notare Grundbuchrichter und führen sie diese Behörde in gleicher Person fort und haben auch die übrigen jüngeren Richter in diesem Zweig der freiwilligen Gerichtsbarkeit Vorbereitungspraxis genommen, so ist, da die Richter sich gegenseitig vertreten, auch für Krankheitsfälle sofort Sorge getragen, ebenfalls wieder unter Wegfall von Mühe und Kosten, die seither damit verbunden waren, wenn eine Partei zu einem oft stundenweit entfernt wohnenden anderen Notar gehen oder dieser kommen mußte. Dann fällt auch die in Arnold S. 18 ausgesprochene Befürchtung weg, daß nicht jeder Rechtsverständige ohne weiteres ganz für Uebernahme dieser Geschäfte geeignet sei. Es folgt die Notwendigkeit des Fortbestehens von Hypothekenbeamten und Notar nebeneinander auch nicht daraus, daß ein Vertrag daran scheitern könnte, weil ein Notar nicht vorhanden ist und der Beamte aus Geschäftsüberhäufung an der Aufnahme des Vertrags verhindert ist. (Arnold S. 24.)

Demgegenüber dürfte in Betracht kommen, daß die Fälle

jedenfalls gleich selten sind, in denen die Gerichte Parteien nicht sofort annehmen und lediglich wegen Geschäftsüberhäufung ohne Prüfung, ob die sämtlichen Beteiligten vorhanden und z. B. der Legitimationspunkt, Feststellung der Erbgänge in Ordnung ist, einen anderen Termin bestimmen, wie die, daß sehr beschäftigte Notare die Beurkundung von Verträgen wegen Geschäftsüberlastung hinausschieben und die Parteien sofort vornehmen können. Es würde ja auch das Gehilfenpersonal beim Grundbuchamte für das Schreibwerk durch Uebernahme der Notariatsbuchhalter je nach der Bedeutung des Immobiliarkreditverkehrs verstärkt, und was die auswärtigen Termine der Notare anlangt, so gehörten diese auch seither zu den Ausnahmen (aut. M.E. vom 9. August 1869 Nr. 9316), da die meisten Urkunden auch gegenwärtig am Notariatssitze aufgenommen werden. Es wird daher der Grundbuchrichter später dem Ansuchen, die Amtshandlung außer dem Gerichtssitz bei großer Entfernung der Parteien oder Kränklichkeit eines Beteiligten vorzunehmen umsomehr entsprechen können, als dann der gerichtsverfassungsmäßig bestellte Stellvertreter die an diesem Tage etwa beim Grundbuchamt Erscheinenden vornimmt, während sie seither unverrichteter Dinge wieder nach Hause gingen.

Schwerwiegender ist das Bedenken, daß der Staat eine große Pensionslast sich aufbürdet und die Organisation ohne Steuererhöhung wohl schwer durchführbar wäre.[1]) Hier ein unanfechtbares Urteil abzugeben, würde außer eingehenden Berechnungen aller seitherigen Einkünfte auch statistische Erhebungen veranlassen. Immerhin käme in Betracht, daß die seitherigen Hypothekenbeamten zum Teil disponibel würden andererseits, daß für die Pension dieser Sparte dasselbe gilt, wie für jede andere Funktion der Staatsdiener, für die ebenfalls der Staat aufkommt, ohne lediglich denjenigen heranzuziehen, der die Dienste des Beamten in Anspruch genommen hat. (cf. Not.Ztg. 1892 am Ende) und daß eine Gerichtsorganisation wie jede Organisation ohne den Steuersäckel, der nur die Gesamtheit mehr heranzöge, nicht denkbar ist. Uebrigens wird, falls das Hyp.Buch als Grundbuch erklärt wird, lediglich für Belassung der seitherigen Bücher und Nichtaufstellung eines bezw. zweier eigner Gehilfen zur Abschriftnahme der bestehenden Bücher, um in 1½ Jahren das Grundbuch als angelegt erklären zu können, in Bayern bei 269 Amtsgerichten mit je 40 Bänden zu 7 Buch Papier, für letzteres, Aktendeckel, Buchbinderlöhne und Gehalt der Gehilfen mindestens der Betrag von 1,310,800 ℳ eingespart.

Es will scheinen, daß ein Teil der Notare selbst die Umnennung in Grundbuchbeamte begrüßen würde, da sie seither

---

[1]) cf. hieher Not.Ztg. 1896 S. 31.

ihre Ansprüche entsprechend befriedigt, für eigene Pension gesorgt und dabei etwa nach den früheren Anstellungsverhältnissen ihrer Coetanen in eine bestimmte Kategorie eingereiht, den Vorteil der staatlichen Pension genießen würden.

Mag die Entscheidung in dieser oder jener Weise fallen; jedenfalls erfordert es die Rechtssicherheit des Grundbesitzes und die gleichmäßige Anwendung des Rechts schon mit Rücksicht auf die Konstruktionen und vielfachen Rechtsfragen im B.G.B., insbesondere im Hypothekrecht, daß nicht nur die Eintragung, sondern auch die Beurkundung in der Hand juristisch gebildeter Beamten verbleibe. (Krech S. 11.)

2. Die Hypothekenbuchsbereinigung und das Grundbuch.

Aus den seitherigen Ausführungen geht hervor, daß nicht nur für die Zeit bis zur Einführung des Grundbuchs dem Hypothekenamt und den Notaren durch übersichtlichere materiell und formell bereinigte Folien bei Einsichtnahme der Ueberblick über die Einträge erleichtert wird und neue Rechtsgeschäfte schneller vollzogen werden können, sondern daß auch einer beschleunigten Anlegung des Grundbuchs vorgearbeitet wird § 2—4 Gb.O. Art. 186 Einf.Ges.), umsomehr als die seitherigen Hypothekenbücher als Grundbücher erklärt werden können. (§ 87—89 G.O.)

Formell ist hiebei die vollständige Ausscheidung der seither in kombinierten Hypothekendistrikten vorgetragenen Folien nach Steuergemeinden eine Vorarbeit für die Anlegung der Grundbücher nach Bezirken (§ 2, 85, 86 G.O.)

Materiell ist für das Eintragungsprinzip von Bedeutung, daß auf die Uebereinstimmung zwischen Kataster und Hypothekenbuch und möglichst übersichtliche Sachregister hingewirkt wird, daß sich also die Flächenrevision und Flächenbereinigung einschließlich der Richtigstellung des Beschriebs nicht nur auf die eingetragenen, sondern auf die seither folienfreien Grundstücke erstreckt. Wichtig ist die genaue Prüfung der Erwerbstitel, die Nachholung solcher durch Urkunden oder im Aufgebotsverfahren, wo und soweit ein solches bezüglich liegender Gründe seither zulässig ist, um bei Anlegung des Grundbuchs den Zeitpunkt der Fertigstellung nicht durch die Feststellung von Rechtsverhältnissen im Aufgebotsverfahren hinauszuschieben (cf. Krech S. 8), da die Feststellung der Rechtsverhältnisse in den einzelnen Rubriken eine Voraussetzung der Anlegung des Grundbuchs bildet und von da ab die Rechtswirkungen nach Maßgabe des B.G.B. eintreten: (Motive zur G.O. S. 42 und 51.) Es wird sich fragen, ob alle alten Bände mit kombinierten Steuergemeinde abgeschlossen, ob die Realregister alle katastermäßigen Flächen enthalten, auch Grundstücke der Gemeinde (Wege 2c.) genau nach dem Verbriefungsstand vorgetragen sind, ob alte Sachregister oder Personenregister wegen der häufigen Wechsel im Besitz und der Messungen und Raummangels einer Erneuerung bedürfen.

Allerdings kennt das bayer. Recht eine Zwangstitelberichtigung nicht (Regelsb. S. 69); aber immerhin enthält auch die bei der seitherigen Vorlage unvollzogen gebliebene Urkunde den Antrag auf Besitztitelberichtigung, so daß die Hypothekenbereinigung in der Lage ist, nach Beseitigung der Hindernisse ex off. die Urkunde durch Eintrag des neuen Erwerbers zu vollziehen und dadurch dem Grundbuche vorzuarbeiten. Sind die Rechtsverhältnisse einmal festgestellt, so wird auch das Grundbuch, für dessen Berichtigung das B.G.B. eine Reihe von Bestimmungen enthält, seltener generell bereinigungsbedürftig werden. Das Eintragungsprinzip erhöht ohnehin die Rechtssicherheit des Grundbesitzes, zumal in den Fällen, in denen oft Jahrzehnte lang seither kein Anlaß zu Folienanlage gegeben war und bei eintretender Notwendigkeit, ein Folium anzulegen, ein Erwerbstitel nicht vorgelegt werden konnte oder doch Recherchen nach Erben auf 2—3 Generationen zurück anzustellen oder nicht vorhandene Urkunden zu Rate zu ziehen gewesen wären. Die Hypothekenbuchsbereinigung führt ihrerseits dazu, möglichst ausgedehnte Berichtigungen von Amtswegen eintreten zu lassen, oder doch die Parteien von Amtswegen zur Ordnung ihrer Rechtsangelegenheit zu veranlassen, wenn sie auch von der Offizialmaxime nur im Sinne des § 73 des Grundsteuergesetzes beherrscht wird. Demgegenüber braucht nach Anlegung des Grundbuchs und nach Feststellung der Rechtsverhältnisse für die wenigen Fälle von Rechtsänderungen, die kraft Gesetzes oder Rechtsgeschäftes sich ohne Eintragung vollziehen und eine Verschiedenheit zwischen der materiellen Rechtslage und dem Inhalt des Grundbuchs im Gefolge haben, nicht die Offizialmaxime aufgestellt zu werden (cf. Motive z. G.O. S. 51.)

Durch das Eintragungsprinzip wird der Einklang zwischen Kataster und Grundbuch auch dadurch geschaffen, daß die seitherige Umschreibung im Kataster auf Grund notariellen Vertrags bei Differenzen dann nicht mehr erfolgt, ohne daß auch der Berichtigung des Besitztitels im Grundbuche genügt werden kann. (arg. aut. M.E. vom 19. Oktober 1865 No. 875); zumal, wenn das Katasterwesen mit dem Grundbuch in Verbindung gebracht wird und nicht wie seither die Umschreibung aus verschiedenen Gesichtspunkten verschieden erfolgt; (so nur zu Steuerzwecken im Kataster, während die großjährigen Erben die Richtigstellung des Erwerbs im Hypothekenbuch unterlassen); es wird die Verbriefung vor der technischen Revision oder gar vor der Vermessung und die Unterlassung der Verbriefung von Vermessungen überhaupt dann seltener (J.M.Bl. 1877 S. 258. J.M.Bek. vom 15. Juni 1862 und 16. Dezember 1877), da ja im Flurbuch die Aenderung eingetragen und in der Karte die neuen Grenzen eingezeichnet werden müssen. Auch durch die Vereinigung von Grundstücken auf Parteiantrag und Zusammenlegung derselben auf ein Folium in dem seither zulässigen Umfange nach § 39 und 40 Hyp.Ges. wird den noch weitergehenden Bestimmungen der G.O. vorgearbeitet, wie andererseits dadurch, daß von der Abschließung hypothekfrei gewordener Folien im Sinne des § 149 Hyp.Ges. völlig abgesehen wird. Würde allerdings auch die Zusammenlegung in der Weise zugelassen, daß auf einem Folium die Grundstücke vorgetragen sind, von denen ein Teil den Hypotheken überhaupt, ein anderer Teil zu verschiedenem Rang haftet, so entstünden die alten Verwirrungen, die mit Mühe von der Bereinigung beseitigt wurden. (cf. Arnold § 10.) Da auch das neue Recht von dem Oeffentlichkeitsprinzip beherrscht ist, so ist die Beseitigung von Doppelverpfändungen (Doppelfolien) im Bereinigungswege auch für das künftige Recht von Wichtigkeit, (Regelsb. S. 49 A. 8 und zahlreiche Min.Entschl. daselbst S. 146, 148), da auch nach neuem Rechte die Einigung verschiedener Gläubiger, die gleichen Rang auf dem einen und bezw. anderen Folium haben, so daß Kollisionen und Verluste eintreten können (Arnold S. 7 § 9) erst herbeizuführen sein wird, selbst wenn das Grundstück nur aus Versehen doppelt gebucht ist (gegenüber Motive zur G.O. S. 27); denn das Grundbuchamt ist nicht berechtigt, in Rechtspositionen, die durch die Eintragung geschaffen sind, einzugreifen. (Mot. zur G.O. S. 93.) Es fragt sich jedoch, ob hier § 52 der G.O. durch eine Eintragung seitens des Grundbuchamts von Amtswegen endgiltig zur Hilfe kommt.

Daß das bayer. Hyp.Buch als Grundbuch durch die materiellen Bestimmungen des B.G.B. ein anderes Aussehen erhalten wird, ist oben angedeutet. Es bleibt zu erwarten, wie sich die Institute der Grundschuld, der Eigentümerhypothek und des Briefpfands einbürgern, von denen letzteres als die eigentliche Verkehrshypothek insbesondere bei Erbfällen von den großjähren Miterben unter sich der Bequemlichkeit halber und bei Gläubigern, die als solche wiederholt im Bezirke Geldgeschäfte betreiben, vorkommen und die jetzige bayerische Buchhypothek, insoferne für diese kein Hypothekenbrief ausgestellt wird, überhaupt voraussichtlich verdrängen wird. Jedenfalls ist zu wünschen, daß auch diese Institute des neuen Rechts sich bald zahlreicher Gönner erfreue und das Grundbuchrecht sich so im Volke einbürgere, wie das in schlichten Worten abgefaßte, in seinen zahlreichen Kontroversen von Theorie und Praxis behandelte bayer. Hypothekengesetz unter Gönners Führung sich in der Praxis bewährt und zahlreiche Freunde erworben hatte.

IV. Anhang.

Tabellarische Uebersichten und Formulare.

Anlage I.

Tabellarische Uebersicht.

Fortlaufende Nummer.	Hypothekendistrikt mit Steuergemeinden und Ortschaften.	Vorhandene Hypothekenbücher mit noch freien Seiten.	Neuanzuschaffende Hypothekenbücher.	Zahl der Personal- und Sachregister (vereinigt, getrennt).*)	Zahl der Protokollbände.	Zahl der Beilagenbände.	Zahl der Plannummern mit Bruchnummern.	Zahl der Folien überhaupt.	Zahl der noch bestehenden Folien.
1.	Hypothekendistrikt Geroldsgrün. a) Steuergemeinde Geroldsgrün mit 7 Ortschaften. b) Steuergemeinde Forstbezirk Geroldsgrün.	I—V. — Band IV 10 freie Seiten, Bd. V noch leer.	—	1	IX mit 120 leeren Seiten	IX	a) 1200 b) 300	310	220

*) Zufolge h. J.M.Bk. vom 12. Februar 1897 J.M.Bl. S. 15 soll die Vereinigung dieser Register unter gemeinsamem Einband künftig nicht mehr stattfinden.

Anlage II.

Bedarfs-Aufstellung.

I. Auf Rechnung des Etats der allgemeinen Justizverwaltung. Ziff. 9 Kap. 6 § 1.

2474 ℳ 40 ₰ Gehalt eines Amtsrichters e. st. zu 2280 ℳ, 180 ℳ nichtpragmat. Gehaltszulage und 14 ℳ 40 ₰ Schreibmaterialienaversum.

1147 ℳ 20 ₰ Gehalt eines Sekretariatsgehilfen zu 1080 ℳ; Gehaltszulage zu 60 ℳ und Schreibmaterialienaversum zu 7 ℳ 20 ₰.

ℳ ₰ Entlohnung des rentamtlichen Hilfspersonals für Ausfüllung der Spalten I—III der Sachregister zu 4 ₰ pro Plan-No.

Sa. perse.

II. Auf Rechnung der Position Ziffer 8 Kap. 1 lit. E § 2 Tit. 1.

ℳ ₰ Kosten für: Anschaffung von Lampen, Lineal mit Metalleinsatz, Konzept-Kanzleipapier, Beheizung, Beleuchtung (Kohlen, Holz, Petroleum) Reinigung (nach Kostenvoranschlägen, ev. Erhöhung des Aversums des Gerichtsvorstandes.)

III. Auf Rechnung der Etatsposition Ziffer 8 Kap. 1 lit. E. § 2 Tit. 2.

Kosten für Anschaffung von

ℳ ₰ a) neuen Hypothekenbüchern zu 7 Buch Papier von je 25 Bogen à Buch 2 ℳ 60 ₰ sohin 18 ℳ 20 ₰ für ein Hypothekenbuch,

ℳ ₰ b) Buchbinderlöhne für Einbinden der Hypothekenbücher à 12 ℳ pro Buch,

ℳ ₰ c) . . . . Buch Papier zur Anschaffung von . . . neuen Personal- und Sachregistern à 1 ℳ 50 ₰ das Buch.

ℳ ₰ d) Buchbinderlöhne für Einbinden dieser Register à 4 ℳ 80 ₰ mit Lederrücken und Golddruck.

ℳ ₰ e) Konzeptpapier zu neuen Protokollbänden, 1 Band zu 5 Buch zu 1 ℳ $12^1/_2$ ₰ (Reichsformat),

ℳ ₰ f) Buchbinderlohn für Einbinden dieser Bände à 2 ℳ pro Band.

Zusammenstellung.

Sa. I.	ℳ	₰
Sa. II.	ℳ	₰
Sa. III.	ℳ	₰
Hauptsumma	ℳ	₰

Anlage IV.

Verzeichnis der im Amtsgerichtsbezirk bestehenden Kellerrechte nach Steuergemeinden.

(Hergestellt vom k. Rentamt.)

Haus-No.	Name und Stand des Hausbesitzers.	Kellerrecht auf fremdem Grundstück.		Noch nicht verbrieft.	Seitherige oder nunmehrige Eintragsstelle.	Bemerkungen.
		Bezeichnung im Allgemeinen.	Erworben durch Urkunde.			
10.	Fischer Wilhelm, Milchhändler in Leuchtenberg.	Ein halber Keller auf dem Schloßberg unter Pl.No 7 von H.No. 2½.	30. April 1880 des k. Notars in Vohenstrauß.	—	I, 50 für Leuchtenberg und Sachregister.	—
25.	Merkel Friedrich, Brauer in Störenstein.	Felsenkeller am Jagdsteig unter Pl.No. 310 bei H.No. 110.	—	Messungsoperat 43 pro 1890 No. 50 rot.	hypothekfrei; im Sachregister bereits eingetragen.	Erhebungen über Art des Rechts gepflogen; H.No. 110 gehört dem Merkel nicht. Verbriefung veranlaßt.
32.	Goller Karl, Milchhändler in Joachimsthal.	Keller unterm Industriegarten Pl.No. 200 (der Taschenhans genannt).	20. Nov. 1895 des k. Notars Emmerich in Weiden.	—	hypothekfrei; nunmehr ins Sachregister eingetragen.	—

Anlage III.

Vereinigungstagebuch für den
(bestehend aus den Steuergemeinden

Fortl. No.	Numerus des alten Foliums.	Band und Seite des Hypothekenbuchs.	Steuergemeinde.
1.	4.	Merzbach I. 7—9.	Untermerzbach.
2.	7.	I. 22—24.	Obermerzbach.
3.	8.	I. 25—26.	Güntherdorf.
4.	9.	I. 27—29.	Untermerzbach.

Hypothekendistrikt Merzbach
Unter-, Obermerzbach und Günthersdorf.)

Bemerkungen. Stand der Recherchen.	Art und Zeit der Erledigung.
Schreiben an Bürgermeister von Untermerzbach wegen alter Hypothek 5. 4. 96. Vorladung des Meyer zur Hypoteklöschung.	Hypothek gelöscht H. 1420. Abgeschlossen und übertragen auf Untermerzbach, I, 1.
Aelterer Besitzvortrag. Not.-Urkunde GRNo. 437 pro 1893 eingesehen. Anfrage bei Gerichtsschreiberei des Landgerichts und am Rentamt über Besitzverhältnisse und Vorhandensein von Konkursakten aus den Jahren 1854—57 5. 4. 96. Einschlägig Vertragsband 1857 S. 720; H. Prot. für Merzbach Bd. IV S. 200; für Linnersdorf Bd. VI S. 210 Hyp.-Prot. Beilagen Merzbach IV No. 38—42. Familienstandszeugnis vom Besitzer requiriert 10./9. Rentamt von Besitztitelberichtigung benachrichtigt 5./12.	Besitztitel berichtigt auf Grund Adjudikationsdekrets H. 2480. Not.-Urkunde GRNo. 437/1893 vollzogen H. 2481. Besitztitel auf Erben umschrieben H. 2483 (Prot. X S. 210) und Folium auf Antrag der Besitzer abgeschlossen und mit dem übrigen hypothekfreien Besitz zusammengelegt.
Pl.No. 240 Flächendifferenz. Erholen der Operate vom Rentamt 5./4. 96.	Operat vollzogen H. 1418. Abgeschlossen wegen Uebertrags auf Bd. I S. 1 für Günthersdorf.
Doppelfolium mit III 201—203 mit alter erloschener Hypothek und Dispositionsbeschränkung. Anfrage beim Rentamt über Identität der Besitzer und Pl.No. 5. 4. 96. Einsicht der Verlassenschaftsakten 1865 No. 21; 1872 No. 85; Erbteilungsreceß von 1821; Familienstandszeugnis erholt 8. 4. 1896. Erbschaftszeugnis erwirkt 4. 6. 1896. Schuldner zur Erbumschreibung der alten Hypothek vorgeladen auf 10. 6. 96. Durch Ersuchschreiben an's A.G. Lobenstein, Plauen, Schneeberg, Leipzig und an die Gläubiger A. in München, B. in Nürnberg Teillöschungen requiriert 10. 6. 96. Protokoll mit Schuldner aufgenommen wegen Löschung der auf Veranlassung des früheren Bezirksgerichts eingetragenen Dispositionsbeschränkung 10. 6. 96. Schuldner zur Besitztitelberichtigung und Abschluß des Foliums vorgeladen 10. 11. 96.	Hypothek gelöscht H. 1620. 1621. 2200. 2210. 2214. 2216. Dispositionsbeschränkung gelöscht auf Requisition der Zivilkammer des Landgerichts H. 1650. Doppelfolium abgeschlossen H. 2221.

Collationiert, N. . . . . den

. . . . A.-R.

. . . . Sekr.-Geh.

Anlage V.

Verzeichnis

des k. Rentamt . . . .

über die sämtlichen des Eintrags im Hypothekenbuch bedürfenden Grundgefälle (Lehenbodenzinse)

nach Maßgabe der höchsten Finanz-Min.-Entschl. vom 3. Juli 1886 No. 9588.

Der Pflichtigen		Der belasteten Realitäten		Lehenbodenzinse.		Bemerkungen und Vollzug des Hypothekenamtes.
Hs.-No. oder Besitz-No.	Name und Wohnort.	Pl.-No.	Benennung.	ℳ	₰	
17	Benkert Heinrich, in Asbach.	30 31	Gebäude: Wohnhaus mit Bäckerofen, Keller, angebauter Pferde- und Kuhstallung, Stadel mit angebauter Remise und Hofraum zu 0,060 ha. Wiese, die Dorfpeunt, zu 0,010 ha.	5	14	Im Hypothekenbuch schon eingetragen III, 21. Neues Sachregister richtig gestellt H. 525.
116b	Kaufmann Heinrich, Bäcker in Berndorf.	194a 194b 1520	Gebäude: ein halbes Wohnhaus mit Keller, Backofen und angebautem Stall, Scheune mit Keller und Stallung nebst Hofraum zu 0,042 ha. Pflanzgarten vor dem Hause zu 0,003 ha. Acker im Birkigt zu 0,020 ha.	4	82	Belastung in's Hypothekenbuch IV, 21 eingetragen H. 525.
1/188 in Meierhof.	Wande Friedrich, Schieferbruchbesitzer in Probstzella.	1130	Acker auf dem Steinbühl zu 0,031 ha.	—	60	Folienfrei. Im neuen Sachregister eingetragen H. 525.

Anlage VI.

Hausnummerierung.

Fortlaufende Nummer.	Steuergemeinde.	Pl.-Nr.	Folium		Hausnummer nach dem alten Sachregister.	Hausnummer nach dem neuen Sachregister.	Hausnummer auf dem Folium.	Mitteilung des k. Rentamts.
			Bd.	Seite				
1.	Bobengrün	220	I	500	18 a	fehlt.	18 a	Nunmehr H.N. 18.
2.	Geroldsgrün	210	I	205	50	49	50	Blieb H.N. 50; der Eintrag im neuen Register richtig zu stellen.

Anlage VII.

Zusammenstellung
der Anwesen mit veralteten und fehlenden Brandversicherungssummen.

Fortlaufende Nummer.	Benennung des Besitzers.	Gegenstand der Versicherung.	Brandversicherungssumme (ausgefüllt durch die k. Versicherungskammer) ℳ	₰	Folium.	Bemerkungen.
1.	Stammler Heinrich, Oekonom in Feuerbach.	Hs. No. 40 in Feuerbach.	2830	—	III. 200 Feuerbach.	Versicherung fehlt. Eingetragen H. 520. Gläubiger benachrichtigt 10. 4. 96.
2.	Ortler Friedrich, Weber in Brenndorf.	Hs. No. 2 in Brenndorf.	2740		III. 20 Brenndorf.	1862 war für Hs.-No. 2a 900 fl., für Hs. No. 2b 850 fl. eingetragen. Jetzt besteht Hs. No. 2. Eingetragen H. 520. Gläubiger benachrichtigt 10. 4. 96.
3.	Dörfler, Friedrich, Schuhmacher in Zuckmantel.	Hs. No. 5 in Zuckmantel.	Abgemindert auf 1250 ℳ.		II. 110 Brenndorf.	1877. 1500 ℳ. Eingetragen H. 520. Gläubiger benachrichtigt 10. 4. 96.

H. Anlage VIII.

H. Prot.-Beil. No. N. am

K. Amtsgericht
N.

Betreff:
Hypothekenbereinigung.

Dem

wolle nachweislich eröffnet werden, daß der ihm verpfändete Grundbesitz des

1)

dermalen mit ℳ gegen Brandschaden

2)

versichert ist.

Der k. Amtsrichter.

An

Anlage IX.

Tabelle.

Anfragen der Vereinigung; auszufüllen durch die Gemeinde.

1.	2.	3.	4.	5.	6.	7.	8.
Fortlaufende Nummer.	Anwesen	Name des hypothekenbuchsmäßigen Besitzers mit Familienstand.	Ob noch im gleichen Familienstand (ledig, verheiratet), Name der Ehefrau; Zeit der Eheschließung.	Ob ein Ehevertrag geschlossen (Ja, nein).	Ob Besitzer wo anders hin verzogen und wohin.	Ob ein anderer Besitzer ist. Name, Familienstand.	
1.	Hs.No. 20 in Lichtenstein.	Meier Johann, lediger Oekonom.	verheiratet mit Anna, geb. Ernst.	nein	nein	nein	nein
2.	Pl.No. 520 in Kemlas.	Müller Friedr., lediger Oekonom in Wurzbach (Reuß).		nein	—	Lang Johann, Oekonom in Wurzbach, verheiratet mit Friederike, geb. Lang seit 1. II. 85; hat keinen notariellen Erwerbsbrief; erkauft 1. III. 84 von Müller durch schriftlichen Vertrag.	
3.	Hs.No. 5 in Baierbrunn.	Mergner Johann, verh. mit Anna, geb. Meierhöfer; (eingetragen seit 1850).	verstarb 1874 ohne Testament. Witwe und großjährige Kinder bewirtschaften das Anwesen.	—	—	Erbschaftszeugnis im Besitze der Witwe.	

Anlage X. N. den

K. Amtsgericht
N.

Betreff:
Hypothekenbereinigung.

Im Hypothekenbuch für .
ist auf den Grundbesitzungen des

als Hypothek eingetragen seit

Es ist durch Einvernahme der dortigen Beteiligten festzustellen, ob diese Hypothekschuld noch zurecht besteht oder nicht. Letzterenfalls ist weiter zu erheben, ob und wann die Forderung durch Zahlung oder wie sonst untergegangen ist, wer im Erbwege an Stelle des Gläubigers getreten ist, an wen zuletzt Zinsen bezahlt wurden und wo sich die Erben des Gläubigers zur Zeit aufhalten.

Der k. Amtsrichter.

An
die Gemeindeverwaltung
. . . .
gegen Rückvorlage.

Anlage XI.

Aufgebot von Hypotheken.

(Ausschreiben.)

Fortlaufende Nummer.	Hypothekenbuch Band, Seite.	Hypothekenobjektsbesitzer.	Zeit des Eintrags.	Bezeichnung der Forderung und des Gläubigers.	Recherchen im Vereinigungsakt.	Zeit der Stellung des Antrags auf Löschung im Aufgebotsverfahren beim Vereinigungsbeamten und des Antrags bei der Gerichtsschreiberei.
1.	Meierhof Bd. V S. 100.	Müller Friedrich, Wasenmeister in Meierhof.	8. September 1829.	3 fl. 41 Kr. Erbteil des blödsinnigen Franz Mack in Rothenstadt.	Schwarzenbach S. 10.	1. Mai 1894.

Anlage XII. N. den

K. Amtsgericht
N.

Betreff:
Hypothekenbereinigung.

Im Hypothekenbuche für
finden sich bezüglich
der Grundstücke des
Folien für Pl.No.

angelegt.

Falls ꝛc. diese Grundstücke seither einheitlich bewirtschaftet hat und beabsichtigt, dieselben auch fernerhin dauernd verbunden zu lassen und nicht einzeln zu veräußern oder weiter zu verpfänden, ist derselbe gemäß § 39 und 40 des Hyp.-Ges. zur Erklärung zu veranlassen, ob er die Zusammenlegung der auf vorstehenden Folien vorgetragenen Pl.Nummern auf ein Folium beantragt.

Der k. Amtsrichter.

Erklärung.

Ich beantrage die Zusammenlegung meiner im Hypothekenbuche für
getrennt aufgeführten Grundbesitzungen auf ein Folium und verzichte auf nochmalige Einvernahme vor dem Hypothekenamte.

N. den

Die Echtheit vorstehender Unterschrift bestätigt.

An Herrn Bürgermeister
in
. . . .
gegen Rückvorlage.

(Gemeindesiegel.)

Bürgermeister.
bezw. Beigeordneter.

Anlage XIIIa. N. am

K. Amtsgericht
N.

Betreff:
Hypothekenbereinigung.

Hiedurch werden Sie verständigt, daß in Folge der durchgeführten Hypothekenbereinigung die für Sie eingetragenen Hypotheken

a) auf dem Grundbesitz des

zu ℳ ₰

statt in Bd. S. für nunmehr
in Bd. S. für

b) auf dem Grundbesitz ꝛc.

zu ℳ ₰
nunmehr

zu ℳ ₰
nunmehr

zu ℳ ₰
nunmehr

eingetragen sind.

Sie wollen diese Bestätigung in Ihren Hypothekenbrief einlegen. Würden Sie außerdem noch eine Bestätigung auf die Ausfertigung des Hypothekenbriefes wünschen, so wollen Sie den Hypothekenbrief mit Antrag auf Erteilung einer besonderen, einer Gebühr von 1 ℳ 40 ₰ unterliegenden Bestätigung einsenden.

Der k. Amtsrichter.

An

Anlage XIIIb. N. den

K. Amtsgericht
N.

Betreff:
Die Vereinigung des Hypotheken-
wesens bei dem k. Amtsgerichte
N.

Anliegende Schreiben sind de Adressaten gegen **unterschriftlichen Nachweis** und **verschlossen** auszuhändigen.

Der k. Amtsrichter.

An

Anlage XIV.

Ziffer des Tagebuchs.	I. Hypotheken auf Grund erklärten Privatwillens (— Vertragshypotheken											
	1. Darlehenshypotheken						2. Kauf- und Strichschillingshypotheken.		3. Hypotheken für Herauszahlungen an Eltern und Geschwister (Voraus, Hausgelder, Zehrpfennige, Elterngüter, Erbabfindungen).		4. Hypotheken für Renten-, Unterhalts- und sonstige Ansprüche auf wiederkehrende Leistungen.	
	a) Annuitätenhypotheken.		b) Hypotheken öffentlicher Kassen, Korporationen und Stiftungen (soweit nicht Annuitätenhypotheken.)		c) Sonstige Darlehenshypotheken.							
	Eintragungen (in Mark)	Löschungen (in Mark)	Eintragungen (in Mark)	Löschungen (in Mark)	Eintragungen (in Mark)	Löschungen (in Mark)	Eintragungen (in Mark)	Löschungen (in Mark)	Eintragungen (in Mark)	Löschungen (in Mark)	Eintragungen (in Mark)	Löschungen (in Mark)
I.	II.						III.		IV.		V.	
	1.		2.		3.							
	a	b	a	b	a	b	1	2	1	2	1	2
898	—	—	—	—	—	300	—	—	—	—	—	—
903	—	—	—	—	—	—	—	—	—	100	—	—
	Summa Seite 3			—	—	300 / 1	—	—	—	100 / 1	—	—
Hiezu	"	"	1	—	—	—	—	—	—	—	—	2000 / 4
"	"	"	2	—	—	200 / 5	—	—	—	—	—	1800 / 3
	Gesammtsumma			—	—	500 / 6	—	—	—	100 / 1	—	3800 / 7

Summa aller Löschungen 4400 Mark.
14 Einträge.

— §§ 13—16 Hyp.-Ges.)				II. Hypotheken auf Grund gesetzl. Titels				Hat sich die Eintragung der Löschung bezogen		Bemerkungen.
5. Kautionshypotheken.		6. Sonstige Vertragshypotheken.		a) Nach Hyp.-Gesetz § 12 und Brandversich.-Gesetz Art 46.		b) Zwangs- und Arresthypotheken.		auf land- oder forstwirtschaftlich	auf städtische oder gewerblich	
Eintragungen (in Mark)	Löschungen (in Mark)	Eintragungen (in Mark)	Löschungen (in Mark)	Eintragungen (in Mark)	Löschungen (in Mark)	Eintragungen (in Mark)	Löschungen (in Mark)	benützte Grundstücke.		
VI.		VII.		VIII.				IX.		
				1.		2.				
1	2	1	2	a	b	a	b	1	2	
—	—	—	—	—	—	—	—	ja	—	
—	—	—	—	—	—	—	—	ja	—	
—	—	—	—	—	—	—	—	—	—	
—	—	—	—	—	—	—	—	—	—	
—	—	—	—	—	—	—	—	—	—	
—	—	—	—	—	—	—	—	—	—	

Abgeschlossen.

N. den . . . . . .

Amtsrichter.

Anlage XV.

Verzeichnis

der nach Durchsicht der Tagebücher 1879—1895 für unvollziehbar erklärten Urkunden, die weder in der Zwischenzeit noch durch die Vereinigung vollzogen werden konnten.

Fortlfde. Nummer des Tagebuchs.	Art der Urkunde mit Geschäftsregisternummer.	Beurkundetes Rechtsgeschäft.	Folium.	Vollzugshindernis.
1881 H. 320.	Tauschvertrag des k. Notars Himsel in München vom 17. März 1881 GRNo. 520.	0,007 ha von Pl.No. 100 St.G. Calw der Gemeinde Calw gegen Pl.No. 101 des Webers Muther Hs.No. 5 dort zu 0,007 ha.	Calw I, 250.	Die März'schen Erben der I. Hypothek sind zur Pfandentlassung nicht zu ermitteln; auch bezüglich der II. Hypothek fehlt Pfandentlassung. Muther weigert sich, für die verzweigten Erbstämme Zeugnisse zu erwirken. Die Löschung der ersten Hypothek im Aufgebot scheitert am Nichtablauf der Zeit; 1902 aufzubieten, wenn sonstige Voraussetzungen vorliegen.
1890. H. 240.	Uebergabsvertrag vom 30. März 1890 GRNo. 121 des k. Notars Malter in München.	Pl.No. 248 St.G. Langenau von Friedrich Herpich Hs.No. 1 Oekonom in Hirschberg (Reuß) an Mager Johann dort Hs.No. 2 verkauft.	folienfrei.	Vorbesitzer Herpich hat Pl.No. 248 durch Recognitionsschein des fürstl. A.G. Hirschberg an Murrmann in Langenau erworben, wie der Vertrag vom 30./VII. 1890 ergibt. Nachholung der Urkunde nach Art. 14 Not.Ges. angeregt und Rentamt verständigt.

Anlage XVI.

Einträge,

welche demnächst löschungsreif werden oder nach Hebung eines Hindernisses erst gelöscht werden können.

Fortlaufende No.	Folium.	Besitzer.	Betrag. ℳ	Betrag. ₰	Gläubiger bezw. Berechtigter.	Vollzugs-hindernis.	Vorgetragen im Vereinigungsakte.
1.	Mantel I, 220.	Henkel Katharina, Maurerswitwe in Mantel.	—	—	Dispositionsbeschränkung zu Gunsten des Sohnes Carl Heinrich bezüglich Baurechts auf Pl.No. 100.	Zeitablauf am 1. Januar 1898 erlischt das nebige Recht.	Martel S. 50.
2.	Windischeschenbach.	Murrmann Friedrich, Müller dort.	100 fl.	—	Eigentumsvorbehalt des Bankiers Meier in Plauen.	Scheitert an der Löschungsbewilligung des Meier, trotzdem der Restbetrag von 10 fl. offeriert wurde. Löschungsklage gestellt.	Windischeschenbach S. 100.
3.	Waidhaus.	Mahler Johann, Metzger dort.	1000 fl.	—	Hacker Johann, Melber in Schönsee.	Erben des Gläubigers verweigerte die Löschung; Löschungsklage gestellt. Quittung fehlt.	Waidhaus S. 50.

Anlage XVII.

Verzeichnis über die außerbayerischen

Plan-No. und Steuer-gemeinde.	Flächeninhalt		Der katastermäßigen	
	ha	a	Wohnort.	Haus- oder Besitz-nummer.
1400 in Meierhof.	0	804	Plauen, Kgr. Sachsen.	10
1500 Löhmar.	0	395	Roßmühle, Fürstentum Reuß.	15
1600 Mangers-reuth.	0	492	Mehltheuer, Kgr. Sachsen.	18
1700 Mangers-reuth.	0	507	Lehsten, Fürstentum Reuß.	12

Grundbesitzer im Amtsgerichtsbezirk.

Eigentümer Name.	Erwerbsurkunde.	Bemerkungen des Hypothekenamts nach Einlauf.
Hanke Gottfried, Händler.	24./III. 1857.	Ohne Folium.
Himmer Carl, Zimmermann.	Erwerbsurkunde unbekannt.	Anfrage bei Besitzer nach Erwerbsurkunde 15./II. 94 Weil durch Privatvertrag erworben zur Verbriefung aufgefordert und dem k. Rentamte gemäß § 74. Grundsteuergesetzes Mitteilung gegeben 5./9. 94. Folienfrei.
Linhard Friedrich, Gerber.	15./III. 95 Kaufvertrag des k. Notars Hausmann in Abensberg.	Im Hypothekenbuche für Mangersreuth noch Hirschmann Joh. als Besitzer eingetragen laut Kaufvertrags vom 25./II. 87. Dieser übernahm die eingetragene längst löschungsreife Hypothek nicht; Hypothek aufgeboten. Nach Erlassung des Ausschlußurteils und Hypotheklöschung wird Kaufvertrag in Einlauf genommen und vollzogen; ebenso der Kaufvertrag vom 15./III. 1895.
Markus Ferdinand, Rittergutsbesitzer.	Urkunde des fürstlichen Notars Müller in Lobenstein 1./5. 92.	Folienfrei. Besitzer zur Verbriefung nach Art. 14 Not.Ges. aufgefordert und Rentamt benachrichtigt.

Inhaltsverzeichnis.

Die Zahlen bedeuten die Seiten.

FSC
www.fsc.org
MIX
Papier | Fördert
gute Waldnutzung
FSC® C083411

Kolibri 360 GmbH
Ferdinand-Jühlke-Straße 7
99095 Erfurt, Deutschland
produktsicherheit@kolibri360.de